Programmierparadigmen

Christian Wagenknecht

Programmierparadigmen

Eine Einführung auf der Grundlage von Racket

2., vollständig überarbeitete Auflage 2016

Christian Wagenknecht
Görlitz, Deutschland

ISBN 978-3-658-14133-2   ISBN 978-3-658-14134-9 (eBook)
DOI 10.1007/978-3-658-14134-9

Die Deutsche Nationalbibliothek verzeichnet diese Publikation in der Deutschen Nationalbibliografie; detaillierte bibliografische Daten sind im Internet über http://dnb.d-nb.de abrufbar.

Springer Vieweg

Gedruckt auf säurefreiem und chlorfrei gebleichtem Papier

Springer Vieweg ist Teil von Springer Nature
Die eingetragene Gesellschaft ist Springer Fachmedien Wiesbaden GmbH

Vorwort

Eine Wesenseigenschaft von Computern ist deren Programmierbarkeit. Was bedeuten eigentlich die Begriffe „Programmieren" und „Programm"? Wofür gibt es „Programmiersprachen" und warum gibt es so viele und immer wieder neue?

Programmieren bezeichnet den systematischen Prozess der Entwicklung eines Programms – repräsentiert als Code, d. h. Text im weitesten Sinne – mit dem ein Computersystem selbstständig in der Lage ist, ein vorgegebenes Ziel zu erreichen.

Programmieren und Denken stehen in enger Verbindung und finden ihren Ausdruck in sog. *Paradigmen.* Das aus dem Griechischen stammende Wort Paradigma bezeichnet eine *fundamentale Denkart (Denkstil, Denkmuster).*

Ein zum Programmierstil passender/unpassender Denkstil kann die Arbeit eines Informatikers[1] wesentlich befördern/behindern. Insofern ist es heute keineswegs ausreichend, Programmiersprachen lediglich als *Codierungsmedium,* d. h. zur Repräsentation von Algorithmen in maschinenlesbarer Form, zu verstehen. Von einem eher ingenieurmäßigen Standpunkt ist das manchmal schwer einzusehen.

Software Engineering beschäftigt sich mit dem „Programmieren im Großen", d. h. mit Methoden für den systematischen Entwurf mehr oder weniger komplexer Softwaresysteme. Diese Entwurfstechniken zielen auf eine höhere Dimension der Anforderungsstruktur an ein Informatikprodukt als dies durch „Minibeispiele im Buddelkasten" ausgedrückt werden kann.

Auf der anderen Seite ist es so, dass sich grundlegende Paradigmen des „Programmierens im Kleinen" auch im Großen wiederfinden. Dabei geht es vor allem um eine *mentale Qualifikation,* etwa der in *Abstraktionstechniken,* die für den systematischen Programmentwurf von besonderer Bedeutung sind.

Hieraus leiten wir den Anspruch dieses Buches ab. Unser Ziel ist es, auf handwerkliche Aspekte der Behandlung diverser Programmiersprachen zu verzichten und die Vermittlung von Paradigmen zu fokussieren. Da während eines Informatikstudiums und erst recht im Laufe des Berufslebens zahlreiche neue Programmiersprachen[2], inkl. Fachsprachen[3], hinzutreten, wird gerade Wissen für deren Klassifikation benötigt. Die treffsiche-

---

[1]Hier und im Folg. schließt die genannte männliche Form die weibliche ein. Leider ist die Informatikwelt immer noch maskulin dominiert. Der Autor hofft mit diesem Buch auch beim weiblichen Geschlecht Interesse an der Informatik zu wecken.

[2]Hier meinen wir höhere universelle Programmiersprachen.

[3] Programmiersprachen für spezielle Anwendungsgebiete, auch domain-specific languages (DSL)

re Einordnung einer neu zu erlernenden Programmiersprache in eines[4] der Paradigmen stellt eine wichtige Voraussetzung zum systematischen Erlernen dieser Sprache dar.

Damit lautet die entscheidende Frage: *Wie vermittelt man Paradigmenwissen, ohne dabei durch spezifische Details verschiedener Programmiersysteme (Sprachen und Entwicklungsumgebungen) abgelenkt zu werden?*

Unsere Antwort: Mit einer einzigen Programmiersprache, die sich wie ein Chamäleon verhält: Je nach Wunsch gestattet sie die Programmierung in dem jeweils thematisierten Paradigma. Sprachen mit dieser Eigenschaft nennt man *multiparadigmatisch*[5].

Eine Programmiersprache, die die genannten Eigenschaften besitzt, ist *Racket*. Dabei handelt es sich um eine Sprache aus der LISP-Familie und eine Weiterentwicklung von Scheme. 1975 wurde Scheme am Massachusetts Institute of Technology in Cambridge (USA, nahe Boston) vorwiegend für didaktische Zwecke entwickelt. Am 7. Juni 2010 wurde PLT Scheme zu Racket umbenannt, um die neue Entwicklungsqualität und Abgrenzung zu Scheme herauszustellen. Mit *DrRacket* steht eine komplexe und an didaktischen Konzepten orientierte Entwicklungsumgebung für die populären Betriebssysteme kostenlos zur Verfügung: `http://racket-lang.org/`. Den wenigen Betriebssystem-bezogenen Erläuterungen in diesem Buch liegt eine Windows-Version von (Dr)Racket zugrunde.

Zum Studium dieses Buches sind *keine* Vorkenntnisse in Racket erforderlich. Notwendiges Wissen wird in den ersten Kapiteln bereitgestellt.

Die Kapitel dieses Buches bauen aufeinander auf. Es wird daher dringend empfohlen, mit dem Studium des ersten Kapitels zu beginnen und danach die folgenden in der angegebenen Reihenfolge durchzuarbeiten. Der Text eignet sich auch zum Selbststudium. Eine zugehörige Lehrveranstaltung über Programmierparadigmen sollte man im ersten Studienjahr platzieren, um in Folgeveranstaltungen darauf aufbauen zu können.

Zum Buch gibt es eine Website

> `http://christian-wagenknecht.de/joomla/index.php/buecher/pp-buch,`

die Hinweise, Korrekturen, zusätzliche Materialien und Racket-Code bereitstellt.

Anregungen, Lob und kritische Hinweise senden Sie bitte an

> `pp@christian-wagenknecht.de.`

Bei der Arbeit mit diesem Buch wünsche ich Ihnen Freude an der Mühe des Studierens und an tiefgehenden Erfolgserlebnissen – weniger oberflächlichen Spaß, wie er gelegentlich propagiert wird.

© 2016, Christian Wagenknecht

---

[4]Oftmals sind mehrere Paradigmen notwendig, um alle Aspekte oder Komponenten moderner Programmiersysteme adäquat abzubilden.

[5]Multiparadigmatische Programmiersprachen sind nicht nur aus didaktischer Sicht interessant, sondern eröffnen auch in der berufspraktischen Programmierung neue Möglichkeiten.

Inhalt

1 Kommunikation mit Racket

1.1 Lesen-auswerten-ausgeben (REPL)

Um eine Berechnungsaufgabe mit einem Computer bearbeiten zu können, sind folgende
Schritte notwendig:

1. Bereitstellung von Daten,

2. Organisation eines Berechnungsprozesses und

3. Interpretation der Daten, die ein terminierender Prozess hinterlässt.

Nicht jeder Prozess endet nach einer gewissen Zeit. Auch (potenziell) unendlich weiter-
laufende Vorgänge repräsentieren ein bestimmtes Berechnungsergebnis. Damit befassen
wir uns in Abschn. 2.4.3.

Um mit der Kommunikation in der Sprache Racket beginnen zu können, starten wir den
Racket-Interpreter in einem einfachen Fenster.

Abbildung 1.1: Kommunikationsfenster: „Wir sprechen Racket".

Zum Start[1] des Racket-*Interpreters* wählen wir die Option $\boxed{\text{Racket}}$ aus dem $\boxed{\text{Racket}}$-
Ordner, also nicht $\boxed{\text{DrRacket}}$ – noch nicht.

---

[1]Die Erläuterungen beziehen sich hier auf MS Windows, können aber oftmals sinngemäß auf andere
Betriebssysteme übertragen werden.

Daraufhin erscheint ein Eingabefenster, wie es Abb. 1.1 zeigt. Wir nennen es *Kommunikationsfenster*.

Für den Computer ist Racket ab sofort die Muttersprache. Wir können also davon ausgehen, dass der Racket-Interpreter unsere Diskussionsbeiträge (Eingaben über die Tastatur) entweder versteht und dementsprechend reagiert oder feststellt, dass unsere Eingabe fehlerhaft war. Die Antworten werden uns im Kommunikationsfenster präsentiert.

Aus der Sicht des Racket-Interpreters wird folgender Zyklus solange ausgeführt, bis die Unterhaltung (zwangsweise), mit `(exit)`, beendet wird:

1. Einlesen der mit ENTER abgeschlossenen Eingabe (read)

2. Auswerten der Eingabe (eval)

3. Ausgeben einer Antwort (print)

4. Setze fort bei 1. (loop)

Die Anfangsbuchstaben der in Klammern geschriebenen englischen Worte ergeben den dafür gängigen Begriff, nämlich *REPL* – Read-Eval-Print-Loop.

Das REPL-Kommunikationsmuster ist uns aus dem täglichen Umgang mit menschlichen Kommunikationspartnern sehr vertraut. Man denke auch an einen Chat am Computer: Hierbei ist der Interpreter im Allgemeinen jedoch ein Mensch, die Software übernimmt lediglich die Vermittlung zwischen chattenden Personen.

Wie Racket unsere Eingabe beantwortet, werden wir im Folgenden studieren. Voraussetzung für eine Antwort (anstatt einer Fehlermeldung) ist es, dass Racket die im eingegebenen Ausdruck enthaltenen Symbole kennt bzw. versteht und dass der Ausdruck regelkonform aufgebaut ist.

Symbolhafte Ausdrücke repräsentieren konkrete Werte (*eingebauten Datentypen* (s. Abschn. 1.3) oder *Variablen* (s. Abschn. 1.2), die Werte benennen.

1.2 Eingebaute Variablen

Wie beginnen wir den ersten Dialog mit Racket? Welche Erwartungen haben wir?

Naja, wenn wir einen mathematisch orientierten Kontext hinterlegen, können wir durchaus erwarten, dass Racket wichtige mathematische Symbole kennt.

Hinweis: Eine Eingabe kann solange verändert werden, bis sie mit der ENTER -Taste abgeschlossen und an den Racket-Interpreter übergeben wird. Danach beginnt die *Evaluation* (Auswertung, Bewertung, Berechnung).

```
> pi
3.141592653589793
```

In der Tat ist die Kreiszahl π bekannt, wobei der von Racket verwendete Näherungswert besser ist als der in der Schulmathematik übliche (3.14).

Ganz anders als bei pi fällt die Racket-Antwort aus, wenn wir nach der EULERschen Zahl $e \approx 2.71$ fragen.

```
> e
e: undefined;
 cannot reference undefined identifier
```

Offenbar ist die Racket-*Variable* e nicht definiert. Der *Bezeichner* (Name, Identifikator) e referenziert keinen Wert. Man sagt auch, dass hier keine Variablenbindung vorliegt.

Eine Variable fungiert als Platzhalter für einen Wert. Variablen, die Racket nach dem Systemstart kennt, heißen *top-level-Variablen*. pi ist eine top-level-Variable. Ihr Name ist pi. Sie ist an den Wert 3.141592653589793 gebunden. Variablen sind also keine Werte, sondern sie repräsentieren Werte. Die Eingabe von pi ist für uns natürlich wesentlich bequemer als von 3.141592653589793.

Variablennamen bestehen aus beliebigen Zeichen außer (,),[,],{,},",',;,#,|,\,,. Außerdem dürfen sie keine Zeichenfolgen, die eine Zahl repräsentieren, sein.

Unsere Mathematikerwartung führt uns zu der Vermutung, dass Racket weiß, wie man addiert. Es sollte also eine Variable zur Addition bereitstehen. Dies ist in der Tat der Fall. Die Variable hat den Namen +.

```
> +
#<procedure:+>
```

Der Wert der Variablen ist nicht etwa eine Zahl, wie bei pi, sondern eine *Prozedur* (vermutlich) zur Addition. Was die Anwendung dieser Prozedur bewirkt, betrachten wir in Abschn. 1.3.2.

Zahlen und Prozeduren sind Werte (Instanzen) ganz verschiedenen Typs. Datentypen, die mit dem Systemstart zur Verfügung stehen, betrachten wir als nächstes.

1.3 Eingebaute Datentypen

Zur Bereitstellung von Daten (Schritt 1) für eine Berechnungsaufgabe muss die Programmiersprache einen bestimmten Satz von *Datentypen* bereitstellen. In der Anfangszeit der Informatik gab es nur die Möglichkeit, Nullen und Einsen zu schreiben. Die Abbildung der eigentlichen Daten, wie Texte, Aktienkurse, Immobiliengrundrisse und Musikstücke, auf Nullen und Einsen ist prinzipiell möglich, für Menschen im Allgemeinen jedoch ungeeignet.

Wir erwarten Datentypen, die die Repräsentation der realen Welt in der Programmiersprache adäquat unterstützen. Wie auch andere höhere Programmiersprachen bie-

tet Racket dafür einen Satz eingebauter Datentypen, die nach dem Systemstart zur
Verfügung stehen. Besteht darüber hinaus der Wunsch nach weiteren (meist komple-
xeren) Datentypen, so bietet uns Racket Erweiterungstechniken zur Definition dieser
Typen, s. Abschn. 5.1.2.

1.3.1 Zahlen

Der Racket-Interpreter versteht Zahlen. Er kann sie lesen und evaluieren:

```
> 123
123
>
```

Wie in diesem Beispiel geben wir immer den vollständigen Dialog an. Unsere Eingabe
folgt einem sog. Prompt-Zeichen, hier >, die Systemantwort steht direkt darunter. Das
danach zum Zeichen der Eingabebereitschaft angegebene Prompt lassen wir im Folgenden aus Platzgründen weg.

Aufgabe 1.1:
Wiederholen Sie den Dialog mit den Zahlen -1737, 25.142, 0.2622, $\frac{3}{4}$ und .2633.

Wir erkennen, dass Zahlen in Racket zu sich selbst evaluieren. Dies gilt auch dann, wenn
man alternative Eingabeformen wählt: `#b10111` evaluiert zu 23 und `3e-2` evaluiert zu
0.03.

Um dies gedanklich einordnen zu können, ist es bei Zahlen und bei allen anderen Datentypen wichtig, die folgenden drei Aspekte zu unterscheiden:

das mentale Objekt (Zahl), also ein Produkt unseres Geistes,

die externe Repräsentation (einer Zahl) auf dem Bildschirm (bei der Eingabe und bei
    der Racket-Antwort): it's how the value prints,

die interne Repräsentation (einer Zahl), die die Racket-Entwickler eingebaut haben.

Offensichtlich versteht Racket Zahlen verschiedener mathematischer Grundbereiche, wie
ganze, rationale und scheinbar sogar reelle Zahlen. Dabei unterscheidet Racket exakte
und inexakte Zahlen. Wie in der Mathematik gibt es für ein und dieselbe Zahl alternative
(externe) Darstellungsformen.

1.3.2 Prozeduren

Als Nächstes möchten wir einfache Rechenoperationen mit Zahlen ausführen, wie z. B.
$123 + 77$. Versuchen wir also

```
> 123+77
123+77: undefined;
 cannot reference undefined identifier
```

Die Intuition führt hier nicht zum Ziel. Aber die Fehlermeldung kennen wir bereits von e: Der Bezeichner (nicht: Summenausdruck) 123+77 hat zwar einen syntaktisch korrekten Namen ist aber keine Variable, d. h. dem Racket-Interpreter unbekannt.

Einen Arbeitsfortschritt können wir an dieser Stelle nur dann erzielen, wenn wir zur Kenntnis nehmen, wie Racket-Ausdrücke aufgebaut sind, nämlich:

$$(\text{Operator Operand Operand ... Operand})$$

Es handelt sich um eine sehr leicht zu erlernende *Syntax* (Satzstruktur).

```
> (+ 123 77)
200
> (+ 1 12 62 3)
78
```

Es ist naheliegend, die Struktur derartiger *Ausdrücke* als *Liste* zu bezeichnen.

Das erste Listenelement (unmittelbar nach der öffnenden Klammer) *muss* ein Racket-Objekt sein, das zu einer *Prozedur* evaluiert. Wir sprechen von *Operatorposition*. In unserem Beispiel steht hier die *Variable* +, ein Name (Bezeichner) für die eingebaute *Prozedur*[2], mit der Racket die Operation + zur Zahlenaddition ausführen kann.

```
> +
#<procedure:+>
```

Ebenso wie Zahlen sind Prozeduren Datentypen, die wir in Racket verwenden dürfen.

Bei der Anwendung einer Prozedur werden Operanden erwartet bzw. akzeptiert. Diese sind in Anzahl und Typ für jede Prozedur festgelegt.

Die *Standardevaluation* eines Racket-Ausdrucks beginnt mit der Evaluation jedes Listenelements. Anschließend wird die Prozedur (Wert des ersten Listenelements) definitionsgemäß auf die evaluierten Listenelemente angewandt.

Aufgabe 1.2:
Experimentieren Sie mit selbstgewählten Ausdrücken. Arbeiten Sie ausschließlich mit den zweistelligen Grundrechenoperationen und natürlichen bzw. rationalen Zahlen. Verwenden Sie auch Verschachtelungen: Der Ausdruck (/ (+ 2 3) (- 7 19)) evaluiert zu -5/12.

---

[2]In Racket sprechen wir grundsätzlich von *Prozeduren*, um auf den Unterschied zu den mathematischen *Funktionen* aufmerksam zu machen. Es handelt sich also um in Racket eingebaute oder implementierte (mathematische) Funktionen. (In der Theoretischen Informatik lernt man, dass es *nicht für alle* mathematischen Funktionen eine Implementation gibt. Dies braucht uns hier aber nicht zu beunruhigen.)

Aufgabe 1.3:
Geben Sie einen Racket-Ausdruck an, der den mathematischen Term $\sqrt{1 + 4\sin(0.739)}$ beschreibt und ermitteln Sie den Zahlenwert dieses Ausdrucks. Hinweis: Verwenden Sie sqrt für $\sqrt{\ }$ und sin für sin.

Aufgabe 1.4:
Experimentieren Sie mit weiteren Ausdrücken im REPL und erschließen Sie weitere Operationssymbole.

Wie wir gesehen haben, können mathematische Ausdrücke in Racket recht einfach mit Präfix-Listenausdrücken beschrieben werden. „Präfix" deshalb, weil der Operator an erster Stelle in der Liste steht und somit den Operanden *vorangestellt* wird.

Die Umstellung der uns aus der Mathematik geläufigen Infix-Ausdrücke erfordert anfangs etwas Übung. Dennoch handelt es sich um eine sehr einfache Darstellungsform, die die einzelnen Teilausdrücke in Listen verwandelt, die ihrerseits in komplexere Listen eingefügt werden können. Die Schachtelungstiefe ist unbegrenzt. Ein spezieller Editor wird uns später helfen, die jeweils zusammengehörigen Klammerpaare zu erkennen.

1.3.3 Zeichen und Zeichenketten

Natürlich wäre es unzureichend, wenn uns nur Zahlen zur Verfügung stünden. Viele Problembereiche erfordern vor allem nichtnumerische Datentypen zur Modellierung des betrachteten Sachkontextes.

Um aus Zeichen *Zeichenketten* oder Wörter bilden zu können, stellt Racket die Datentypen *Zeichen* (character) und *Zeichenkette* (string) bereit. Es kommen noch weitere hinzu.

Die externe Darstellung von Racket-Zeichen sieht etwas kryptisch aus: #\a, #\3, #\space und #\newline stehen für a, 3, Zwischenraum und Zeilenwechsel.

Analog zu den Operatoren für das Rechnen mit Zahlen, gibt es eine Reihe von Prozeduren für Zeichen und Zeichenketten. Es ist sogar so, dass mit der Entscheidung für einen bestimmten Datentyp eine Menge von Operatoren/Prozeduren bestimmt wird, die auf Werte dieses Typs anwendbar sind. So kann man beispielsweise zwei Zeichen zu einer Zeichenkette verbinden. Die Operation heißt *Verkettung* oder *Konkatenation*. In Racket wird für diese Operation die Prozedur string bereitgestellt.

```
> (string #\X #\y)
"Xy"
```

Die externe Darstellung von Racket-Zeichenketten der Form "..." ist auch in anderen Programmiersprachen gängig.

Die Operation Verkettung kann auf Zeichen und Zeichenketten, jedoch nicht auf Zahlen angewandt werden. Zur Verkettung von Zeichenketten kennt Racket die Prozedur `string-append`.

```
> (string-append (string #\H #\a #\l #\l #\o #\tab) "Otto" (string #\!))
"Hallo\tOtto!"
```

Erst wenn man mit `display` eine nutzerfreundliche Darstellung verlangt, wird das im Beispiel enthaltene `#\tab` evaluiert und als „Tabulator-Lücke" gedruckt.

```
> (display "Hallo\tOtto!")
Hallo    Otto!
```

Natürlich muss es möglich sein, einen bestimmten Datentyp in einen anderen (passenden) zu überführen. Man nennt das *Typkonvertierung*, engl. cast[3]. In dem folgenden Beispiel wird eine Zahl in die zugehörige Zeichenkette konvertiert.

```
> (number->string 123)
"123"
```

In der Tat ist 123 eine Zahl und "123" eine Zeichenkette:

```
> (number? 123)
#t
> (string? "123")
#t
```

Die beiden möglichen Ausgaben deuten wir als true/wahr bzw. false/falsch.

Aufgabe 1.5:
Geben Sie einen Ausdruck ein, der das fünfte Zeichen der Zeichenkette "Hallo_Otto" zurückgibt. Hierfür sollten Sie sich mit dem Sprachelement `string-ref` bzw. `substring` beschäftigen und beachten, dass die Zählung der Zeichenpositionen in einer Zeichenkette bei 0 beginnt.

1.3.4 Symbole

Ein Racket-Symbol ist syntaktisch ein Bezeichner mit vorangestelltem Hochkomma '. Beispiele sind `'i18n`, `'wurz`, `'ZhU283` und `'the-only-way`. Transformiert man eine Zeichenkette in ein Symbol, erkennt man den Unterschied in der externen Darstellung:

```
> (string->symbol "Ha3")
'Ha3
> (symbol? 'Ha3)
#t
```

---

[3]cast hat – vor allem im Kontext – so viele verschiedene Bedeutungen, dass sich ein Blick ins Wörterbuch lohnt.

Ist man sich nicht ganz sicher, ob es sich um ein Symbol handelt, kann man danach fragen:

```
> (symbol? 'ZhU283)
#t
> (symbol? 'number?)
#t
> (symbol? '123)
#f
> (symbol? '123a)
#t
```

Symbole werden nicht evaluiert, sondern einfach unverändert ausgegeben.

```
> 'ZhU283
'ZhU283
```

Wozu brauchen wir Symbole? Nehmen wir das äquivalente Umformen von Gleichungen, wie es in der Mathematik praktiziert wird. Die folgende Gleichung enthält die (mathematische) Variable x. Der Umformungsprozess verwendet sie als Symbol, d.h. ohne nach einer Wertbindung zu fragen. Erst ganz zum Schluss dieses Prozesses interessieren wir uns für den Wert der Variablen, nach der die Gleichung aufzulösen war.

$$
\begin{aligned}
3x^2 - 8x &= 19 \\
3x^2 - 8x - 19 &= 0 \\
x^2 - \frac{8}{3} - \frac{19}{3} &= 0 \\
x_{1,2} &= \frac{4}{3} \pm \sqrt{\frac{16}{9} + \frac{19}{3}}
\end{aligned}
$$

Trotz der optischen Verwandtschaft, sind Symbole und Variablen völlig verschiedene Dinge: Konkrete Symbole sind Werte des Racket-Datentyps Symbol. Variablen sind Bezeichner, die jeweils einen bestimmten Wert benennen (referenzieren). Ein solcher Wert kann durchaus auch ein Symbol sein. Das Symbol `'cos` ist folglich etwas ganz anderes als die vordefinierte Variable `cos`:

```
> 'cos
'cos
> cos
#<procedure:cos>
```

1.3.5 Wahrheitswerte

In Racket gibt es die Wahrheitswerte *true* und *false*, die extern als `#t` bzw. `#f` dargestellt werden.

Da "Hallo_Otto" eine Zeichenkette jedoch kein Zeichen ist, gibt (char? "Hallo_Otto")
den Wert #f zurück.

Sinnvolle Anwendungen entstehen für *bedingte Ausdrücke*, s. Abschn. 1.8. Das folgende
Beispiel zeigt einen solchen if-Ausdruck, dessen Wert entweder "Ja" oder "Nein" ist.
Da (< 4 1) zu #f evaluiert, lautet das Ergebnis "Nein".

```
> (if (< 4 1) "Ja" "Nein")
"Nein"
```

Eine Besonderheit besteht in folgender Verabredung: Ein nach if folgender Wert wird
als #t (*true*) gedeutet, wenn er nicht #f (*false*) ist.

```
> (if 'Hallo "Ja" "Nein")
"Ja"
```

Das Rechnen mit Wahrheitswerten kennen wir beispielsweise aus der Aussagenlogik:
$w \wedge f = f$. Ein Racket-Beispiel ist

```
> (and #t (= 2 5))
#f
```

Aufgabe 1.6:
Ersetzen Sie (< 4 1) in obigem if-Ausdruck durch (> 4 1) und interpretieren Sie das
Ergebnis.

Aufgabe 1.7:
Machen Sie sich mit weiteren Booleschen Operatoren in Racket vertraut.

1.3.6 Vektoren

Vektoren sind aus der Mathematik bekannt. Bezüglich eines gegebenen Koordinaten-
systems kann man einen Vektor in *Komponenten* zerlegen. Beispielsweise können die
Koordinaten von Punkten im 3-dimensionalen Raum mit Vektoren beschrieben werden.
In Racket spielt es prinzipiell keine Rolle, von welchem Typ die Vektorkomponenten
sind.

Man beachte die externe Darstellung von Vektoren in Racket: Die Vektorkomponenten
werden zu einer Liste zusammengefasst und mit voranstehendem '# versehen. Auf das
vorangestellte ' gehen wir in Abschn. 1.3.7 nochmals ein.

```
> (vector 234 (string #\H #\a #\l #\l #\o) "Otto!")
'#(234 "Hallo" "Otto!")
```

Mit dem Prädikat[4] vector? können wir feststellen, ob der angegebene Ausdruck vom Typ Vektor ist.

```
> (vector? #(234 "Hallo" "Otto!"))
#t
```

Erwartungsgemäß gibt es Operationen für Vektoren. Beim Zugriff auf Vektoren werden die Komponenten mit 0 beginnend durchnummeriert.

```
> (vector-ref #(234 "Hallo" "Otto!") 1)
"Hallo"
```

Auch Vektoren können Komponenten von Vektoren sein. Auf diese Art und Weise kann man *Matrizen*, allgemein: *mehrdimensionale Felder*, aufbauen.

```
> (vector (vector 1 2 3 4) (vector 5 6 7 8) (vector 9 10 11 12))
'#(#(1 2 3 4) #(5 6 7 8) #(9 10 11 12))
```

In diesem Beispiel erhält man das Matrixelement (2,3) mittels

```
> (vector-ref (vector-ref (vector (vector 1 2 3) (vector 4 5 6)) 1) 2)
6
```

Aufgabe 1.8:
Erschließen Sie weitere Sprachelemente für Vektoren aus dem Manual und erproben Sie sie an einfachen Beispielen.

1.3.7 Listen und Paare

Listen haben wir bereits kennengelernt. Sie werden zur Darstellung einfacher oder geschachtelter Ausdrücke verwendet. Darüber hinaus werden Listen zur Repräsentation strukturierter *Daten* benutzt. Wunsch- oder Einkaufszettel werden ebenfalls sehr gern in Form von Listen verfasst.

Doch wie ist das möglich, wo wir doch gefordert haben, dass das erste Element einer Liste zu einer Prozedur, die als Operator dient, evaluiert?

Des Rätsels Lösung besteht darin, diese standardmäßige Evaluation zu unterdrücken. Dafür gibt es ein Vorbild in der natürlichen Sprache und zwar in Gestalt der *wörtlichen Rede*. Die zitierten Teile werden in Hochkommata eingeschlossen. Ein Beispiel, das immer wieder für Verwirrung sorgt, wenn es nur mündlich übermittelt wird, ist: „Sagen Sie 'Ihren Namen'". Die korrekte Antwort lautet: „Ihren Namen". „Bodo" oder „Petra" sind an dieser Stelle also falsch.

---

[4]Unter einem Prädikat verstehen wir hier eine Racket-Prozedur, die genau einen Wahrheitswert zurückgibt. In den vorangehenden Abschnitten haben wir bereits Prädikate verwendet, ohne diesen Begriff dafür zu benutzen.

In Racket verwenden wir ein *einfaches Hochkomma*. Anstelle einer Klammerung reicht
ein solches Hochkomma unmittelbar vor der gesamten Liste aus, denn das Ende der
„wörtlichen Rede" wird durch die zugehörige schließende Listenklammer definiert.
Die Auswertung eines so markierten Ausdrucks wird vollständig unterdrückt. Alternativ
dazu kann man (quote <liste>) verwenden.

```
> (list '(#\a "Ha")(quote ((/ 2 0) #f))(vector 'xyz 's))
'((#\a "Ha") ((/ 2 0) #f) #(xyz s))
> (list? '((#\a "Ha") ((/ 2 0) #f) #(xyz s)))
#t
```

In diesem Beispiel ist auch gut zu erkennen, dass die führenden Hochkommata bei den
Listenelementen (Listen, Vektoren, s. Abschn. 1.3.6, und Symbolen, s. Abschn. 1.3.4)
in der Gesamtliste nicht mehr vorkommen. Das äußere, vor der Ergebnisliste stehende
Hochkomma wirkt auf die einzelnen Elemente, sodass auch diese nicht evaluiert werden.

Bezüglich der Auswertung eines Racket-Ausdrucks, dessen erstes Listenelement quote
ist, wie in (quote (a b c)) evaluiert zu '(a b c), stellen wir eine Abweichung gegenüber dem oben beschriebenen Racket-Standardauswertungsverfahren fest: Das Argument von quote wird nicht evaluiert, sondern lediglich von Racket eingelesen. quote
ist deshalb keine (normale) Prozedur, sondern ein *Sonderfall*, und wird deshalb auch
Sonderform (special form) genannt.

Auch wenn wir Racket-Listen hier eher mit der Einkaufszettel-Vorstellung verbinden,
lohnt sich ein Blick auf deren Aufbau. Dabei unterstützt uns Abb. 1.2.

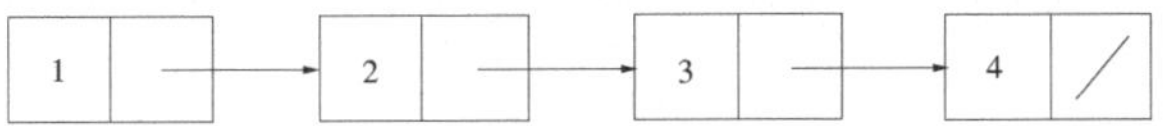

Abbildung 1.2: Liste '(1 2 3 4) als verkettete Paare

Ein Paar verbindet zwei beliebige Werte. '(a . b) ist ein *Paar*. Aufgrund der externen
Darstellung spricht man auch von gepunkteten Paaren (engl. dotted pairs).

```
> (pair? '(a . b))
#t
```

Um eine Liste wie in Abb. 1.2 aufzubauen, nimmt die erste Komponente jedes Paars das
entsprechende Listenelement auf. Die zweite Paar-Komponente enthält einen Verweis
auf ein Paar, nämlich auf das Folgepaar bezogen auf die zu repräsentierende Liste. Da
das letzte Paar kein Folgepaar besitzt, enthält es den leeren Verweis *nil* (not in list).
Dies ist in Abb. 1.2 durch den Schrägstrich dargestellt.

In Racket wird *nil* als '() oder null implementiert. Es ist naheliegend, '() als die *leere
Liste* zu bezeichnen. Dafür gibt es sogar spezielle Prädikate:

```
> (null? '())
#t
```

```
> (empty? '())
#t
```

Eine Liste kann nun unter Verwendung von Paaren wie folgt definiert werden:

1. Eine Liste ist entweder die leere Liste

2. oder ein Paar aus einem Listenelement und einer (Rest-)Liste.

Die Operation zur Erzeugung eines Paares bzw. einer Liste ist `cons`. Bekommt sie genau zwei Argumente, liefert die Anwendung von `cons` das entsprechende Paar zurück. Ist das zweite Argument jedoch eine Liste, erzeugt auch `cons` eine solche.

```
> (cons 1 2))
'(1 . 2)
> (cons 1 (cons 2 (cons 3 (cons 4 '()))))
'(1 2 3 4)
```

Das letzte Paar muss in der zweiten Komponente die leere Liste enthalten, wenn eine Liste entstehen soll. Diese Paar-Struktur einer Liste wird beim Einsatz des weiter oben bereits verwendeten `list`-Operators natürlich nicht deutlich.

Um auf einzelne Listenelemente bzw. Paar-Komponenten zuzugreifen, verwendet man die Prozeduren `car`[5], für das erste Listenelement, und `cdr`, sprich: „kudder“, für die Restliste ohne das erste Element. Für den modernen Sprachgebrauch eignen sich `first` und `rest` sicherlich besser. Sie sind aber nur auf nichtleere Listen (nicht auf Paare) anwendbar.

```
> (car (cons 1 2))
1
> (cdr (cons 1 2))
2
> (cdr (list 1 2))
'(2)
```

Man beachte den Unterschied zwischen `cdr` für Paare und `cdr` für Listen: Während bei Paaren mit `cdr` die zweite Komponente (gleich welchen Typs sie auch ist) zurückgegeben wird, ist es bei Listen die *Restliste*, d. h. die Ursprungsliste ohne das erste Element.

```
> (car (cdr (cons 123 (cons 'pi (cons "Hallo" (cons #\! '()))))))
'pi
```

`append` benutzt man zum Verketten zweier (oder mehrerer) Listen.

```
> (append '(+) '(1 2 3 4))
'(+ 1 2 3 4)
```

---

[5]Die genannten Sprachelemente `car` und `cdr` machen es uns nicht leicht, eine Bedeutung zu assoziieren. Sie entstammen dem Vokabular von Lisp-Gurus und erinnern an Contents of Address part of Register und Contents of Decrement part of Register, was sich auf eine frühe Lisp-Implementierung auf einer IBM 704 bezieht.

```
> (append '(a (b c) d) '(e f))
'(a (b c) d e f)
```

Das folgende Beispiel zeigt, dass `car-cdr`-Verschachtelungen keinesfalls selten vorkommen. Wir wollen auf das erste Element der dritten Teilliste einer vierelementigen Liste zugreifen.

```
> (car (car (cdr (cdr '(1 2 (a b c d e f g) 4)))))
'a
```

Dies kann man verkürzen, indem man nur die Folge der charakterisierenden Buchstaben „a" für `car` und „d" für `cdr` unter Beachtung der Reihenfolge ihres Auftretens von links nach rechts aneinander reiht.

```
> (caaddr '(1 2 (a b c d e f g) 4))
'a
```

Für viele, allerdings nicht für beliebig tiefe Verschachtelungen, gibt es derart abkürzende Sprachelemente. Dem gleichen Zweck dienen weitere gut lesbare Sprachelemente, wie `first`, `second`, `third`, `last` usw.

Mitunter besteht der Wunsch, die Evaluation nicht für die gesamte Liste auszusetzen, sondern ganz bestimmte Listenelemente davon auszunehmen. Dafür gibt es einige Sprachelemente, die in folgendem Beispiel angewandt werden.

```
> (quasiquote (0 (unquote (list 1 2)) (unquote-splicing (list 3)) 4))
'(0 (1 2) 3 4)
```

Auch hierfür gibt es eine Kurzform, die man üblicherweise auch verwendet, da sie die Struktur der Ergebnisliste schon im Aufruf deutlich erkennen lässt.

```
> `(0 ,(list 1 2) ,@(list 3) 4)
'(0 (1 2) 3 4)
> `(0 ,(list 1 2) ,(list 3) 4)
'(0 (1 2) (3) 4)
```

Das Symbol für *quasiquote* ist `` ` ``, wobei zu beachten ist, dass das Hochkomma auf der Tastatur von links oben nach rechts unten zeigt.

```
> `(1 2 3 ,(+ 1 3) 5 ,(* 2 3))
'(1 2 3 4 5 6)
```

Die oben beschriebene Maßnahme zur Unterdrückung der Evaluation ist natürlich nicht auf Listen beschränkt.

1.3.8 Weitere eingebaute Datentypen

In den vorangehenden Abschnitten haben wir wichtige Datentypen behandelt, die in Racket nach dem Systemstart zur Verfügung stehen.

Es gibt noch einige weitere eingebaute Datentypen, wie Mengen (set), Wörterbücher (dictionary) und Folgen (sequence, stream), die wir aber erst dann thematisieren, wenn wir sie benötigen.

1.4 Abstraktionen

Ein sehr wichtiges Grundprinzip in der Informatik ist die *Abstraktion*. Sie besagt zunächst generell, dass man sich auf die wesentlichen Aspekte des Betrachtungsgegenstandes beschränken soll.

Diese Empfehlung gilt auch für Nicht-Informatik-Bereiche, in denen Problemlösungen vom Verzicht auf „Nebenkriegsschauplätze" profitieren. Begriffliche Abstraktion ermöglicht kompaktere Beschreibungen. Außerdem kann schrittweise ein komplexeres Begriffssystem entwickelt werden.

Man kann auch verschiedene Stufen der Abstraktion charakterisieren, wobei jede Stufe ein Modell derselben Information auf einem anderen Abstraktionsniveau beschreibt.

In der Informatik hilft Abstraktion bei der Bewältigung von Komplexität. Hier bedeutet *Abstraktion* die Trennung des Konzepts von dessen Umsetzung.

Drei für die Informatik besonders bedeutungsvolle Abstraktionen sind

- die Variablenabstraktion,

- die Datenabstraktion und

- die Prozessabstraktion (auch prozedurale oder funktionale Abstraktion genannt).

Mit diesen Formen beschäftigen sich die folgenden Abschnitte.

1.4.1 Variablenabstraktion

In der Mathematik ist der Variablenbegriff fest verankert. Verbale Aussagen werden symbolisiert, um sie präzise zu formulieren. Verwendete Symbole sind Konstanten, wie π und Variablen, wie A. Letztere können verschiedene Werte annehmen, z. B. die Menge $A = \{a, b, c, d\}$ und die aussagenlogische Variable $A \in \{w, f\}$.

Mit in Racket eingebauten Variablen haben wir uns bereits in Abschn. 1.2 beschäftigt. Variablen sind Namen, die Werte repräsentieren. In Racket-Ausdrücken werden sie wie Platzhalter verwendet.

Die Werte befinden sich in Containern, die wiederum einen ganz bestimmten Speicherort (location) besitzen. Bei der Evaluation des Wertes einer Variablen ist deren Gültigkeitsbereich von Bedeutung. Jeder Ausdruck in Racket wird in einer bestimmten Umgebung evaluiert.

Sowohl in der Mathematik als auch in der Informatik erfordert die Verwendung einer Variablen die Abstraktion von deren konkretem Wert (und deren location). Ausdrücke, die Variablen enthalten, können symbolisch manipuliert werden, bevor der Wert des Ausdrucks bestimmt wird.

Um eine neue Variable einzuführen, muss es möglich sein, einen Wert an einen Namen zu binden. Dies geschieht (beispielsweise) mit `define`, in folgendem Beispiel für `xyz` und dem Evaluationsresultat 6.

```
> xyz
xyz: undefined;
> (define xyz (* 3 2))
> xyz
6
```

Wir sehen, dass `define` keinen Wert zurückgibt. Wichtig ist aber die *Nebenwirkung* (side effect), die nach Verarbeitung dieses Ausdrucks entsteht, nämlich die Variablenbindung von `xyz` und 6. Diese Bindung ist ab sofort *global* gültig, d.h. der Wert von `xyz` steht bei Evaluationen weiterer Ausdrücke grundsätzlich zur Verfügung. Wir wollen uns gleich davon überzeugen.

```
> (+ xyz 4)
10
```

Tritt bei der Evaluation eines Ausdrucks ein Fehler auf, wie in

```
> (define ab1 (/ 9 0))
division by zero
```

so kommt es zu keiner Variablenbindung:

```
> ab1
ab1: undefined
```

Da Nebenwirkungen in funktionsorientierten Sprachen eher die Ausnahme sein sollten, sind Definitionen mit globaler Gültigkeit möglichst sparsam einzusetzen, s. Abschn. 1.6.

`define` ist eine Sonderform. Die besondere Eigenschaft von `define` besteht in der Unterdrückung der Evaluation des ersten Parameters. Da dieser Name noch keinen Wert bezeichnet, ergäbe dessen Evaluation vor der Definition einen Fehler.

Aufgabe 1.9:
Führen Sie die globale Variable e ein. Ihr Wert soll 2.71 sein.
Bearbeiten Sie diese Aufgabe bevor Sie im Text weiterlesen.

Manchmal ist es nötig, den Wert einer Variablen zu verändern. Hierzu verwendet man das Sprachelement `set!`. Das angehängte Ausrufezeichen, englisch gelesen als: *bang*, macht auf die Nebenwirkung dieser Zuweisung warnend aufmerksam.

```
> (set! e 2.718281828459045235)
> e
2.718281828459045235
```

Auch set! liefert keinen Rückgabewert. Falls Sie vor diesem Einsatz von set! Aufg. 1.9 noch nicht bearbeitet haben, wird eine Fehlermeldung erzeugt.

```
> (set! e 2.718281828459045235)
set!: assignment dissallowed;
cannot set undefined variable: e
```

Die Sprachelemente define und set! sollten aufgrund der angezeigten Nebenwirkung recht sparsam eingesetzt werden. Der mit Racket verbundene Programmierstil macht derartige *Zuweisungen*, wie sie in Sprachen wie Pascal oder Java gang und gäbe sind, nahezu verzichtbar.

Vielleicht kommt es Ihnen so vor, als ob das Sprachelement set! unnötigerweise existiert und durch define vertreten werden könnte. Diese Vermutung trifft jedoch nicht zu, wie das folgende Beispiel zeigt.

```
> (set! pi 3.14)
set!: cannot mutate module-required identifier
```

Das besagt, dass eine verwendete Racket-Variable (hier: pi) nicht außerhalb eines *Moduls* (hier: Racket-Kern nach dem Systemstart) verändert werden kann. Dies würde überall dort zu Veränderungen führen, wo diese Variable verwendet wird. Die Erwartung, korrekte Werte für $\sin\frac{\pi}{4}$ usw. zu erhalten, wäre dann nicht mehr gerechtfertigt.

Versuchen wir es also mit define:

```
> (define pi 3.14)
> pi
3.14
```

Dies scheint problemlos möglich zu sein. In Wirklichkeit bewirkt dies aber etwas ganz anderes: Wir haben (innerhalb unseres aktuellen Moduls) eine neue Variable namens pi angelegt, deren Wert 3.14 ist. Da sie den gleichen Namen hat, verschattet sie die Variable des Racket-Moduls und wir können nun auch nicht mehr auf das Racket-pi zugreifen.

Wir sehen also, dass eine Variable neben einem Namen und einem Wert auch noch einen *Gültigkeitsbereich* (scope) besitzt, wodurch auch gleichnamige Variablen konfliktfrei verwaltet werden können. Dazu später mehr.

Während set! den Wert einer Variablen verändert, wird mit define eine neue Variable erzeugt und initialisiert, d. h. ihr wird ein Anfangswert zugewiesen.

Aufgabe 1.10:
Definieren Sie eine Prozedur + für die Subtraktion(!) und wenden Sie sie an, um die

Differenz (+) von 12 und 5 zu berechnen.

1.4.2 Datenabstraktion

In Abschn. 1.3.7 haben wir gesehen, dass Listen als verkettete Paare implementiert werden. Und wie werden Paare repräsentiert? Warum werden Listen nicht mit Feldern (array) implementiert? ...

Die Antworten auf diese und weitere Fragen sind von großer Bedeutung, wenn man sich mit der *Effizienz* von Algorithmen beschäftigt. Dann interessiert man sich beispielsweise gerade für die Implementation, die eine Anwendung, wie etwa ein Computerspiel, möglichst schnell macht.

Bei der Programmierarbeit stört eine solche mikroskopische Sicht. Wir verwenden vordefinierte oder auch selbstdefinierte Datentypen und zugehörige Operationen ohne „hinter die Kulissen zu schauen". Man nennt das *Datenabstraktion* und versteht darunter die Trennung der (abstrakten) Eigenschaften von Daten bestimmten Typs von deren (konkreter) Repräsentation. Die Eigenschaften werden (zum Zwecke der Verwendung der Daten) über Schnittstellen nach außen kommuniziert.

1.4.3 Prozedurale Abstraktion

Unter *prozeduraler Abstraktion* verstehen wir die Trennung der Eigenschaften von Funktionen/Prozeduren von deren Implementation. Dies wird erreicht, indem man Prozeduren als Black Boxes betrachten und sie gemäß ihrer abstrakten Eigenschaften zur Verarbeitung von Eingabewerten oder zur Definition anderer Prozeduren heranzieht. Eine Prozedur beschreibt einen Prozess ohne Verwendung der konkreten Daten, mit denen er arbeitet.

Nehmen wir als Beispiel den Flächeninhalt eines Kreises. Schnell erinnern wir uns an die Formel $A = \pi r^2$. Ein passender Racket-Ausdruck zur Bestimmung des Flächeninhalts eines Kreises mit dem Radius 10 ist (* pi 10 10), wobei wir wissen, dass pi den Wert 3.141592653589793 bezeichnet und * die (eingebaute) Multiplikationsprozedur.

Der von Racket ermittelte Wert 314.1592653589793 ist korrekt. Eine prozedurale Abstraktion kann das jedoch nicht sein, denn die oben geforderte Allgemeinheit ist nicht gegeben. Um den Kreisflächeninhalt bei einem Radius von 20 zu ermitteln, müssen wir den Racket-Ausdruck (* pi 10 10) anpassen: (* pi 20 20). Als Inhalt einer Black Box ist der bei jedem Aufruf zu modifizierende Ausdruck ungeeignet.

Wir müssen uns also von dem konkreten Wert des Radius' trennen, indem wir dafür einen Platzhalter wie r einsetzen. Dann ergeben sich folgende Berechnungsmöglichkeiten für die beiden Radien 10 und 20.

```
> (define r 10)
> (* pi r r)
314.1592653589793
> (define r 20)
> (* pi r r)
1256.6370614359173
```

Immerhin haben wir erreicht, dass der Ausdruck (* pi r r) unverändert bleibt. Können wir ihn in die Black Box stecken? Würde er wirklich den gewünschten Kreisflächeninhalt ermitteln, wenn man auf den Aktionsknopf der Box drückt? Die Antwort lautet „Ja", wenn außerhalb der Box der „richtige" Wert für r zugewiesen wurde.

Im Klartext heißt das: Das Ergebnis einer Black-Box-Rechnung hängt vom Wert einer Variablen außerhalb der Box ab. Für die Programmierung ist eine solche Situation fatal. Die Wirkung solcher „Black-Box-Aufrufe" wäre abhängig von der Aufrufumgebung[6].

Offensichtlich benötigen wir so etwas wie eine mathematische *Funktion*. In der Mathematik sind dafür folgende Notationen üblich:

$$y = f(r) \; = \; \pi r^2$$
$$f : \qquad r \mapsto \pi r^2$$

Darin ist r ein „Platzhalter", der beim *Aufruf* der Funktion f durch den zum Aufruf gehörenden *aktuellen Parameter* (das Argument) substituiert wird.

Wie sieht ein Aufruf von f in der Mathematik aus? Klar, wir schreiben $f(10)$, $f(20)$ bzw. $f(30)$ für die verschiedenen Radien und erhalten als Funktionswerte die gesuchten Flächeninhalte.

D. h., wir bauen eine Black Box. In diesem Fall besitzt sie genau einen Eingabetrichter für den konkreten Wert von r. Intern verwendet sie einen Platzhalter r für den beim Aufruf übergebenen Wert. Abb. 1.3 illustriert den Sachverhalt.

$$r \diagdown \overset{10}{} \diagup$$
$$\boxed{f : r \to \pi r^2}$$
$$\diagup \diagdown$$
$$314.1592653589793$$

Abbildung 1.3: Trichterbild für den Funktionsaufruf $f(10) = 314.1592653589793$

Der beim Aufruf übergebene Wert 10 wird für alle r in (* pi r r) eingesetzt; hier also an zwei Stellen.

---

[6]Ebenso unannehmbar sind Nebenwirkungen, die Prozesse in der Black-Box in Gestalt der Modifikation der Aufrufumgebung auslösen.

Nun zum Innenleben der Box: Aufgrund der bisherigen Diskussion wissen wir, dass (`define f (* pi r r)`) nicht zielführend ist.

Wir stellen daher fest, dass der Racket-*Ausdruck* (`* pi r r`) aus mathematischer Sicht ein *Term*, aber eben keine *Funktion* ist. In Racket gibt es zur *Definition einer Funktion/Prozedur*[7] eine *Sonderform*, die *λ-Ausdruck*[8] heißt. Der Aufbau eines λ-Ausdrucks sieht grundsätzlich wie folgt aus:

```
(lambda (PARAMETER) BODY)
```

`PARAMETER` steht für eine Folge paarweise verschiedener Platzhalter `p1,p2, ..., pn`, die man *formale Parameter* oder (die in dem `BODY` des λ-Ausdrucks) *gebundene Variablen* nennt. Beim Aufruf der Funktion werden die *aktuellen* Parameter (Eingaben oder Argument) `a1, a2,..., an` in der gegebenen Reihenfolge an die formalen übergeben.

`BODY` ist der die Funktion/Prozedur definierende Racket-Ausdruck, also die Beschreibung eines konkreten Funktionswertes. Die Interpretation dieser Beschreibung durch den Racket-Interpreter führt zu einem konkreten Rechenprozess.

Das *Ergebnis der Evaluation* eines λ-Ausdrucks – nicht etwa des `BODY`s selbst – ist eine *Racket-Prozedur*[9].

```
> (lambda (r) (* pi (* r r)))
#<procedure>
```

Wir verwenden die mit dem λ-Ausdruck beschriebene Prozedur zur Ermittlung des Kreisflächeninhaltes für den Radius 10:

```
> ((lambda (r) (* pi (* r r))) 10)
314.1592653589793
```

Man beachte die Klammersetzung. Der in Operatorposition stehende λ-Ausdruck evaluiert zur Kreisflächeninhaltsprozedur. Die äußere Klammerung lässt die Anwendung dieser Prozedur erkennen.

Bisher haben wir den formalen Parameter wie selbstverständlich r genannt. Warum? Der Name erinnert an Radius. Aber noch lesbarer wäre es doch, wenn wir dafür den Racket-

---

[7]Die Unterscheidung von Funktion und Prozedur werden wir in Abschn. 2.1.4 thematisieren. Wir verwenden hier zunächst den Prozedurbegriff für Racket-Implementierungen mathematischer Funktionen.

[8]Natürlich fragt man sich, weshalb Racket hierfür λ verwendet, wo sich doch eher so etwas wie *fn* oder *func* anbieten würde. Eine Teilantwort folgt aus der Tatsache, dass der sog. λ-Kalkül (von A. CHURCH) die wichtigste theoretische Basis der funktionalen Programmierung ist. Hier kommt λ vor, aber warum? Anstelle des Wortes λ verwendete CHURCH an entsprechender Stelle das Dach, also etwa $\hat{n}$. Dies verursachte jedoch um 1941 einige drucktechnische Probleme, so dass sich die Setzer entschieden, das Dach vor das Symbol zu stellen: $\hat{\ } n$ und noch deutlicher Λn. Um daraus nun ein Racket-Sprachelement zu machen, versprachlichte man dies zu `lambda`, denn das vorangestellte Dach und der Großbuchstabe Λ sind optisch verwandt. Hoffentlich stimmt diese Geschichte.

[9]Weshalb wir in Racket lieber von Prozeduren sprechen, wenn wir Funktionen meinen, wird weiter unten erläutert.

Bezeichner `radius` einsetzen würden. Dies ist ohne Weiteres möglich, darf jedoch an keiner Vorkommensstelle vergessen werden.

```
> ((lambda (radius) (* pi (* radius radius))) 10)
314.1592653589793
```

Da es eine eingebaute Prozedur `square` mit der Eigenschaft $square : n \to n^2$ gibt, kann der Flächeninhalt eines Kreises mit dem Radius `rad` auch anders beschrieben werden:

```
> (lambda (rad) (* pi (square rad)))
#<procedure>
> ((lambda (rad) (* pi (square rad))) 10)
314.1592653589793
```

Bei der Evaluation eines λ-Ausdrucks zu einer Prozedur als Wert wird „hinterlegt" wo der Racket-Interpreter die Werte der dabei verwendeten Variablen findet, wenn diese Prozedur aufgerufen wird. Wie dies geschieht behandelt vor allem Abschn. 2.6.

Die im Prozedurkörper beschriebene Berechnung kann natürlich erst dann ausgeführt werden, wenn die betrachtete Prozedur aufgerufen wird. Deshalb führen z. B. fehlerhafte Ausdrücke innerhalb des Körpers erst bei der *Prozeduranwendung* zum Fehler:

```
> (lambda (x) (/ 9 0))
#<procedure>
> ((lambda (x) (/ 9 0) x) 10)
division by zero
```

Eine Prozedur kann beliebig viele Parameter besitzen; im Extremfall auch keine. In diesem Fall spricht man von einer nullstelligen Prozedur:

```
> (lambda () "Guten Tag")
#<procedure>
> ((lambda () "Guten Tag"))
"Guten Tag"
```

Stehen im Prozedurkörper mehrere Ausdrücke hintereinander, so bestimmt der zuletzt angegebene Ausdruck den Wert des betrachteten Prozeduraufrufs:

```
> (lambda (x) "Guten Tag" "Guten Morgen" 123 x)
#<procedure>
> ((lambda (x) "Guten Tag" "Guten Morgen" 123 x) 10)
10
```

Dabei ist zu beachten, dass sämtliche Ausdrücke evaluiert werden. Ein fehlererzeugender Ausdruck in dieser Folge führt dann auch zum Abbruch insgesamt.

Abschließend wird nochmals betont, dass Prozeduren Werte des Datentyps „Prozedur" sind. Man sollte also über Prozeduren genau so denken, wie über Zahlen, Zeichenketten und Wahrheitswerte: Sie alle sind weiterverarbeitbare Werte. Diese Denkweise wird in Abschn. 2.2.2 aufgegriffen und vertieft.

1.5 Benannte Prozeduren

Die Anwendung des entwickelten Ausdrucks zur Berechnung des Kreisflächeninhalts

```
((lambda (radius)(* pi (* radius radius))) 10)
```

ist zwar korrekt, aber nicht sehr bequem bzw. übersichtlich. Üblicherweise wünscht man eine Kurzbezeichnung für die zugehörige Prozedur. Wir definieren deshalb eine Variable `area` mit der betrachteten Prozedur als Wert.

```
(define area
  (lambda (r)
    (* pi (* r r))))
```

Solch komplexe Racket-Ausdrücke lassen sich nicht in die schnöde Zeilenstruktur des Racket-Eingabefensters pressen. Deshalb wechseln wir nun zu *DrRacket*. Wie der Name schon vermuten lässt, handelt es sich um eine „kluge" Arbeitsumgebung, die uns beim Programmieren mit Racket sehr unterstützt, s. Abb. 1.4.

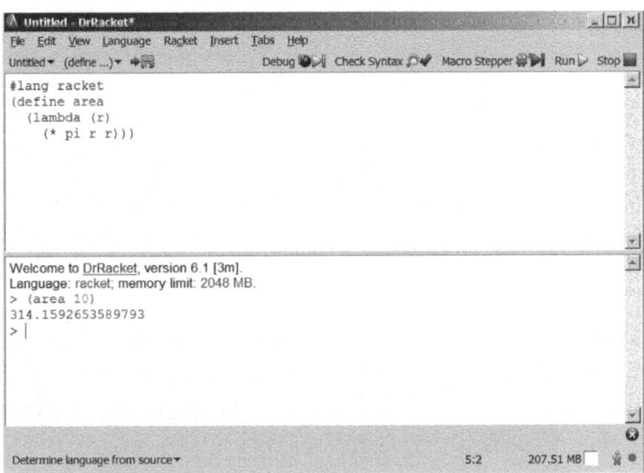

Abbildung 1.4: DrRacket Arbeitsumgebung

Die beiden separaten Bereiche sind in Abb. 1.4 sehr gut zu erkennen: Der obere Bereich heißt *Definitionsfenster*. Erwartungsgemäß werden hier die Prozedurdefinitionen vorgenommen. Als Beispiel ist die Definition von `area` dargestellt.

Beachten Sie, dass die Racket Sprache eingestellt ist. Sie erkennen dies an der ersten Zeile im Definitionsfenster. Dort wird `#lang racket` vorgegeben.

Im unteren Bereich ist das *Interaktionsfenster* zu sehen. Nachdem die Definition durch das Drücken des RUN-Knopfes vom Racket-System aufgenommen wurde, kann sie im Aufruf (stets im Interaktionsfenster) verwendet werden.

Ein nun doch recht bequemerer Aufruf lautet

```
> (area 10)
314.1592653589793
```

Eine benannte Prozedur kann sehr bequem angewendet werden: Man setzt *ihren Namen* an die erste Stelle (Operatorposition) in einer Liste und ergänzt die in Anzahl und Typ verträglichen Argumente.

Bei der Evaluation des Ausdrucks (`area 10`) evaluieren zunächst `area` zur zugehörigen Prozedur und 10 zur Zahl 10. Anschließend wird die Prozedur auf den Wert 10 angewandt.

Aufgabe 1.11:
Stellen Sie den Cursor in der Prozedurdefinition auf `radius` und drücken Sie die rechte Maustaste. Nun können Sie den Namen des Parameters überall in der Definition bequem umbenennen.

Aufgabe 1.12:
Wie lautet das Ergebnis, wenn man im Ausdruck (`* pi (* radius radius)`) genau eine der beiden Variablen `radius` durch r ersetzt? Überprüfen Sie Ihre Vorhersage.

Eine Definition der Form (`define f (lambda (...) ...)`) kann auf mehrere Arten korrekt interpretiert werden:

- Die (globale) Variable `f` wird an einen Wert, nämlich an eine Prozedur, gebunden.

- Die mit dem λ-Ausdruck definierte Prozedur wird mit `f` bezeichnet (Variablenabstraktion).

Bei aller Sympathie für benannte Prozeduren ist es möglich und in bestimmten Zusammenhängen durchaus sinnvoll, *unbenannte Prozeduren* zu verwenden. Außerdem vermeidet man damit globale Variablen, die sich oft als Fehlerquelle erweisen.

1.6 Gültigkeitsbereiche von Variablen

Wir betonen nochmals den Unterschied zwischen einem λ-Ausdruck und einer Racket-Prozedur: Ein λ-Ausdruck evaluiert zu einer Racket-Prozedur. D. h. in obigem Beispiel, dass der Wert der *globalen* (ab sofort überall gültigen) Variablen `area` eine Racket-Prozedur ist, die nach Empfang eines *aktuellen Parameters* für den Radius eines Kreises dessen Flächeninhalt zurückgibt.

```
> (area 10)
314.0
```

Die Variablen `pi` und `*` kommen in dem λ-Ausdruck (`lambda (r)(* pi r r)`) *frei* vor. Die Bezeichnung kommt daher, dass diese Variablen weder im λ-Ausdruck noch

durch andere (weiter unten betrachtete) Maßnahme gebunden wurden. r ist durch den
λ-Ausdruck *gebunden*.

Über freie Variablen muss man sehr genau wachen, um keine unliebsamen Überraschungen zu erleben. Es entsteht beispielsweise ein völlig falsches Ergebnis für (area 10), wenn wir den Wert von pi zu 12.928 verändern. Dies kann man leicht erreichen, indem man (define pi 12.928) im Definitionsfenster hinzufügt und dies mit RUN für Racket bekannt macht.

In diesem einfachen Beispiel ist das alles leicht zu überblicken. Bei großen Programmen, an denen mehrere Entwickler arbeiten, sind Probleme mit freien Variablen gewöhnlich schwer zu finden.

Deshalb sollte man den Gültigkeitsbereich von Variablen einzuschränken, insbes. wenn es sich nicht um formale Parameter, die bei Aufruf einen Wert entgegen nehmen, handelt. Ein hierfür verwendbares Sprachelement ist let.

```
> (let ([pi 3.14][mult *])
    (mult pi (mult 10 10)))
314.0
```

Die Sonderform let sorgt im Beispiel dafür, dass die in dem eingeschlossenen Ausdruck ehemals freien Variablen mult und pi gebunden werden. Die verwendeten *eckigen Klammern*[10] unterstreichen optisch diese Wertbindung.

let ist sog. *syntaktischer Zucker*, d. h. es handelt sich um ein bequemeres Sprachelement für eine eher aufwendige Konstruktion. Im konkreten Fall ersetzt der o.g. let-Ausdruck die *Anwendung*

```
> ((lambda (pi mult)(mult pi (mult 10 10))) 3.14 *)
314.0
```

Nach Evaluation des gesamten let-Ausdrucks (im Interaktionsfenster) gehen diese lokalen Bindungen verloren.

```
> pi
3.141592653589793
> mult
mult: undefined;
```

Beim Versuch, lokale Variablen mit let einzuführen, deren Wert sich aus anderen im gleichen let-Ausdruck angegebenen Variablen ergibt, kommt es zum Fehler:

```
> (let ([x 2][y (* 3 x)])
    (+ x y))
x: undefined;
```

---

[10]Die Klammerung mit eckigen Klammern ist Geschmackssache und erfordern zusätzliches Lernen. Sie können problemlos durch die gewohnten runden Klammern ersetzt werden.

In solchen Fällen muss `let` durch `let*` ersetzt werden:

```
> (let* ([x 2][y (* 3 x)])
    (+ x y))
8
```

Zu beachten ist dennoch die Reihenfolge der angegebenen Variablen: Nur Rückgriffe auf (weiter links) bereits definierte Variablen sind gestattet.

```
> (let* ([y (* 3 x)][x 2])
    (+ x y))
 x: undefined
```

Aufgabe 1.13:
Geben Sie eine Prozedurdefinition für `area` an, in der der Wert von `pi` 3.1415 beträgt. Dieser Wert soll aber nur lokal für den auszuwertenden Formelausdruck und nicht etwa außerhalb der Prozedurdefinition gelten.

Interne Definitionen sind eine weitere Möglichkeit, eine lokale Gültigkeit für Variablen zu erzielen. In folgender Definition von `myarea` verwenden wir eine Prozedur `helper`, die nur lokal, d. h. innerhalb von `area` existiert.

Die Gültigkeit der auf diese Weise definierten lokalen Variablen, hier `helper`, ist auf den Körper der Prozedur, hier `myarea`, beschränkt, in die sie eingebettet wird. Man kann also den Gültigkeitsbereich am Definitionstext erkennen. Deshalb spricht man von *lexical scoping*. Eine alternative Gültigkeitsbestimmung bietet das *dynamic spoping*, wie etwa bei der Programmiersprache LOGO, das mit dem sog. funarg-Problem einen Nachteil besitzt.

```
(define myarea
  (lambda (r)
    (define helper
      (lambda (radius)
        (let ((pi 3.14))
          (* pi radius radius))))
    (helper r)))

> (myarea 10)
314.0
> (helper 10)
helper: undefined;
```

In einer Prozedurdefinition dürfen mehrere interne Definitionen vorkommen. Der letzte Ausdruck der betrachteten Prozedurdefinition muss jedoch ein Nicht-Definitionsausdruck sein.

1.7 Unbestimmte Werte

Prozeduraufrufe in funktionsorientierten Sprachen, wie Racket, geben im Allgemeinen einen Wert zurück, der von anderen Prozeduren als Argument aufgenommen und weiterverarbeitet werden kann.

Manche (wenige) Sprachelemente, wie `define` und `set!`, führen bei Aufruf Nebenwirkungen herbei. Deren Rückgabewert ist im Allgemeinen ohne Interesse und wird implementationsbedingt festgelegt. Man spricht von einem *unbestimmten Wert* (engl.: *unspecified value*). In Racket verwendet man dafür `#<void>`. Dieser Wert wird nicht als Rückgabewert angezeigt, kann aber „erfragt" werden:

```
> (define s 2)
> (void? (set! s 3))
#t
> (display (set! s 2))
#<void>
```

`(void)` wird benutzt, um diesen Wert durch einen speziellen Prozeduraufruf zu erzeugen.

```
> (void)
> (display (void))
#<void>
> (void? (void))
#t
```

1.8 Bedingte Ausdrücke

1.8.1 Die Grundform

Praktisches Programmieren mit funktionsorientierten Sprachen kann man als *Konstruktionsaufgabe* verstehen. Man konstruiert komplexere Datenstrukturen aus einfacheren und man bildet zusammengesetzte Ausdrücke aus Basisausdrücken. Dabei kommen auch *bedingte Ausdrücke*, oder Konditionale, vor. Der Wert eines solchen Ausdrucks hängt von der Gültigkeit einer Bedingung ab. Wir erläutern dies an folgendem Beispiel.

```
(define weightwatcher
  (lambda (masse)
    (cond
      [(< masse 50) 'fliegengewicht]
      [(< masse 80) 'normalgewicht]
      [else
        "Watch your weight!"])))
```

Freiwillig verwendbare eckige Klammern, gleichbedeutend mit den runden, heben die
drei Fälle hervor.

```
> (weightwatcher 67)
'normalgewicht
```

Bei diesem Aufruf wird die Zahl 67 an den formalen Parameter `masse` gebunden. Zur
Auswertung des `cond`-Ausdrucks werden die angegebenen Bedingungen *in der gegebenen
Reihenfolge* evaluiert. Sobald sich dabei *erstmals* der Wahrheitswert `true` ergibt, wird
der zugehörige Ausdruck evaluiert und als Ergebnis (Wert) des gesamten `cond`-Ausdrucks
zurückgegeben. Die ggf. noch folgenden Bedingungen bleiben unbeachtet. `cond` ist also
auch eine Sonderform.

Im Beispiel kann man die Bedingung-Wert-Paare gut erkennen. Wichtig ist, dass die
Evaluation von oben nach unten verläuft und die erste „erfolgreiche" Bedingung „feu-
ert", wie man im Jargon gerne sagt. Selbst wenn danach ein Ausdruck steht, der einen
Fehler erzeugt (eine Ausnahme wirft), wie etwa `(/ 4 0)`, ändert das am Ergebnis des
Beispielaufrufs nichts.

Gilt keine der angegebenen Bedingungen, so wird der Wert des zu `else` gehörenden Ausdrucks zurückgegeben. Das Wörtchen `else` ist offenbar nichts anderes als syntaktischer
Zucker für `#t`, d. h. eine „Bedingung", die stets erfüllt ist.

Aufgabe 1.14:
Testen Sie den Aufruf (`weightwatcher 103`). Beachten Sie den Datentyp des Rückgabewertes.

Der Wert-Teil eines Bedingung-Wert-Paares darf *eine Folge von Racket-Ausdrücken* sein.
Diese werden dann in der angegebenen Reihenfolge evaluiert. Der Wert des zuletzt behandelten Ausdrucks bestimmt den Gesamtwert.

1.8.2 Alternative

Obwohl uns mit `cond` ein sehr mächtiges Sprachelement zur Verfügung steht, wird in
vielen Anwendungsfällen nur eine einzige Bedingung benötigt. `cond` ist dafür einfach zu
mächtig und – obwohl prinzipiell einsetzbar – nicht angemessen. Wir verwenden deshalb
das `if`-Sprachelement. In imperativen Sprachen nennt man dies if-then-else-Konstrukt.

Wir zeigen eine sinnvolle Verwendung von `if` bei der Definition der Betragsfunktion.

$$|n| = \begin{cases} n, & \text{wenn } n \geq 0, \\ -n, & \text{sonst.} \end{cases}$$

Eine zugehörige Prozedurdefinition ist

```
(define my-abs
  (lambda (n)
    (if (>= n 0)
        n
        (- n))))
```

Der absolute Betrag von -837 ist 837.

```
> (my-abs -837)
837
```

Wenn die Bedingung (>= n 0) erfüllt ist, wird n zurückgegeben (then-Zweig), ansonsten der Wert von (- n) (else-Zweig). Der else-Teil darf nicht fehlen.

Es ist zu beachten, dass in jedem der beiden Zweige nur genau je *ein* Ausdruck stehen darf. Reicht dies im konkreten Anwendungsfall nicht aus, so wird mit

```
(begin AUSDRUCK ... AUSDRUCK)
```

aus der entsprechenden Sequenz von Ausdrücken ein (zusammengesetzter) Ausdruck gebildet, der dort stehen darf. Aus strukturellen Gründen ist in solchen Fällen die Verwendung eines cond-Ausdrucks vorzuziehen.

Das if-Sprachelement ist eine Sonderform: Wenn die nach if angegebene Bedingung zu einem anderen Wert als #f evaluiert, wird nur der danach folgende Ausdruck ausgewertet und zurückgegeben. Der (stets vorhandene) „else"-Ausdruck wird nicht evaluiert.

Wird für eine Bedingung nur eine Alternative, d. h. entweder nur der then-Zweig oder nur der else-Zweig, benötigt, deren Wert sich ggf. aus der Evaluation mehrerer Ausdrücke ergibt, sind when bzw. unless wesentlich „handlicher".

```
>(when (even? 4)
   (displayln "4 ist eine gerade Zahl.")
   (printf "~a ist auch eine gerade Zahl.~n" 14))
4 ist eine gerade Zahl.
14 ist auch eine gerade Zahl.
> (unless (even? 4)
   (displayln "4 ist eine gerade Zahl.")
   (printf "~a ist auch eine gerade Zahl.~n" 14))
```

Für unless erhalten wir keine Ausgabe, da als Bedingung ein Ausdruck erwartet wird, der zu #f evaluiert. (even? 4) liefert jedoch #t.

if-Ausdrücke sind für die Definition rekursiver Prozeduren, s. Abschn. 1.9, besonders wichtig.

1.8.3 Fallauswahl

Auch das Sprachelement case stellt *syntaktischen Zucker* dar. Das folgende Beispiel stellt die beiden Varianten nebeneinander.

```
(define vowel?                          (define vowel?
  (lambda (letter)                        (lambda (letter)
    (cond                                   (case letter
      [(or (equal? letter 'a)                 [(a e i o u) #t]
           (equal? letter 'e)                 [else #f])))
           (equal? letter 'i)
           (equal? letter 'o)
           (equal? letter 'u))
       #t]
      [else #f])))
```

Das in der cond-Variante verwendete Sprachelement equal? prüft die Gleichheit zweier Symbole. Für natürliche Zahlen sind wir das Gleichheitszeichen = gewohnt. In Programmiersprachen gibt es je nach Datentyp verschiedene Arten von Gleichheit und folglich auch unterschiedliche Operationen, wie eq?, eqv? und equal?.

```
> (vowel? 'b)
#f
```

case bietet syntaktischen Zucker, nicht mehr und nicht weniger. Zuerst wird der unmittelbar nach case stehende Ausdruck evaluiert und anschließend festgestellt, in welcher der angegebenen Auswahlmengen dieser Wert vorkommt. Diese Suche geschieht von oben nach unten, d. h. unter Berücksichtigung der vorgegebenen Reihenfolge. Der zu der betreffenden Liste gehörende Ausdruck wird evaluiert und als Wert des gesamten case-Ausdrucks zurückgegeben. Falls der Wert in keiner dieser Mengen enthalten ist, bildet der Wert des Ausdrucks nach else das Resultat. Für die durchzuführenden Vergleiche verwendet die Sonderform case das Sprachelement equal?.

1.9 Rekursive Prozeduren

1.9.1 Zahlenfolgen und Rekursion

In der Mathematik werden Zahlenfolgen behandelt. Zahlenfolgen sind Funktionen der Form $f : \mathbb{N} \mapsto \mathbb{R}$, die in expliziter Form durch Angabe von f, mit $f(n) = a_n$ definiert werden können. Beispielsweise definiert $f : n \mapsto n!$ die Zahlenfolge $(a_n) = (1, 1, 2, 6, 24, \ldots)$.

Alternativ kann eine Zahlenfolge auch implizit definiert werden:

$$a_0 = k$$
$$a_n = g(a_{n-1}) \text{ mit } n \geq 1.$$

Mit Hilfe der Funktion g wird ausgedrückt, wie man das betrachtete Glied der Zahlenfolge aus dem vorhergehenden berechnet. Für obiges Beispiel gilt:

$$a_0 = 0! = 1$$
$$a_n = n \cdot a_{n-1} \text{ mit } n \geq 1.$$

Implizite Definitionen repräsentieren wir mittels *rekursiver* Prozeduren, die wir quasi durch bloßes „Abschreiben" aus der mathematischen Form gewinnen. Die eigentliche Berechnungsidee steckt bereits im mathematischen Entwurf.

Das mathematische Symbol a_n zur Bezeichnung des n-ten Gliedes einer Zahlenfolge wird für die Fakultät gern durch (fak n) ersetzt. Das $n - 1$-te Glied heißt dann folglich (fak (- n 1)).

```
(define fak
  (lambda (n)
    (if (= n 0)
        1
        (* n (fak (- n 1)))))))
```

```
> (fak 64)
126886932185884164103433389335161480802865516174545192198801894375214 7
04230400000000000000
```

Die sehr schnelle Ganzzahlarithmetik ist eine besondere Leistungsstärke von Racket.

Aufgabe 1.15:
Der rekursive Charakter der Prozedur fak geht auch aus der Trichterdarstellung in Abb. 1.5 für den allgemeinen Fall, also $n > 0$, hervor. Verwenden Sie einen Farbstift und zeichnen Sie die *beiden* Trichterbilder für fak deutlich nach. Beachten Sie die Analogie der beiden fak-Darstellungen in Bezug auf die Ein- und Ausgabetrichter.

Implizite Definitionen sind mitunter wesentlich leichter angebbar als explizite: So hat es beispielsweise ca. 600 Jahre gedauert, um für die Definition der *Fibonacci-Zahlenfolge* (Leonardo von Pisa: 1180-1250, Fibonacci genannt) $1, 1, 2, 3, 5, 8, 13, \ldots$ in der (offensichtlichen) Form

$$a_0 = 1$$
$$a_1 = 1$$
$$a_n = a_{n-1} + a_{n-2} \text{ mit } n \geq 2.$$

die (keineswegs offensichtliche) explizite Definition

$$a_n = \frac{1}{\sqrt{5}} \cdot \left(\left(\frac{1+\sqrt{5}}{2} \right)^n - \left(\frac{1-\sqrt{5}}{2} \right)^n \right) \text{ mit } n \geq 1.$$

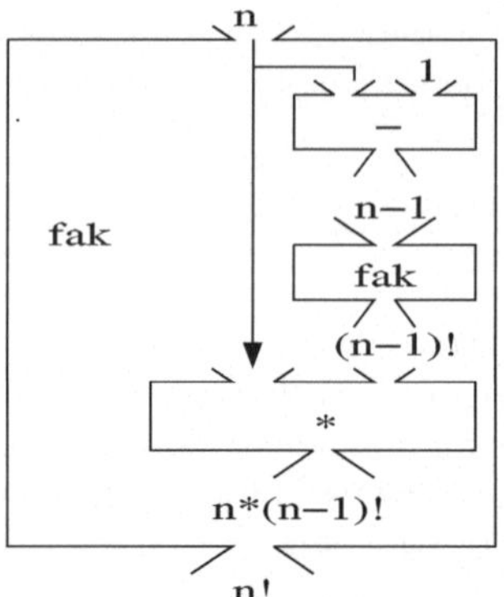

Abbildung 1.5: Trichterbild für den allgemeinen Fall in `fak`

anzugeben (Jaques Binet: 1786-1856).

Aufgabe 1.16:
Verwenden Sie die Binetsche Formel zur Ermittlung der ersten drei Fibonacci-Zahlen
a_0, a_1 und a_2 mit Handrechnung. Dabei werden Sie feststellen, dass hiermit die Fibonacci-Zahlenfolge nach der OEIS-Definition (`https://oeis.org/A000045`) beschrieben wird:
$0, 1, 1, 2, 3, 5, 8, 13, \ldots$. Der einzige Unterschied ist also die vorangestellte Null.
Im weiteren Text bleiben wir bei der ursprünglichen Form $1, 1, 2, 3, 5, 8, 13, \ldots$.

Die rekursive Prozedur `fib` zur Berechnung der Fibonacci-Zahlen ergibt sich unmittelbar
aus der impliziten Definition.

```
(define fib
  (lambda (n)
    (if (< n 2)
        1
        (+ (fib (- n 1)) (fib (- n 2)))))))
```

```
> (fib 30)
1346269
```

Rekursive Prozeduren werden uns im Folgenden immer wieder begegnen.

1.9.2 Deskriptiv vs. prozedural

Eine rekursive Vorschrift besteht aus zwei Teilen:

- aus dem *Elementarfall* und

- aus der *Rekursion*.

Man kann dies auf zwei völlig verschiedene Arten interpretieren:

1. Berechne a_n aus a_{n-1}, a_{n-1} aus a_{n-2}, a_{n-2} aus a_{n-3} usw. bis der Elementarfall (a_0) erreicht ist.

2. a_n ist für $n = 0$ und $n \geq 1$ vollständig beschrieben. Die Berechnung von (a_n) (mittels einer Programmiersprache) bedarf keiner weiteren Instruktion.

Die erste Fassung ist *prozedural*, die zweite *deskriptiv*. „Prozedural" weist darauf hin, *wie* die Rechnung zu organisieren ist, um das Ergebnis nach endlich vielen Schritten zu erhalten. Wenn a_{n-1} innerhalb von $g(a_{n-1})$ benötigt wird, findet eine Art Nebenrechnung statt. Die eigentliche Rechnung, d. h. die Anwendung von g auf a_{n-1}, muss aufgeschoben werden, bis a_{n-1} vorliegt.

Die zweite, *deskriptive* Fassung kümmert sich *nicht* um den Berechnungsprozess: Wenn man a_n ermitteln möchte, muss man a_{n-1} eben zur Verfügung haben, egal woher.

Obwohl die prozedurale Fassung wesentlich griffiger und konkreter erscheinen mag, ist die Einnahme des *deskriptiven* Standpunkts eine notwendige Voraussetzung, wenn man beim *Entwurf* rekursiver Prozeduren erfolgreich sein will. Die dabei erforderliche Abstraktion wird durch prozedurales Denken i.S.v. „Wie berechne ich ...?" gravierend behindert. Dieses „Wie ...?" muss konsequent durch die Frage nach dem „Was ...?" ersetzt werden.

Erfahrungsgemäß macht dies anfangs einige Schwierigkeiten, denn wir sind es wohl eher gewohnt, prozedural zu denken. Hier ist ein Umdenken nötig! Ich *beschreibe* für den Computer das Ergebnisobjekt und erwarte, dass er es erzeugt.

Da der Unterschied zwischen deskriptiven und prozeduralen (imperativen) Definitionsformen so wichtig ist, ergänzen wir ein zweites Beispiel.

deskriptiv Die Quadratwurzel $\sqrt{a}$ einer natürlichen Zahl a ist eine positive reelle Zahl $x = \sqrt{a}$ mit der Eigenschaft $x \cdot x = a$.

prozedural Die Quadratwurzel $\sqrt{a}$ einer natürlichen Zahl a ergibt sich schrittweise, wenn man ein Rechteck mit den Seitenlängen a und 1 in ein Quadrat mit dem Flächeninhalt a transformiert: $a \cdot 1 = a = \sqrt{a} \cdot \sqrt{a}$.
Die Iterationsvorschrift lautet $x_{n+1} = \frac{1}{2} \left(x_n + \frac{a}{x_n} \right)$ für $n \geq 0$ und $x_0 = a$.

Beide Formulierungen beschreiben exakt, was man unter einer Quadratwurzel versteht.

Leider gibt es in diesem Fall keine direkte Möglichkeit, die deskriptive Fassung in ein (rekursives) Computerprogramm „umzuschreiben". Die zweite Fassung liefert hingegen eine Berechnungsmethode - ein typischer Gegenstand der numerischen Mathematik (HERONsches Verfahren).

Aufgabe 1.17:
Leiten Sie die Iterationsvorschrift für die Quadratwurzelberechnung mit dem HERONschen Verfahren her.

Aufgabe 1.18:
Schreiben Sie eine rekursive Racket-Prozedur, mit der Sie die ersten fünf Iterationen zur Bestimmung von $\sqrt{2}$ ausführen und vergleichen Sie das Resultat mit dem von (`sqrt` 2). Hinweis: Verwenden Sie $x_n = \frac{1}{2}\left(x_{n-1} + \frac{a}{x_{n-1}}\right)$ für $n \geq 1$ und $x_0 = a$. Setzen Sie x_n in Racket als (x n) um.

1.9.3 Rekursive Prozeduren als Beschreibungsmittel

Im Folgenden schauen wir uns typische Beispiele an. Sie dienen vor allem dazu, die deskriptive Denkweise einzuüben.

Rekursive Beschreibung grafischer Objekte

Betrachtet man die in Abb. 1.6 angegebene Figur, die man mit etwas Fantasie Baum nennen kann, so sieht man ein Muster: Am oberen Ende des Stamms setzen symmetrisch zum Stamm zwei Teilbäume an, ein linker und ein rechter. Sie spannen einen Winkel von 90 Grad auf. Außerdem sind die Stämme der angesetzten Bäume gerade halb so lang wie der Stamm des (großen) Baumes, zu dem sie gehören. Die Mindestlänge des Stammes eines beliebigen Teilbaums beträgt 5 Längeneinheiten.

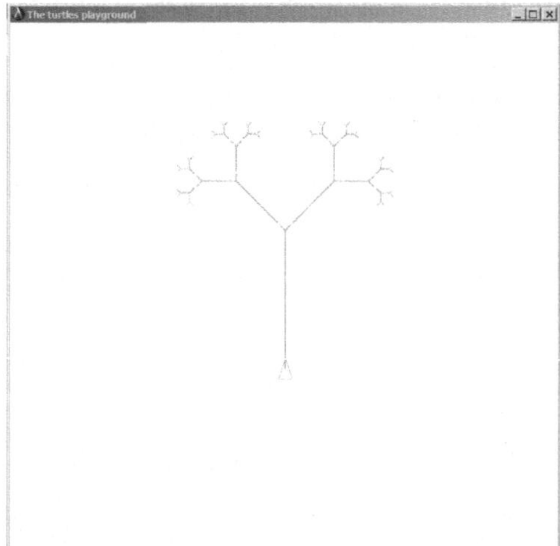

Abbildung 1.6: Rekursive Prozedur beschreibt rekursive Baumstruktur adäquat

Als Zeichenroboter steht eine Turtle zur Verfügung, die befehlsgesteuert Elementaraktionen ausführen kann. Syntaktisch sind diese Befehle so aufgebaut:

```
(send <Turtle-Name> <Befehl> [<Parameter>]).
```

Es gibt Befehle, wie `pen-erase!` (im nächsten Beispiel), denen kein Parameter übergeben wird. Das *eventuelle* Vorhandensein eines Parameters wird durch die eckigen Klammern angezeigt. Die Bedeutungen der konkreten Sprachelemente kann aus den gewählten Befehlsnamen geschlossen werden.

```
(define tree
  (lambda (side turtle)
    (unless (< side 5)
      (send turtle forward! side)
      (send turtle left! 45)
      (send turtle sleep 100)
      (tree (/ side 2) turtle)
      (send turtle right! 90)
      (send turtle sleep 100)
      (tree (/ side 2) turtle)
      (send turtle left! 45)
      (send turtle backward! side)))))
```

```
> (tree 200 harald)
```

Aufgabe 1.19:
Kopieren Sie `racketturtle.rkt` (von der Buchseite) in Ihr Arbeitsverzeichnis. Öffnen Sie ein neues Dokument, schreiben Sie die folgenden Zeilen hinein.

```
#lang racket
(require "racketturtle.rkt")

(define width 800)  ; Determines the window's size (turtles' playground)
(define height 800)

(define dc (start width height))

(define harald (new turtle%
              [tname 'Harald]
              [xpos 400][ypos 500][direction 90]
              [tcolor "YellowGreen"]
              [tdc dc]))
```

Ergänzen Sie anschließend die obige Prozedurdefinition `tree` und speichern Sie die zugehörige Datei in diesem Arbeitsverzeichnis. Erproben Sie diverse Aufrufe von `tree`. Falls Sie die sehr hohe Ausführungsgeschwindigkeit am Nachdenken über die Prozedur hindert, fügen Sie `(send turtle sleep 100)` an passender Stelle ein. Dies erzeugt je eine Pause von 100 Millisekunden.

In einem zweiten Beispiel geht es um einen *Turtle-Geisterweg*, s. Abb. 1.7. Darunter

Abbildung 1.7: Turtle-Geisterweg vor der vollständigen Löschung der Spur

wollen wir eine „wilde Spur" verstehen, die eine Turtle zeichnet und anschließend (bis auf kleine grafische Defekte) vollständig ausradiert. Der Geisterweg besteht aus einzelnen Etappen zufälliger Länge und Drehwinkel. Die Gesamtlänge des Geisterwegs soll den Wert 2000 nicht übersteigen, sodass zu Beginn nicht feststeht, aus wie vielen Etappen der Weg besteht. Nachdem der gesamte Geisterweg gezeichnet wurde, soll er spurgetreu wegradiert werden, sodass die Turtle zum Schluss wieder auf dem Startplatz sitzt.

Ein solcher Turtle-Geisterweg lässt sich (bei mangelhafter Versprachlichung) rekursiv beschreiben:

- Elementarfall: Wenn die Gesamtlänge 2000 übersteigt, ist Schluss.

- Rekursiver Fall: Geisterweg = Anfangsetappe (vorwärts und Linksdrehung), Geisterweg mit verringertem Gesamtrestweg, Ausradieren der Anfangsetappe (Rechtsdrehung und rückwärts im Radiergummimodus).

```
(define ghostwalk
  (lambda (length distance angle turtle)
    (unless (> length 2000)
      (send turtle forward! distance)
      (send turtle left! angle)
      (send turtle sleep 70)
      (let ([dist (random 100)][angle (random 361)])
        (ghostwalk (+ length dist) dist angle turtle))
      (send turtle sleep 70)
      (send turtle pen-erase!)
      (send turtle right! angle)
      (send turtle backward! distance)))))

> (ghostwalk 0 (random 100)(random 361) harald)
```

Falls ein weiterer Geisterweg erzeugt werden soll, muss `harald` vorher in die entsprechende Stifthaltung verholfen werden: (`send harald pen-down!`). Randüberschreitungen, durch die die Turtle zeitweilig außerhalb der Arbeitsfläche (unsichtbar) agiert, wirken sich nicht negativ aus.

Aufgabe 1.20:
Schreiben Sie unter Verwendung von `ghostwalk` eine Prozedur `gwalk`, die als Eingaben die Gesamtwegangabe und eine Turtle nimmt und diese Turtle einen entsprechenden Ghostwalk vollführen lässt.

Turm von Hanoi

Vermutlich im Jahr 1883 wurde das klassische Rätsel „Turm von Hanoi" von dem französischen Mathematiker Édouard Lucas erfunden und erstmals veröffentlicht.

n Scheiben bilden einen Turm, wie in Abb. 1.8, oben links, dargestellt ist. Die Scheiben sind von 1 bis n durchnummeriert; die Scheibennummer entspricht dem Durchmesser (in Längeneinheiten) der entsprechenden Scheibe. Die größte Scheibe liegt ganz unten.

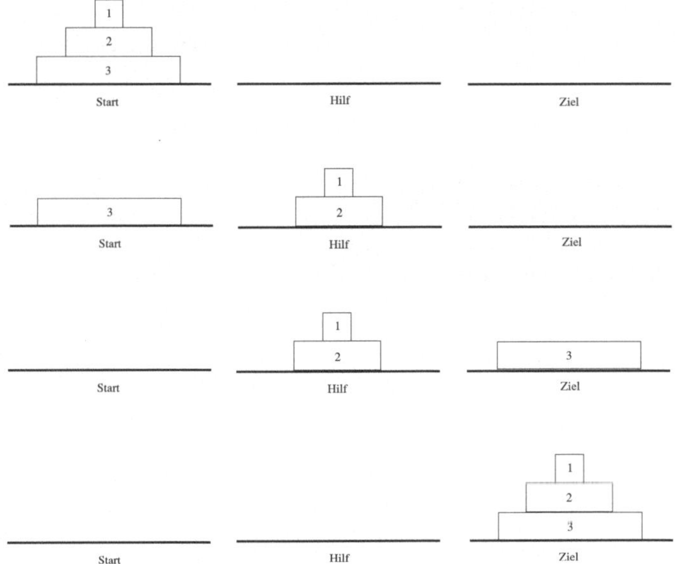

Abbildung 1.8: Turm von Hanoi für $n = 3$: drei Lösungsschritte

Das Ziel des Rätsels besteht in der Angabe der kürzesten Zugfolge, um den Turm von Platz „Start" auf Platz „Ziel" zu bewegen. Dafür steht ein Hilfsplatz „Hilf" zur

Verfügung. Züge, durch die eine größere Scheibe auf einer kleineren zu liegen kommt, sind nicht erlaubt – dies gilt für alle drei Plätze gleichermaßen.

Abb. 1.8 zeigt die rekursive Lösungsidee für $n = 3$:

1. Den (kleineren) Turm mit der untersten Scheibe $n - 1 = 2$ vom Start- auf den Hilfsplatz verschieben. Als Hilfsplatz für diese Bewegung steht der (ursprünglich leere) Zielplatz zur Verfügung.

2. Scheibe $n = 3$ vom Start auf den Zielplatz legen.

3. Den (kleineren) Turm mit der untersten Scheibe $n - 1 = 2$ vom Hilfs- auf den Zielplatz verschieben. Als Hilfsplatz für diese Bewegung steht der (ursprünglich leere) Startplatz zur Verfügung.

Während Schritt 2 ein elementarer ist, der einen (legalen) Spielzug beschreibt, finden wir in den Schritten 1 und 3 (rekursive) Turmbewegungen. Dies drückt die folgende Prozedur adäquat aus.

```
(define hanoi
  (lambda (n start ziel hilf)
    (unless (= n 0)
      (hanoi (- n 1) start hilf ziel)
      (printf "Scheibe ~a von ~a nach ~a~n" n start ziel)
      (hanoi (- n 1) hilf ziel start)))))
```

Der Aufruf `(hanoi 3 'Start 'Ziel 'Hilf)` liefert die Lösung

```
Scheibe 1 von Start nach Ziel
Scheibe 2 von Start nach Hilf
Scheibe 1 von Ziel nach Hilf
Scheibe 3 von Start nach Ziel
Scheibe 1 von Hilf nach Start
Scheibe 2 von Hilf nach Ziel
Scheibe 1 von Start nach Ziel
```

Aufgabe 1.21:
Entwickeln Sie aus `hanoi` eine Prozedur `turm`, die lediglich die Anzahl der Scheiben n nimmt, die Zugliste, wie oben, ausdruckt und schließlich die Anzahl der Züge $z(n)$ ermittelt. Bestimmen Sie diese Funktion z.

Aufgabe 1.22:
Versuchen Sie eine iterative Lösungsidee zu finden. Diese ist wesentlich weniger offensichtlich als die rekursive. Hinweis: Beobachten und protokollieren Sie die Bewegungen der einzelnen Scheiben.

Einfügen eines Listenelements an der n-ten Position

Wir suchen eine Prozedur `insert`, die ein neues Element x *an* einer beliebig wählbaren Position n mit $n \geq 0$ in eine vorgegebene Liste L eingefügt. Falls $n = 0$, steht x ganz vorn und falls $n \geq |L|$ ganz am Ende der Resultatliste.

Die erste Überlegung gilt der Frage nach dem Datentyp des Resultats: eine *Liste*. Diese kann wie folgt rekursiv beschrieben werden:

1. Ist L leer, dann ist die Liste aus x das Ergebnis. (Hier bleibt n unbeachtet. Dies könnte man auch anders definieren.)

2. Gilt $n = 0$, dann bildet L mit vorangestelltem x das Resultat.

3. Falls L nicht leer ist und $n > 0$, dann ergibt sich das Resultat aus der Verkettung des ersten Elements von L und der Liste, die durch Einfügen von x in die Restliste von L ohne das erste Element an der $n - 1$-ten Position entsteht.

Die ersten beiden Punkte beschreiben Elementarfälle, der dritte enthält die Rekursion.

Auf dem Weg zu einer entsprechenden Prozedur wird nun die verbale Form durch eine verkürzte, eher mathematische Form ersetzt:

1. Wenn $L = ()$, dann $insert(x, L, n) = (x)$.

2. Wenn $L = (a_0, a_1, a_2, \ldots, a_k)$ mit $k \geq 0$ und $n = 0$, dann $insert(x, L, n) = (x, a_0, a_1, a_2, \ldots, a_k)$.

3. Wenn $L = (a_0, a_1, a_2, \ldots, a_n, a_{n+1}, \ldots, a_k)$ mit $k \geq 0$ und $n > 0$, dann
$$insert(x, L, n) = (a_0, a_1, a_2, \ldots, x, a_n, a_{n+1}, \ldots, a_k)$$
$$= cons(a_0, (a_1, a_2, \ldots, x, a_n, a_{n+1}, \ldots, a_k))$$
$$= cons(a_0, insert(x, rest(L), n - 1)).$$

Nun ist das Schreiben der Prozedur `insert` vollständig vorbereitet:

```
(define insert
  (lambda (x ls n)
    (cond
      [(null? ls) (list x)]
      [(= n 0) (cons x ls)]
      [else
       (cons (first ls)(insert x (rest ls) (- n 1)))])))

> (insert 'c '() 3)
'(c)
> (insert 'c '(a b d e f) 0)
'(c a b d e f)
> (insert 'c '(a b d e f) 2)
'(a b c d e f)
```

```
> (insert 'c '(a b d e f) 5)
'(a b d e f c)
> (insert 'c '(a b d e f) 555)
'(a b d e f c)
```

Streichen eines Listenelements

Wir entwickeln eine Prozedur `delete_item`, die das zu streichende Element x und eine Liste L nimmt und die Liste L ohne das (von links her) erste Vorkommen von x in L zurückgibt. x soll also nur bei seinem ersten Auftreten in L entfernt werden, falls x überhaupt in L vorkommt.

1. Wenn L eine leere Liste ist, gilt $L' = L$.

2. Ist das zu streichende Element x gleich dem ersten Element von L, so wird die Restliste ohne das erste Element zurückgegeben.

3. Anderenfalls ergibt sich L' aus der Verkettung des ersten Elements von L und der Liste, die sich nach dem Streichen von x in der Restliste von L ohne das erste Element ergibt.

Eine für den Prozedurentwurf zuträgliche Kurzform lautet:

1. Wenn $L = ()$, dann $delete\_item(x, L) = ()$.

2. Wenn $x = a_0$, dann $delete\_item(x, L) = (a_1, a_2, \ldots, a_n)$.

3. Wenn $x \neq a_0$, dann $delete\_item(x, L) = cons(a_0, delete\_item(x, rest(L)))$.

Nun ergibt sich die entsprechende Racket-Prozedur unmittelbar.

```
(define delete_item
  (lambda (x ls)
    (cond
      [(null? ls) '()]
      [(eq? (first ls) x) (rest ls)]
      [else
       (cons (first ls) (delete_item x (rest ls)))])))

> (delete_item 'c '(a b c d e f))
'(a b d e f)
> (delete_item 'c '(a b c d c f))
'(a b d c f)
> (delete_item 'c '(a b d f))
'(a b d f)
```

Wie muss diese Prozedurdefinition modifiziert werden, damit das angegebene Element an allen in der Liste vorkommenden Stellen herausgestrichen wird?

Die Lösungsidee besteht darin, das Streichen auch in der Restliste, in der bereits das erste Listenelement gestrichen wurde, vorzunehmen. Hierfür muss `delete_item` nur an einer einzigen Stelle verändert werden. (Man darf allerdings nicht versäumen, den Namen der Prozedur überall im Definitionstext zu ersetzen.)

```
(define delete-all-items
  (lambda (x ls)
    (cond
      [(null? ls) ls]
      [(eq? (first ls) x) (delete-all-items x (rest ls))]
      [else
        (cons (first ls) (delete-all-items x (rest ls)))])))

> (delete-all-items 3 '(1 2 3 4 5 3 9))
'(1 2 4 5 9)
> (delete-all-items 'c '(a b c d c e f c g))
'(a b d e f g)
```

Umkehrliste

Gesucht ist eine Prozedur, die eine Liste mit beliebig vielen Elementen nimmt und eine Liste zurückgibt, die diese Elemente in umgekehrter Reihenfolge enthält. Falls unter den Listenelementen wiederum Listen vorkommen, werden diese in der vorliegenden Reihenfolge übernommen, also nicht umgekehrt.

In Racket gehört die Prozedur **reverse** zum eingebauten Sprachumfang. Dies versetzt uns in die Lage, vor einer eigenen Definition mit dem potenziellen Ergebnis „herumspielen" zu können.

```
> (reverse '(a #\b (Guten Tag Otto) 23))
'(23 (Guten Tag Otto) #\b a)
```

Wir suchen nach einer rekursiven *Beschreibung* der als Resultat erwarteten Umkehr*liste*:

1. Die Umkehrliste der leeren Liste ist die leere Liste.

2. Die Umkehrliste einer einelementigen Liste ist die gegebene Liste.

3. Die Umkehrliste von $(a_0, a_1, a_2, \ldots, a_{n-1}, a_n)$ mit $n \geq 1$ ist $myreverse((a_1, a_2, \ldots, a_{n-1}, a_n)) \circ (a_0)$, wobei das Operationssymbol $\circ$ hier für die Verkettung zweier Listen steht.

Der folgende Zwischenschritt auf dem Weg zur Prozedur **myreverse** zeigt den komprimierten Entwurf:

1. $myreverse(()) = ()$.

2. $myreverse((a_0)) = (a_0)$.

3. $myreverse((a_0, a_1, a_2, \ldots, a_{n-1}, a_n)) = myreverse((a_1, a_2, \ldots, a_{n-1}, a_n)) \circ (a_0)$
   mit $n \geq 1$.

Eine zugehörige Racket-Prozedur ergibt sich nun unmittelbar:

```
(define myreverse
  (lambda (ls)
    (cond
      [(null? ls) ls]
      [(null? (rest ls)) ls]
      [else
       (append
         (myreverse (rest ls))
         (list (first ls)))])))
```

```
> (myreverse '(a #\b (Guten Tag Otto) 23))
'(23 (Guten Tag Otto) #\b a)
```

Die Eingabeliste aus dem Aufrufbeispiel besteht aus einem Symbol, einem Zeichen, einer Liste und einer Zahl (in dieser Reihenfolge).

Aufgabe 1.23:
Bei genauerem Hinsehen stellt man fest, dass der zweite Elementarfall durch den rekursiven Fall abgedeckt wird, wenn wir dort $n \geq 0$ zulassen. Schreiben Sie eine rekursive Prozedur `myreverse2`, die anstelle des `cond`-Sprachelements `if` verwendet.

Superumkehrliste

Es ist eine geeignete Technik, *vorhandene Prozedurdefinitionen so zu modifizieren*, dass sie erweiterte Aufgabenstellungen erfüllen. So sind wir auch bei der Entwicklung von `delete-all-items` aus `delete-item` vorgegangen.

Bei `myreverse` drängt sich der Wunsch auf, auch die Listen umzukehren, die selbst Element der umzukehrenden Liste sind. Die zu entwerfende Prozedur heißt `superreverse`. Sie hat folgende *Signatur*:

$$superreverse : list \mapsto list.$$

Eine Signatur gibt den Definitions- und Wertebereich einer Prozedur an und ist mit dem API (application programming interface) objektorientierter Sprachen verwandt.

Die Frage lautet also: An welchen Stellen müssen wir `myreverse` wie modifizieren, um den Wunsch zu erfüllen?

Dies beschränkt sich auf nur eine Stelle: Ist das erste Listenelement eine Liste, so wird `superreverse` darauf angewandt. Anderenfalls wird das Element unverändert angehan-

gen, so wie in der letzten Zeile der `myreverse`-Definition zu sehen ist. Wir verwenden
die `if`-Variante:

```
(define superreverse
  (lambda (ls)
    (if (null? ls)
        ls
        (append
         (superreverse (rest ls))
         (if (list? (first ls))
             (list (superreverse (first ls)))
             (list (first ls)))))))
```

```
> (superreverse '(a #\b (Guten Tag Otto) 23))
'(23 (Otto Tag Guten) #\b a)
```

`superreverse` verarbeitet Listen beliebiger Verschachtelungstiefe.

```
> (superreverse '(a (guten (tag lieber (herr berger))) 23))
'(23 (((berger herr) lieber tag) guten) a)
```

Aufgabe 1.24:
Machen Sie sich das Ergebnis und die verwendete Prozedurdefinition vollständig klar!

Für eine Problemlösung gibt es im Allgemeinen mehrere korrekte Prozeduren. Diese
können sich ebenso geringfügig wie fundamental voneinander unterscheiden, da sie das
potenzielle Resultat auf ganz unterschiedlicher Weise beschreiben können.

1.9.4 Mehrfach, echt und endständig rekursiv

`fak`, `fib`, `myreverse` und `superreverse` sind rekursive Prozeduren. Schaut man etwas
genau hin, so stellt sich heraus, dass in `fak` und `myreverse` jeweils genau ein rekursiver
Aufruf vorkommt, in `fib` und `superreverse` sind es hingegen jeweils zwei. Prozeduren
mit mehr als einem Selbstaufruf heißen *mehrfach rekursiv*. Dabei spielt es keine Rolle,
an welcher Stelle im Definitionstext die Aufrufe stehen.

Für die Abarbeitung mehrfach rekursiver Prozeduren gilt die weiter oben geforderte
deskriptive Sichtweise ganz besonders. Wir wären nicht in der Lage gewesen, diese Definitionen zu finden, wenn unser Denken in der Abarbeitung stattgefunden hätte. Allein
eine prozessunabhängige Beschreibung führte zum Ziel.

Ein weiterer wichtiger Begriff ist der der *Endständigkeit*. Von einer *endständig rekursiven*
(tail recursive) Prozedur spricht man, wenn der einzige rekursive Aufruf in der letzten
Zeile der Prozedurdefinition steht und dort nicht in einem Ausdruck eingebettet ist. Man
nennt das auch *last line recursion*.

Für alle bisher betrachteten rekursiven Prozeduren trifft das nicht zu. Sie sind *echt rekursiv*, was gerade das Gegenteil von endständig rekursiv ist. Dies erweckt nun den Eindruck, als ob endständig rekursive Prozeduren in Racket eher die Ausnahme sind. Das Gegenteil ist der Fall. Deshalb wollen wir schnell ein Beispiel für eine typische endständig rekursive Prozedur nachschieben.

Suche eines Elements in einer unverschachtelten Liste

Wir entwickeln eine Racket-Prozedur `mymember`, die ein potenzielles Listenelement x und eine Liste L erwartet. Kommt x in L vor, so wird die Liste ab einschl. der ersten Fundstelle zurückgegeben. Anderenfalls gibt die Prozedur `#f` aus.

Aufgabe 1.25:
Die eingebaute Prozedur `member` besitzt genau diese Semantik. Erproben Sie einige Aufrufe, wie z. B. `(member 3 '(1 2 3 4 5))` und `(member 3 '(1 2 4 5))`.

Die gesuchte Prozedur lässt sich aus obiger Beschreibung unmittelbar angeben.

```
(define mymember
  (lambda (x ls)
    (cond
      [(null? ls) #f]
      [(eq? x (car ls))(cons x (cdr ls))]
      [else
       (mymember x (cdr ls))]))))
```

`mymember` ist eine endständig rekursive Prozedur.

Spielt es denn irgendeine Rolle, ob eine rekursive Prozedur endständig ist oder nicht? Die Antwort lautet: für das Resultat grundsätzlich nicht, aber für den Berechnungsprozess im Computer, also für den Racket-Interpreter.

Im Falle einer echten Rekursion, wie etwa bei der Fakultätsfunktion, muss die Berechnung des Produkts `(* n ?)` aufgeschoben und aufgehoben werden, bis der Wert von ? vorliegt, d. h. von dem nächstfolgenden Rekursionsniveau zurückgeliefert wurde. Dies wird in Abb. 1.9 mit dem sog. Affenmodell[11] illustriert.

---

[11]Der Name für dieses Modell wird durch folgende Anschauung bestimmt: Ein Oberaffe nimmt den Auftrag zur Berechnung von 3! entgegen. Um diesen Wert ermitteln zu können stellt er fest, dass er das Produkt aus 3 und 2! benötigt. Den Berechnungsauftrag für 2! erteilt er seinem Unteraffen. Hierfür übergibt er ihm die gleiche Berechnungsvorschrift, die er selbst benutzt hat. Der einzige Unterschied besteht darin, dass n in der Welt des Oberaffen den Wert 3 besitzt, in der Welt des Unteraffen jedoch 2. Der Unteraffe verfährt mit seinem Untergebenen ebenso usw. Nur der Affe, in dessen Welt n den Wert 0 hat, braucht keinen weiteren Unteraffen zu bemühen, sondern gibt den Wert 1 an seinen direkten Oberaffen zurück. Dieser kann nun seinerseits seinen Arbeitsauftrag (hier $1 \cdot 1 = 1$) abschließen und das Ergebnis nach oben melden usw., s. Abb. 1.9.
In der Literatur wird dieses Modell auch als Little-Man-Model bezeichnet oder in Anlehnung an die

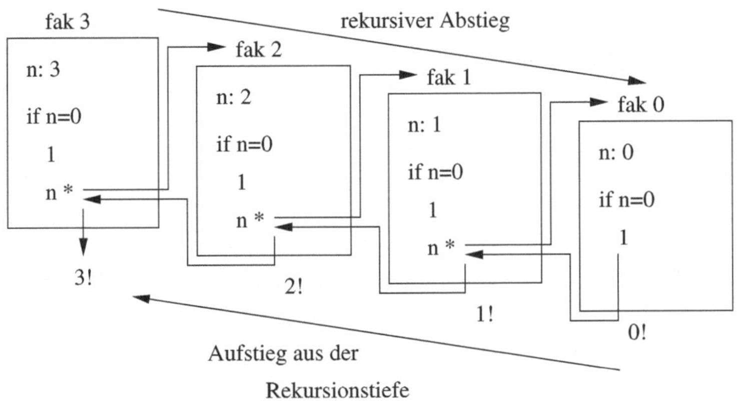

Abbildung 1.9: Analyse des Berechnungsprozesses für (`fak 3`)

Auf jedem dieser Niveaus findet das Gleiche statt: Aussetzen der Produktbildung und Warten auf den zweiten Faktor. Man spricht vom *rekursiven Abstieg*. Erst, wenn $n = 0$ erreicht ist, findet die erste Rückgabe, nämlich der Zahl 1, statt. Es erfolgt der *Aufstieg aus der Rekursionstiefe*.

Wir wollen uns von dem Gesagten nun auch direkt am Computer überzeugen. Hierzu soll Racket den Aufruf (`fak 3`) protokollieren.

Achtung: Die Beschäftigung mit dem Abarbeitungsprozess ist schädlich für unser Denken, welches wir beim Entwurf rekursiver Prozeduren benötigen! Wir wollen dennoch den Inhalt der genannten Begriffe untermauern und dafür brauchen wir diese Betrachtung.

Mit (`require racket/trace`) nach `#lang racket` wird das Modul zur Protokollierung der Berechnung bereitgestellt. Im Definitionsfenster(!) wird festgelegt, welche Prozeduren analysiert werden sollen. In unserem Beispiel ist das nur (`trace fak`).

Das Ablaufprotokoll für (`fak 3`) verdeutlicht den oben beschriebenen rekursiven Ab- und anschließenden Aufstieg durch entsprechende Einrückungen.

```
> (fak 3)
>(fak 3)
> (fak 2)
> >(fak 1)
> > (fak 0)
< < 1
< <1
< 2
<6
```

---

vermuteten Arbeitsabläufe in Beamtenstuben erzählt.

6

Im Unterschied dazu, findet die Berechnung von (mymember 3 '(1 2 3 4 5)) auf einem einzigen Niveau statt.

```
> (mymember 3 '(1 2 3 4 5))
>(mymember 3 '(1 2 3 4 5))
>(mymember 3 '(2 3 4 5))
>(mymember 3 '(3 4 5))
<'(3 4 5)
'(3 4 5)
```

Das Abschalten der Protokollfunktion erledigt (untrace fak mymember).

Wie wir in Abb. 1.9 erkennen konnten, ist der Aufwand zur Verarbeitung echt rekursiver Prozeduren größer als der für endständige. Deshalb wäre es interessant, wenn wir eine endständig rekursive Prozedur zur Berechnung von $n!$ angeben könnten. Dies gelingt unter Verwendung einer sog. *Akkumulatorvariablen*. Die Idee besteht darin, der fak-Prozedur einen weiteren Parameter, in dem das Resultat schrittweise berechnet wird, hinzuzufügen.

Achtung: Dies ist eine eher akademische Betrachtung aus der Sicht des Racket-Interpreters. Es ist keinesfalls ein Aufruf zur vordergründigen Suche nach endständigen Prozeduren, obwohl sich derartige Prozeduren in der praktischen Programmierung mit Racket oftmals von selbst ergeben.

Wir erhalten die folgende endständig rekursive Prozedur tailfak.

```
(define tailfak
  (lambda (n result)
    (if (= n 0)
        result
        (tailfak (- n 1) (* n result)))))
```

Die Akkumulatorvariable result hat die Aufgabe, bei jedem rekursiven Aufruf den dann aktuellen Wert mit dem ebenfalls aktuellen n zu multiplizieren. Das Produkt ist danach der Wert, den result am Ende annimmt. Natürlich muss man dafür sorgen, dass der Anfangswert von result 1 ist.

Aufgabe 1.26:
Sehen Sie sich das Ablaufprotokoll für (tailfak 3 1) an:

```
>(tailfak 3 1)
>(tailfak 2 3)
>(tailfak 1 6)
>(tailfak 0 6)
<6
6
```

Da die Initialisierung der Akkumulatorvariablen mit 1 ausschließlich programmtechnischen Motiven folgt, ergänzen wir eine Prozedur mit der erwarteten Signatur. Diese nimmt `tailfak` als (lokal gültige) Hilfsprozedur.

```
(define myfak
  (lambda (n)
    (define tailfak
      (lambda (n result)
        (if (= n 0)
            result
            (tailfak (- n 1) (* n result)))))
    (tailfak n 1)))
```

(`myfak` 6) liefert erwartungsgemäß die Zahl 6 und (`myfak` 12) den Wert 479001600.

Aus der obigen Betrachtung formulieren wir eine Anforderung, die ein gutes Programmiersystem erfüllen sollte:

- Forderung nach kognitiver Effizienz: Wir wollen uns beim Entwurf (durchaus mehrfach) rekursiver Prozeduren nicht von verarbeitungstechnischen Zwängen beeinträchtigen lassen.

- Wir erwarten, dass sich das Programmiersystem selbst um eine automatische Transformation ineffizienter Prozedurdefinitionen in effiziente (endständig rekursive) kümmert, sofern das möglich ist, s. Abschn. 2.3.

Racket ist ein Hochleistungsprogrammiersystem und erfüllt (in großem Umfang) unsere Wünsche.

Aufgabe 1.27:
Entwerfen Sie eine Prozedur `randomlist`, die eine n-elementige Liste natürlicher Zufallszahlen zwischen a und b zurückgibt. Verwenden Sie die eingebaute Prozedur `random`.

Aufgabe 1.28:
Analysieren Sie einen Aufruf der Prozedur `ghostwalk` mit dem Affenmodell.

2 Funktionsorientierte Programmierung

2.1 Charakteristik

2.1.1 Funktionale und funktionsorientierte Sprachen

Funktionale und *funktionsorientierte* Programmiersprachen gehören (zusammen mit den logikbasierten) zur Gruppe der *deskriptiver* Sprachen. Rein funktionale Sprachen be sitzen keinerlei Wertzuweisung, womit beispielsweise bestimmte Zustände (von Daten und Berechnungen) repräsentiert werden könnten. Dies macht Programmierung frei von *Nebenwirkungen* (*Seiteneffekten*) und ermöglicht die Anwendung mathematischer Methoden.

Von besonderer Bedeutung ist die *Abstraktion*: Variablen-, Daten- und prozedurale Abstraktion, s. Kap. 1. Das hohe deskriptive Niveau der funktionalen Programmierung wird nicht zuletzt durch leistungsfähige Programmierkonzepte, wie Rekursion für Daten und Programme, Funktionen höherer Ordnung, und alternative *Evaluationstechniken*[1] bestimmt. Diese Themen werden in den folgenden Abschnitten vertieft.

Die wichtigsten theoretischen Grundlagen für die funktionale Programmierung wurden 1941 von ALONZO CHURCH (1903-1995) in Gestalt des sog. *λ-Kalküls* gelegt. Damals bestand die Motivation nicht darin, einen neuen Sprachtyp zu fundieren, sondern theoretisch zu klären, welche Berechnungsaufgaben von Computern gelöst werden können und welche nicht. Dieses Ziel erreichte man mit dem λ-Kalkül, wobei es hierfür gleichwertige Alternativen gibt. Darüber hinaus wurde damit die Grundlage für Lisp[2] – neben Fortran eine der ältesten Programmiersprachen überhaupt – geschaffen.

---

[1]Der Begriff „Evaluation" wird hier sehr oft verwendet und bedeutet soviel wie Auswertung oder Bewertung.

[2]1964 hat LANDIN das *closure*-Konzept (closure = an expression, frozen together with its environment, for later evaluation if and when needed. Im Zusammenhang mit der Diskussion um den Namensaufruf in Algol 60 wurde dafür 1960 der Begriff „thunk" („thunk about" als eine abstruse Vergangenheitsform für „think about") geprägt; nicht etwa „a dull hollow sound – the basketball made a thunk as it hit the rim".) eingeführt und eine Interpretation des λ-Kalküls auf einer abstrakten Maschine vorgestellt. 1976 folgten Beiträge von HENDERSON und MORRIS und unabhängig davon von FRIEDMAN und WISE zur *verzögerten* Evaluation (call by need), einer alternativen Evaluationstechnik für Ausdrücke, die 1992 mit Haskell pure Gestalt annahm.

Typische Vertreter funktionaler bzw. funktionsorientierter Programmiersprachen sind Lisp, Scheme, ML, Haskell, Gofer, Miranda, FP und Backus.

Racket ist eine *funktionsorientierte* Sprache. Neben streng funktionalen Eigenschaften stellt sie einige Zusätze bereit, die es uns gestatten, auch andere Paradigmen mit Racket zu studieren. Eine Einführung in die Arbeit mit Racket wurde in Kap. 1 gegeben.

2.1.2 Seiteneffektfrei, zustandslos und zeitunabhängig

Eine Haupteigenschaft des Paradigmas der funktionsorientierten Programmierung ist die *Seiteneffektfreiheit* (engl. side effect). Dies bedeutet, dass wir kein Zustandsmodell, sondern ein *Datenflussmodell* betrachten. Anschaulich darf man dabei an unsere Trichterbilder aus Kap. 1 denken: Dabei werden gewisse Daten oben in die dafür vorgesehenen Trichter hinein gegeben, im Inneren entsprechend weitergeleitet und schließlich ausgegeben. Idealerweise geschieht dies alles ohne Wertveränderungen von (zustandsverwaltenden) Variablen.

Dies hat zur Folge, dass wiederholt ausgeführten Evaluationen ein und desselben symbolischen Ausdrucks stets den gleichen Wert beschreiben und z. B. mit Racket auch liefern. Während der Evaluation wird also weder die eigene Umgebung, in der diese Evaluation stattfindet, modifiziert, noch die einer anderen Funktion (Prozedur). Das Ergebnis hängt ausschließlich von den Argumenten (aktuellen Parametern) ab, die beim Prozeduraufruf angegeben wurden. Dies entspricht dem mathematischen Begriff der Funktion als Abbildung.

Obwohl absolute Seiteneffektfreiheit in rein funktionalen Sprachen durchaus anzutreffen ist, wird dies in funktionsorientierten Programmiersprachen nicht mit ausnahmsloser Strenge umgesetzt. Nehmen wir beispielsweise einen Generator für Zufallszahlen, so wie er mit `random` in Racket zur Verfügung steht.

```
> (random 10)
6
> (random 10)
2
```

Bei jedem Aufruf von (`random 10`) wird eine natürliche Zahl aus $[0, 9]$ zurückgegeben. Man sagt, die Wahl dieses Rückgabewertes trägt zufälligen Charakter. In Wirklichkeit handelt es sich aber gar nicht um echten Zufall, sondern um den Einsatz eines Verfahrens, das auf die jeweils zuletzt erzeugte „Zufallszahl" z_i angewandt wird, um die jeweils folgende z_{i+1} zu generieren. Für den dann folgenden Schritt muss z_{i+1} in der entsprechenden Umgebung gespeichert werden, ebenso wie vorher z_i. Es findet also eine Nebenwirkung, ein Seiteneffekt, statt.

Seiteneffekte, wie beispielsweise bei `random`, entstehen also dadurch, dass man Rechenobjekte konstruiert, die über einen Satz lokaler Variablen verfügen. Die Werte dieser Variablen charakterisieren den jeweils aktuellen *Zustand* dieser Objekte. Dieses Vorgehen wird in der *objektorientierten Programmierung* zu einem tragenden Prinzip ausgebaut. Es folgt dem *Modell der Zustandsmaschine*, wie es in der *imperativen Programmierung* fest verankert ist.

Demgegenüber sind Funktionen *zustandslos*. Sie verwenden keine Zustandsvariablen und benötigen folglich auch keine Wertzuweisung – ein Markenzeichen imperativer Sprachen. Um es ganz deutlich zu sagen: Eine funktionsorientierte Programmiersprache kommt ganz ohne Wertzuweisung aus. Dies mag insbesondere mit dem Blick auf rekursive Prozeduren einige Zweifel hervorrufen. Es ist aber so und kann auch nachgewiesen werden.

In Racket gibt es Sprachelemente für Wertzuweisungen (Initialisierung und Mutation): `define` und `set!` Die damit verbundene Bequemlichkeit beim Umgang mit (lokalen und globalen) Variablen muss durch besondere Sorgfalt bei deren Verwaltung bezahlt werden.

Aus der Zustandslosigkeit folgt die Zeitunabhängigkeit: In einem System, das sich mit dem *Datenflussmodell*[3] beschreiben lässt, spielt es keine Rolle, zu welchem Zeitpunkt die entsprechende Funktionsanwendung, d. h. der zugehörige Berechnungsprozess, stattfindet. Natürlich müssen die dafür erforderlichen Argumente vorliegen. Diese Eigenschaft macht funktionsorientierte Sprachen attraktiv für Systeme mit zeitgleichen Prozessen. Schaut man etwas genauer hin, ist eine vollständige Zeitunabhängigkeit nicht in allen Anwendungen zu erreichen. Insofern haben auch funktionsorientierte Sprachen mit ihren für die mathematische Analyse von Programmen vorzüglichen Eigenschaften ihre Grenzen.

2.1.3 Erweiterbarkeit

Eine Funktionsdefinition erfordert einen konstruktiven Prozess, wie man das von einem Baukasten her kennt. Dabei werden aufbauend auf *Basisbausteinen* (eingebaute Funktionen) und bereits *vorgefertigten Bauelementen* (nutzerdefinierte Funktionen) vorhandene *Konstruktionswerkzeuge* eingesetzt. Funktionsorientierte Sprachen sind also *erweiterbare* Sprachen: Vorhandenen Funktionen können neue hinzugefügt werden. Bei der Benutzung neuer Funktionen gibt es keinen Unterschied zu den eingebauten.

Die Details dieses „Baukastensystems" werden im λ-Kalkül geregelt, s. Abschn. 2.5. Wie dies in Racket geschieht, haben wir in Kap. 1 bereits kennen gelernt. Grundsätzlich ist es deshalb möglich, Sprachen für spezielle Anwendungsbereiche, sog. *domain specific languages* (DSL), mit Racket zu entwickeln.

2.1.4 Funktions- und Prozedurbegriff

Um die in Racket implementierten Funktionen von den mathematischen begrifflich abzugrenzen, sprechen wir von Racket-*Prozeduren*. Prozeduren sind also Implementationen

---

[3]Komposition von Trichterbildern: Daten strömen hindurch.

zugehöriger Funktionen. Es ist klar, dass eine Funktion durch mehrere (sogar abzählbar
unendlich viele) bedeutungsgleiche Prozeduren implementiert werden kann: Man braucht
ja nur so etwas wie (void 'Hallo) oder einen Kommentar an einer (unkritischen) Stelle der Prozedurdefinition hinzu zu fügen, um eine weitere Prozedur für die betrachtete
Funktion zu erhalten.

Ist jede (mathematisch definierte) Funktion implementierbar? Die wohl etwas überra-
schende Antwort lautet: Nein. Dies gilt sogar unabhängig von der verwendeten Imple-
mentationssprache. Wir geben ein Beispiel für eine nicht implementierbare Funktion h
an: h sei eine einstellige Funktion über der Menge der nullstelligen[4] Racket-Prozeduren
und wie folgt definiert:

$$h(\mathtt{proc}) = \begin{cases} w, & \text{wenn (proc) stoppt.} \\ f, & \text{sonst.} \end{cases}$$

(proc) ist der Aufruf der nullstelligen Prozedur proc. xxxx und eternity sind nullstellige Racket-Prozeduren. Testen Sie sie.

```
(define xxxx               (define eternity
   (lambda ()                 (lambda ()
      'hallo))                   (eternity)))


> (xxxx)                   > (eternity)
hallo                      ...  stoppt nicht (Stop-Knopf drücken)
```

eternity implementiert die nirgendwo definierte Funktion, die keine Argumente nimmt.
(Dies gelingt auch mit höherstelligen Funktionen, die für keines der möglichen Argumente
definiert sind. Solche Funktionen benötigen wir hier jedoch nicht und beschränken uns
auf eternity.)

Wir fragen nun nach einer Prozedur haelt? zur Implementation von h und erwarten,
dass (haelt? xxxx) den Wert #t und (haelt? eternity) den Wert #f liefern.

Im Folgenden wird gezeigt, dass es die (Racket-)Prozedur haelt? zur Implementation
von h nicht gibt. Dabei verwenden wir die Methode des *indirekten Beweises*. Wir nehmen
an, es gäbe eine solche Prozedur haelt? für h.

Dann gibt es auch die Prozedur crazy, denn crazy wird wie folgt ausschließlich aus
eingebauten Racket-Sprachelementen, eternity und haelt? konstruiert.

```
(define crazy
   (lambda ()
      (if (haelt? crazy)
          (eternity)
          'done)))
```

---

[4]s. Abschn. 2.1.5

Damit ist die Bedeutung von `crazy` klar: Falls die nullstellige Prozedur `crazy` anhält, d.h. (`haelt?` `crazy`) den Wert `#t` liefert, stoppt `crazy` nicht, denn es wird (`eternity`) ausgeführt. Dies ist jedoch unmöglich: Eine Prozedur kann nicht gleichzeitig anhalten und ewig weiterlaufen.

Versuchen wir es mit der alternativen Annahme, wonach `crazy` nicht stoppt. In diesem Falle hält `crazy` an und gibt `done` aus. Auch dies ist ein Widerspruch, woraus wir beweistechnisch auf die Richtigkeit der negierten Annahme schließen.

Somit haben wir gezeigt, dass es die Prozedur `haelt?` zur Berechnung von h nicht gibt (und niemals geben kann).[5] Mit anderen Worten: Es gibt mindestens eine mathematisch korrekt definierte Funktion, für deren Berechnung es keine (Racket-)Prozedur gibt. Deshalb sprechen wir in der Racket-Welt von Prozeduren anstatt von Funktionen.

In der Berechenbarkeitstheorie spricht man von der Unlösbarkeit (Unentscheidbarkeit) des *Halteproblems*.

2.1.5 Verallgemeinerungen des Funktionsbegriffes

Leistungsfähige funktionsorientierte Programmiersprachen, wie etwa Racket, verwenden einen *verallgemeinerten Funktionsbegriff*, der sich in folgenden Prozedurarten niederschlägt:

- n-stellige Prozeduren, mit $n > 0$. Beispiele dafür wurden in Kap. 1 betrachtet.

- *nullstellige* Prozeduren, wie z. B. `xxxx` und `eternity` aus Abschn. 2.1.4.

- *variabelstellige* Prozeduren, wie z. B. `+`: (`+ 1 2`), (`+ 1 2 3 4`).

- *Prozeduren höherer Ordnung*, die Prozeduren als Argumente nehmen und/oder Prozeduren als Werte von Prozeduren zurückgeben, s. Abschn. 2.2.2.

- Prozeduren, die in einem *mehrwertigen Kontext* (`multiple-value-context`) mehr als einen Rückgabewert liefern. Hinweis: Funktionen mit mehr als einem Funktionswert gehen über den Funktionsbegriff aus der Mathematik hinaus. Dort werden sie mit vektorwertigen Funktionen nachgebildet.

Variabelstellige Prozeduren gibt es nicht nur in der Racket-eingebauten Form. Sie können vom Nutzer ebenso definiert werden wie andere Prozeduren. Das folgende Beispiel zeigt eine mindestens zweistellige Prozedur `vproc`. Dies wird durch die Anzahl der formalen Parameter vor dem Punkt bestimmt.

```
(define vproc
  (lambda (x y . z)
    (printf "x: ~a, y: ~a, z: ~a~n" x y z)))
```

---

[5]Dieser Nachsatz betont, dass es bisher nicht etwa an dem genialen Geist mangelte, eine Prozedur für h anzugeben, sondern, dass es absolut unmöglich ist, eine solche zu finden.

Beim Aufruf von `vproc` müssen also mindestens zwei Argumente übergeben werden.

```
> (vproc 1 2 3 4 5)
x: 1, y: 2, z: (3 4 5)
```

Die ersten beiden Argumente, 1 und 2, werden an x bzw. y vermittelt. Die (grundsätzlich beliebig vielen) restlichen Argumente werden in einer Liste zusammengefasst. Diese Liste wird beim Aufruf an z gebunden.

Natürlich ist es auch möglich, eine beliebigstellige Prozedur zu definieren:

```
(define zproc
  (lambda x
    (printf "x: ~a~n" x)))
```

Die aktuellen Parameter des Aufrufausdrucks (falls vorhanden) werden als Liste an x gebunden.

```
> (zproc 1)
x: (1)
> (zproc)
x: ()
```

Um die Stelligkeit (arity) einer Prozedur festzustellen, stehen entsprechende Sprachelemente bereit:

```
> (procedure-arity vproc)
(arity-at-least 2)
> (procedure-arity zproc)
(arity-at-least 0)
> (procedure-arity sqrt)
1
```

Zur Illustration der Arbeit mit mehrwertigen Prozeduren, betrachten wir die folgenden (nicht gerade sinnvolle) Prozedur `eins2drei`. Sie nimmt ein Argument und gibt drei zurück. Zur Rückgabe verwendet sie das Sprachelement `values`.

```
(define eins2drei
  (lambda (x)
    (values x (* 2 x) 'hallo)))
```

```
> (eins2drei 7)
7
14
'hallo
```

Die vom *Generator* `eins2drei` erzeugten drei Resultatwerte werden hier einfach untereinander geschriebenen, im Allgmeinen jedoch von einer anderen Prozedur, die wir

Empfänger nennen, aufgenommen und weiterverarbeitet. Der Generator verpackt den erforderlichen Prozeduraufruf in eine nullstellige Prozedur.

```
> (call-with-values
      (lambda () (eins2drei 7))
      (lambda (x y z) (list x y z)))
'(7 14 hallo)
```

Racket stellt eine Prozedur `split-at` bereit, die eine gegebene Liste an einer wählbaren Position in zwei Teillisten zerlegt und diese als zwei Resultate zurückgibt.

```
> (split-at '(0 1 2 3 4 5 6) 3)
'(0 1 2)
'(3 4 5 6)

> (let ((ls '(1 9 22 3 63 44 83 23 4 94 27 62 73 12 13)))
      (split-at ls (quotient (length ls) 2)))
'(1 9 22 3 63 44 83)
'(23 4 94 27 62 73 12 13)
```

Die im Folgenden angegebene Prozedur `mergsort` repräsentiert ein sehr bekanntes Sortierverfahren, das wir im Zweiwertkontext implementieren.

```
(define mergesort
  (lambda (ls)
    (let ((middle (quotient (length ls) 2)))
      (if (= middle 0)
          ls
          (call-with-values
            (lambda () (split-at ls middle))
            (lambda (lls rls)
              (merge (mergesort lls) (mergesort rls)))))))))
```

Die Idee von Mergesort besteht darin, die zu sortierende Liste etwa hälftig zu zerteilen, die Teillisten anschließend rekursiv zu sortieren und die nunmehr sportierten Teillisten zusammenzuführen (Prozedur `merge`).

```
(define merge                 ; für zwei SORTIERTE Listen
  (lambda (ls1 ls2)
    (cond
      ((null? ls1) ls2)
      ((null? ls2) ls1)
      ((< (car ls1)(car ls2))
       (cons (car ls1) (merge (cdr ls1) ls2)))
      (else
       (cons (car ls2) (merge ls1 (cdr ls2)))))))
```

```
> (mergesort (shuffle (range 1000)))
'(0 1 2 ... 999)
```

Aufgabe 2.1:
Machen Sie sich in der Literatur mit dem Sortierverfahren Quicksort vertraut, um die
folgende Prozedur zu verstehen. Sie verwendet eine zweiwertige Funktion.
`call-with-values` nimmt einen Generator und einen Empfänger. `partition` zerlegt
die Liste (ohne erstes Element) in zwei Teillisten gemäß Prädikat und gibt diese als
(die beiden Werte) der Generatorfunktion aus. Der Empfänger nimmt sie als aktuelle
Parameter `lls` und `rls`. Wenn das nicht kognitive Effizienz ist!

```
(define quicksort
  (lambda (ls)
    (if (empty? ls)
        ls
        (let ((pivot (car ls)))
          (call-with-values
            (lambda () (partition (lambda (n)(< n pivot)) (cdr ls)))
            (lambda (lls rls)
              (append
                (quicksort lls)
                (list pivot)
                (quicksort rls)))))))))

; > (quicksort (shuffle (range 100)))
; (0 1 2 3 ... 98 99)
```

2.1.6 Arbeitsstil bei funktionsorientierter Programmierung

Der beim funktionsorientierten Programmieren vorherrschende Arbeitsstil ist das *Beschreiben des Wertes*, der sich als Resultat der Evaluation des beschreibenden Ausdrucks
ergibt. In Kap. 1 haben wir dies immer wieder betont. Dabei wird die Abstraktion
von Berechnungsprozessen insbesondere durch *rekursive Beschreibungsformen* maßgeblich befördert.

Kurz und knapp kann man vereinfachend sagen: „Beschreibung *rekursiver* Daten mit
rekursiven Prozeduren."

Dies wollen wir an folgendem Extrembeispiel nochmals verdeutlichen.

Im Wettbewerb um das ineffizienteste Sortierverfahren behandeln wir nun einen Anwärter
auf den ersten Platz. Das ist kein Problem, denn hier geht es nicht um Effizienz, sondern
um eine Demonstration dessen, was mittels deskriptiver Programmierung möglich ist.
Die Rekursion spielt auch in diesem Beispiel eine ganz besondere Rolle: Wir entwickeln

eine Prozedur mit fünf rekursiven Aufrufen.

Zu sortieren ist eine beliebig lange Liste paarweise verschiedener, natürlicher Zahlen.

```
(define usls '(1 9 22 3 63 44 83 23 4 94 27 62 73 12 13))
```

Die zugehörige aufsteigend sortierte Liste liefert

```
> (sort< usls)
'(1 3 4 9 12 13 22 23 27 44 62 63 73 83 94)
```

Zur Entwicklung von sort< beschreiben wir die Resultatliste.

1. Elementarfälle:

   a) Ist die zu sortierende Liste leer, so ist die leere Liste das Ergebnis.

   b) Ist die zu sortierende Liste einelementig, so ist diese Liste das Ergebnis.

   Um die rekursiven Fälle auszudrücken, nehmen wir uns zwei sehr einfache Beispiele vor. (sort< '(2 4 8 3 9)) = '(2 3 4 8 9) = (cons 2 '(3 4 8 9)) = (cons 2 (sort< '(4 8 3 9))). Die angegebene Rechnung gilt jedoch nur, wenn das erste Element der zu sortierenden Liste, also 2, kleiner ist als das erste Element der sortierten Restliste (ohne die 2, also die 3). Da $2 < 3$ ist das der Fall. Diese Überlegung wird in 2a verwendet.
   Zur Vorbereitung von 2b benötigen wir ein anderes Beispiel: (sort< '(4 2 8 3 9)). Die für 2a angegebene Bedingung ist hier nicht erfüllt, denn $4 < 2$ ist falsch. Das Resultat ergibt sich aus (cons 2 (sort< (cons 4 (sort< '(8 3 9))))). Die 2 im Beispiel ist das erste Element der sortierten Restliste (ohne 4). Die 4 ist das erste Element der unsortierten Liste.

2. Rekursive Fälle:

   a) Wenn das erste Element x der zu sortierenden Liste ls kleiner ist als das erste Element der sortierten Restliste ohne das erste Element (rest ls), so ergibt sich das Resultat aus der sortierten Restliste mit vorangestelltem x.

   b) Anderenfalls ergibt sich die sortierte Gesamtliste aus (cons y (sort< (cons x (rest (sort< (rest ls)))))), wobei y = (first (sort< (rest ls))) und x = (first ls). Dies lässt sich nur schwer versprachlichen.

Die folgende Prozedur setzt die erarbeiteten Fälle um.

```
(define sort<
  (lambda (ls)
    (cond
      [(null? ls) '()]
      [(null? (rest ls)) ls]
      [(< (first ls)(first (sort< (rest ls))))
       (cons (first ls) (sort< (rest ls)))]
      [else
```

```
    (cons
     (first (sort< (rest ls)))
     (sort< (cons (first ls) (rest (sort< (rest ls)))))))])))

> (sort< usls)
'(1 3 4 9 12 13 22 23 27 44 62 63 73 83 94)
```

Es ist schon beeindruckend, welche deskriptive Kraft mit Rekursion erzielt werden kann.

2.2 Werte erster Klasse

2.2.1 Begriff

Nach CHRISTOPHER STRACHEY (1916-1975) nennt man einen Racket-Wert einen *Wert*[6] *erster Klasse*, wenn er

- mit einer Variablen benannt,

- als Eingabewert (Argument) an eine Prozedur übergeben,

- von einer Prozeduranwendung als Resultat zurückgegeben und

- mit Datenstrukturen gespeichert (explizit gemacht)

werden kann.

Für Zahlen, Zeichen, Wahrheitswerte und Zeichenketten ist das offensichtlich der Fall. Dies gilt für alle höheren Programmiersprachen.

Wie steht es aber mit Prozeduren? Sind sie auch Werte erster Klasse?

Für Racket lautet die Antwort: Ja. In vielen anderen Sprachen versucht man mit (abstraktionsgefährdenden) Hilfskonstruktionen, etwa mit Zeigern (pointer) und Referenzen auf dynamische Datenstrukturen, formal Vergleichbares zu erreichen.

2.2.2 Prozeduren höherer Ordnung

Wir betrachten zunächst die Möglichkeit, *Prozeduren als Argumente von Prozeduren* zu benutzen. Solche Prozeduren nennen wir *Prozeduren höherer Ordnung* (higher order functions/procedures).

Ein Musterbeispiel ist die eingebaute Prozedur `map`. Sie erwartet zwei Argumente, nämlich eine einstellige Prozedur und eine Liste. Ihr Rückgabewert ist eine Liste, die sich aus der

---

[6]Mit gleicher Bedeutung spricht man auch von „Objekt" erster Klasse. Wir bevorzugen es hier statt dessen von Wert (first class value) zu sprechen, um Verwechslungen mit dem Objektbegriff in der objektorientierten Programmierung zu vermeiden.

Anwendung der Prozedur auf jedes Element der Eingabeliste (unter Beibehaltung der
Reihenfolge) ergibt.

```
> (map sqrt '(1 2 3 4 5))
(1 1.4142135623730951 1.7320508075688772 2 2.23606797749979)
```

Die einstellige Prozedur braucht nicht benannt zu sein.

```
> (map (lambda (a) (* a a)) '(1 2 3 4))
(1 4 9 16)
```

Für ein komplexeres Beispiel beziehen wir uns auf die Prozedur sort< in Abschn. 2.1.6.
Nachdem wir die Sortierung auf die Anwendung der Kleinerrelation eingeschränkt hatten, ist es naheliegend, dies nun aufzuheben. Zur *Generalisierung* auf eine beim Aufruf
wählbare Binärrelation sind lediglich zwei Dinge notwendig:

1. Ersetzen des Relationszeichens < durch einen Platzhalter rel

2. Verwendung des eingeführten Platzhalters als formalen Parameter der verallgemeinerten Prozedur mysort. Zu beachten ist die Verwendung je eines zusätzlichen
   aktuellen Parameters in allen Aufrufen von mysort.

Das Ergebnis lautet:

```
(define mysort
  (lambda (ls rel)
    (cond
      [(null? ls) '()]
      [(null? (rest ls)) ls]
      [(rel (first ls)(first (mysort (rest ls) rel)))
       (cons (first ls) (mysort (rest ls) rel))]
      [else
       (cons
        (first (mysort (rest ls) rel))
        (mysort (cons (first ls) (rest (mysort (rest ls) rel))) rel))]))))

;(mysort usls <)
; '(1 3 4 9 12 13 22 23 27 44 62 63 73 83 94)
;(mysort usls >)
; '(94 83 73 63 62 44 27 23 22 13 12 9 4 3 1)
```

Aufgabe 2.2:
Verwenden Sie die in Racket eingebaute Prozedur sort zur Sortierung einer Liste mit
einer wählbaren Ordnungsrelation. Schreiben Sie eine zweistellige Prozedur lex? für die
Zeichenketten a und b, die für (lex? a b) auf Zeichenebene(!) den Wert #t ermittelt,
wenn a in der lexikografischen Ordnung vor b steht, und ansonsten #f. Hinweis: lex?
soll das Gleiche leisten wie string<?. Verwenden Sie die folgenden beiden Aufrufe:

```
(sort '("haha" "jajd" "ksksss" "jaddj" "holla") lex?)
(sort '("haha" "jajd" "ksksss" "jaddj" "holla") string<?).
```

2.2.3 Prozedur als Rückgabewert

Ein typisches Beispiel einer Prozedur, deren Wert wiederum eine Prozedur ist, liefert die Analysis: die *Ableitung einer Funktion*. So ist beispielsweise die Ableitung der Funktion $f : x \mapsto x^2$ die Funktion $f' : x \mapsto 2x$.

Die Mathematik klärt, wie die Funktion f' als Ableitung von f berechnet wird:

$$f'(x) = \lim_{h \to 0} \frac{f(x+h) - f(x)}{h}.$$

In einer zugehörigen Racket-Prozedur `ableitung` ersetzen wir den eigentlichen Grenz-übergang ($h \to 0$) durch eine sehr kleine (aber eben nicht differenziell kleine) Zahl h, z. B. $h = 0.000001$. Von daher können wir nur eine Näherung für $f'(x_0)$ erwarten.

```
(define ableitung
  (lambda (f)
    (lambda (x)
      (let ([h 0.000001])
        (/ (- (f (+ x h))(f x)) h)))))
```

`ableitung` ist eine Prozedur, die sowohl eine Prozedur als Eingabe erwartet, als auch eine Prozedur zurückgibt. In der Tat ergibt die Ableitung der mit dem angegebenen λ-Ausdruck beschriebenen Prozedur wieder eine Prozedur:

```
> (ableitung (lambda (x)(* x x)))
#<procedure>
```

Die Anwendung dieser Prozedur auf $x_0 = 4$ liefert einen Wert in der Nähe von $f'(x_0) = 2x_0 = 8$.

```
> ((ableitung (lambda (x)(* x x))) 4)
8.000000999430768
```

Aufgabe 2.3:
Schreiben Sie eine Racket-Prozedur `compose`, die zwei Prozeduren für die einstelligen Funktionen $f, g : \mathcal{N} \mapsto \mathcal{N}$ nimmt und eine Prozedur für $h : \mathcal{N} \mapsto \mathcal{N}$ mit $h(n) = f(g(n))$ zurückgibt. Für h schreibt man auch $h = f \circ g$ und sagt „f nach g".

2.2.4 „Daten als Programme" und „Programme als Daten"

In Abschn. 1.3.7 haben wir bereits festgestellt, dass sich Racket-Listen zur Repräsen-tation von Daten als auch von Programmen (Prozedurdefinitionen) syntaktisch nicht unterscheiden. Listen werden vom Racket-Interpreter grundsätzlich evaluiert, wenn dies nicht mit `quote` bzw. `quasiquote` verhindert wird. Diese Quote-Operationen machen aus Prozeduranwendungen und λ-Ausdrücken Daten, die als solche weiterverarbeitet werden können.

```
> ((lambda (n)(* n n)) 3)
9
> '((lambda (n)(* n n)) 3)
((lambda (n)(* n n)) 3)
```

Umgekehrt ist es ebenso möglich, Daten „zum Leben zu erwecken". Auf diese Weise können aus passenden Daten Prozeduren oder Prozeduranwendungen entstehen. Dies ist in bestimmten Anwendungsbereichen, wie etwa bei adaptiven Algorithmen in der künstlichen Intelligenz, sehr willkommen. Es gibt auch einfache Anwendungen, wie etwa Online-Funktionsplotter: In einem Eingabefeld wird eine Beschreibung der Funktion, deren Graph gedruckt werden soll, eingegeben. Zur Berechnung darzustellender Punkte muss die Funktion angewandt werden.

Racket bietet hierfür zwei überaus leistungsfähige Sprachelemente, nämlich `eval` und `apply`. Das erste Beispiel zeigt, wie das Sprachelement `eval` wirkt. Es handelt sich praktisch um den Aufruf des Racket-Interpreters in der globalen Umgebung. Das zweite Beispiel lässt erkennen, wie ein als Liste mittels Listen-Konstruktor erzeugter Racket-Ausdruck evaluiert wird.

```
> (eval '((lambda (n)(* n n)) 3))
9
> (eval (cons '+ '(1 2 3)))
6
```

Für `(eval (cons '+ '(1 2 3)))` kann man auch

```
> (apply + '(1 2 3))
6
```

schreiben. `apply` erwartet eine Prozedur, die auf die Argumentliste anwendbar ist. In dem betrachteten Beispiel gilt

```
(apply + '(1 2 3))
    = (+ 1 2 3)
    = (eval '(+ 1 2 3))
    = (eval (cons '+ '(1 2 3))).
> (apply (lambda (a b) (+ a b)) '(1 2))
3
```

entspricht

```
> ((lambda (a b) (+ a b)) 1 2)
3
```

Das folgende kleine Beispiel illustriert, wie man mit sehr wenig Code die Anzahl der Vokale in einer Zeichenkette bestimmt.

```
(define vokal
  (lambda (z)
    (if (member z '(#\a #\e #\i #\o #\u))
        1
        0)))

(define vokalanzahl
  (lambda (zk)
    (apply + (map vokal (string->list zk)))))

> (vokalanzahl "kaeeij")
4
> (vokalanzahl "kztrwjzz")
0
```

Zunächst liefert `(map vokal (string->list "kaeeij"))` die Liste `'(0 1 1 1 1 0)`. Je nachdem, ob es sich bei dem betreffenden Buchstaben um einen Vokal handelt oder nicht, steht 1 oder 0 in der Liste. Anschließend wird via `apply` der Ausdruck `(+ 0 1 1 1 1 0)` ausgewertet.

In funktionsorientierten Sprachen kann man also die Evaluation von Ausdrücken ebenso unterdrücken, wie man sie andererseits erzwingen kann.

Zwei anspruchsvollere Beispiele sollen zeigen, wie kompakt die aus der Mathematik bekannte *Potenzmenge* $\wp$ (endlicher Mengen) und das *kartesische Produkt* zweier endlicher Mengen in Racket beschrieben werden können. Die mathematischen Definitionen lauten:

$$\begin{aligned}
\wp(X) &= \{A \mid A \subseteq X\} \\
A \times B &= \{(a,b) \mid a \in A \ \underline{\text{und}}\ b \in B\}
\end{aligned}$$

Die Elemente des kartesischen Produkts $A \times B$ sind Paare, die wir adäquat mit Racket-Paaren repräsentieren. Jedes Element der ersten Menge wird mit jedem Element der zweiten „gepaart". Wir nehmen zunächst an, dass $A = \{1,2,3\}$ und $B = \{x\}$.

```
> (map (lambda (a) (cons a 'x)) '(1 2 3))
'((1 . x) (2 . x) (3 . x))
```

Wenn B mehr als ein Element besitzt, z. B. $B = \{h,i,j,k\}$, müssen wir für `'x` im obigen Ausdruck einen Parameter, z. B. b, platzieren: `(lambda (b) (map (lambda (a) (cons a b)) '(1 2 3)))`. Ein Aufruf mit `'x` führt zum bekannten Ergebnis:

```
> ((lambda (b) (map (lambda (a) (cons a b)) '(1 2 3))) 'x)
'((1 . x) (2 . x) (3 . x))
```

Um für alle Elemente der Menge B die entsprechenden Verbindungen herzustellen, verwenden wir wieder ein map:

```
> (map
    (lambda (b)
      (map (lambda (a) (cons a b)) '(1 2 3)))
    '(h i j k))
```

```
'(((1 . h) (2 . h) (3 . h))
  ((1 . i) (2 . i) (3 . i))
  ((1 . j) (2 . j) (3 . j))
  ((1 . k) (2 . k) (3 . k)))
```

Wie wir sehen, entsteht eine Liste mit vier Elementen, die ihrerseits Listen sind. Dies entspricht nicht unserem Wunsch, denn wir erwarten genau eine Ergebnisliste aus Paaren. Die erforderliche Korrektur geschieht sehr elegant durch Anwendung apply von append auf diese Liste.

```
> (apply
    append
     (map
       (lambda (b)
         (map (lambda (a) (cons a b)) '(1 2 3)))
     '(h i j k)))
```

```
((1 . h) (2 . h) (3 . h) (1 . i) (2 . i) (3 . i)
 (1 . j) (2 . j) (3 . j) (1 . k) (2 . k) (3 . k))
```

Aufgabe 2.4:
Geben Sie eine vollständige Prozedurdefinition kreuz für das kartesische Produkt zweier endlicher Mengen an.

Die Idee, die der folgenden Prozedurdefinition potenzmenge zur Berechnung der *Potenzmenge* (engl.: powerset) einer vorgegebenen endlichen Menge zugrunde liegt, gewinnt man aus dem Aufbauschema für Potenzmengen. Wir versuchen aus dem folgenden Beispiel eine allgemeingültige Aussage abzuleiten.

$$\begin{aligned}
\wp(\{\}) &= \{\{\}\} \\
\wp(\{c\}) &= \{\{\}, \{c\}\} \\
\wp(\{b, c\}) &= \{\underline{\{\}}, \{b\}, \underline{\{c\}}, \underline{\{b, c\}}\} \\
\wp(\{\mathbf{a}, b, c\}) &= \{\underline{\{\}}, \{\mathbf{a}\}, \underline{\{b\}}, \{\mathbf{a}, b\}, \underline{\{c\}}, \{\mathbf{a}, c\}, \underline{\{b, c\}}, \{\mathbf{a}, b, c\}\}
\end{aligned}$$

Besonders aussagekräftig sind die letzten beiden Zeilen. $\wp(\{a, b, c\})$ erhält man wie folgt: Übernimm' für jedes Element (Menge) aus $\wp(\{b, c\})$ dieses Element selbst und die Menge, die sich durch Einfügen des neuen Elements a in diese Menge ergibt. D. h. für $\{\}$ werden $\{\}$ und $\{a\}$ in die Potenzmenge übernommen, für $\{b\}$ sind es $\{b\}$ und $\{a, b\}$ usw.

```
> (map (lambda (x) (list x (cons 'a x)))
       '(()(b)(c)(b c)))
'((() (a)) ((b) (a b)) ((c) (a c)) ((b c) (a b c)))
```

Wir sehen, dass die gewünschten Elemente zwar allesamt in der Liste vorhanden sind, jedoch entspricht deren Struktur nicht unseren Vorstellungen. Durch Anwendung (`apply`) von append wird die Liste „geglättet".

```
> (apply
    append
    (map (lambda (x) (list x (cons 'a x)))
     '(()(b)(c)(b c))))
'(() (a) (b) (a b) (c) (a c) (b c) (a b c))
```

Diesen Racket-Ausdruck können wir nun in einer leicht verallgemeinerten Form direkt in powerset verwenden.

```
(define powerset
  (lambda (set)
    (if (null? set)
        '(())
        (apply
         append
         (map
          (lambda (x) (list x (cons (first set) x)))
          (powerset (rest set)))))))
```

```
> (powerset '(a b c))
'(() (a) (b) (a b) (c) (a c) (b c) (a b c))
```

Wir betrachten nun ein alternatives Aufbauschema für Potenzmengen: In der jeweils betrachteten Zeile wird die vorherige übernommen. Hinzu kommt eine Menge, die sich aus der übernommenen ergibt, wenn man in jedes Element das neue Element der Ausgangsmenge aufnimmt. Für $\wp(\{a, b, c\})$ bedeutet das: Übernimm' zuerst $\wp(\{b, c\})$, d. h. $\{\{\}, \{b\}, \{c\}, \{b, c\}\}$, und füge die Mengen hinzu, die sich aus $\wp(\{b, c\})$ durch das Einfügen von a in jedem Element ergeben, d.h. $\{\{a\}, \{a, b\}, \{a, c\}, \{a, b, c\}\}$. Das Ergebnis ergibt sich aus der Vereinigung der beiden genannten Mengen.

$$
\begin{aligned}
\wp(\{\}) &= \{\{\}\} \\
\wp(\{c\}) &= \{\{\}, \{c\}\} \\
\wp(\{b, c\}) &= \{\underline{\{\}}, \underline{\{b\}}, \underline{\{c\}}, \underline{\{b, c\}}\} \\
\wp(\{\mathbf{a}, b, c\}) &= \{\underline{\{\}}, \underline{\{b\}}, \underline{\{c\}}, \underline{\{b, c\}}\{\mathbf{a}\}, \{\mathbf{a}, b\}, \{\mathbf{a}, c\}, \{\mathbf{a}, b, c\}\} \\
&= \wp(\{b, c\}) \cup \{\{a\}, \{a, b\}, \{a, c\}, \{a, b, c\}\}
\end{aligned}
$$

Dies lässt sich nun unmittelbar in eine Racket-Prozedurdefinition übertragen.

```
(define potenzmenge
  (lambda (ls)
    (if (null? ls)
        '(())
        (let* ([pm-alt (potenzmenge (rest ls))]
               [zuwachs (map (lambda (x) (cons (first ls) x)) pm-alt)])
          (append pm-alt zuwachs)))))

> (potenzmenge '(a b c))
'(() (c) (b) (b c) (a) (a c) (a b) (a b c))
```

Die Ergebnisse der beiden Prozeduraufrufe stimmen überein.

Aufgabe 2.5:
Verwenden Sie die im Folgenden gegebene Prozedur `schnapszahl?` um aus einer Liste
natürlicher Zahlen von 0 bis n alle durch `schnapszahl?` definierten Schapszahlen heraus-
zusuchen und als Liste zurückzugeben. In der Definition kommt das neue Sprachelement
`andmap` vor. Die angegebene Definition illustriert, wie ein Problem aus der „Zahlenwelt"
in der „Zeichenkettenwelt" gelöst wird. Dies ist ein durchaus gängiges Vorgehen und unterstreicht die große Bedeutung von Entscheidungen im Rahmen der Datenmodellierung
in der Programmierung.

```
(define schnapszahl?
  (lambda (n)
    (let ([n-charlist (string->list (number->string n))])
      (if (< (length n-charlist) 2)
          #f
          (andmap
           (lambda (c) (char=? (first n-charlist) c))
           (rest n-charlist))))))

> (filter schnapszahl? (range 10000))
'(11 22 33 44 55 66 77 88 99 111 222 333 444 555 666 777 888
  999 1111 2222 3333 4444 5555 6666 7777 8888 9999)
```

Aufgabe 2.6:
Der Aufruf `(length (filter prim? (range 1000)))` berechnet die Anzahl von Prim-
zahlen bis 1000. Entwickeln Sie eine geeignete Prozedur `prim?`

Aufgabe 2.7:
Schreiben Sie eine Racket-Prozedur `wtab`, die den definierenden Term eines Polynoms p
in x mit ganzzahligen Koeffizienten sowie zwei ganze Zahlen a und b ($a < b$) nimmt und
eine Wertetafel $x \mid p(x)$ für $x := a(1)b$ (lies: x läuft von a in 1-er Schritten bis einschl.
b) ausdruckt. Beispiel: $p = 5x^2 - 3x + 4$, $a = -2$, $b = 11$.

Der zugehörige Aufruf lautet (wtab '(+ (- (* 5 x x)(* 3 x)) 4) -2 11).

Das Hin- und Herschalten zwischen Daten und Programmen ist in vielen anderen Programmiersprachen unmöglich. Dort sind bestimmte Schlüsselwörter fest vorgegeben, deren Verwendung keineswegs in beliebigem Kontext möglich ist. Dies hat auch Gründe in der compilierenden[7] vs. interpretativen Verarbeitung der Programme.

2.2.5 Funktionsobjekte mit Java

Prozeduren höherer Ordnung kann man grundsätzlich auch mit Java realisieren. Um das folgende Beispiel verstehen zu können, sind Grundkenntnisse in der Programmierung mit Java erforderlich. Alternativ kann man diesen Abschnitt auch überspringen.

Wir betrachten die folgende Summe:

$$\sum_{i=a}^{b} f(i) = f(a) + f(a+1) + \ldots + f(b).$$

Die Racket-Prozedur summe erwartet beim Aufruf die Eingaben für f, a und b mit $a \leq b$.

```
(define summe
  (lambda (f a b)
    (if (> a b)
        0
        (+ (f a) (summe f (+ a 1) b)))))
```

(summe (lambda (n) (* n n)) 1 4) liefert das Ergebnis $30 = \sum_{i=1}^{4} i^2$.

Mit Java wird zunächst ein Interface SummenFunktion definiert.

```
public interface SummenFunktion {
  public double f(int i);
}
```

Die gewünschte Funktionsklasse Quadrat implementiert dieses Interface.

```
public class Quadrat implements SummenFunktion {
  public double f(int i) {
    double d = (double) i;
      return d * d;
  }
}
```

---

[7]Compiler übersetzen einen Programmtext zuerst vollständig in ein äquivalentes Programm einer Zielsprache, oft in Maschinencode. Das so erzeugte Compilat wird anschließend interpretiert. Bei der Compilation kann eine Reihe von Fehlertypen abgefangen werden, die bei Interpretation des Quellcodes als Laufzeitfehler auftreten würden. Mit der Übersetzung von Programmiersprachen befassen wir uns hier nicht weiter.

Die Klasse `Summation` besteht nur aus der Methode, die die Summe gemäß obiger Formel berechnet. Semantisch entspricht sie der Racket-Prozedur.

```java
public class Summation {
  double summe(SummenFunktion sf, int a, int b) {
    double sum = 0.0;
    for (int i = a; i <= b; i++) {
      sum += sf.f(i);
    }
    return sum;
  }
}
```

Im Java-Hauptprogramm wird mit einer Instanz der Klasse `Summation` gearbeitet. Das ist nichts Besonderes. Der „Trick" besteht darin, ein Funktionsobjekt `sumfkt` als Instanz der Klasse `Quadrat` zu erzeugen und dafür den Interface-Typ `SummenFunktion` anzugeben. Damit kann der Methodenaufruf `summe(sumfkt, 1, 4)` für s stattfinden.

```java
Summation s = new Summation();
SummenFunktion sumfkt = new Quadrat();  // !!!
double sum = s.summe(sumfkt, 1, 4);
System.out.println(sum);
```

Das Ergebnis ist ebenfalls 30.

Auch ohne Java-Programmierkenntnisse kann man erkennen, dass die Verwendung von Prozeduren höherer Ordnung in Java prinzipiell und systematisch möglich ist. Dafür sind jedoch Maßnahmen erforderlich, die sich von der klaren Linie funktionsorientierter Programmiersprachen deutlich unterscheiden.

Ab Java 8 ist es möglich, Aspekte funktionaler Sprache explizit auszudrücken.

2.3 Transformation echt rekursiver Prozeduren in endständige

In den vorangehenden Abschnitten haben wir folgende Erkenntnisse gewonnen:

1. Rekursion beschreibt (gesuchte) Werte präzise und abstrahiert dabei von den einzelnen Bearbeitungsschritten.

2. Rekursiv definierte Datentypen, wie z. B. Listen, implizieren deren rekursive Verarbeitung in natürlicher Weise.

3. In der Struktur rekursiver Prozeduren spiegelt sich die Datenstruktur wider und führt zu endständiger bzw. echter (linearer oder baumartiger) Rekursion.

Gerade im dritten Punkt findet man die Quelle kognitiver Effizienz: Bei einer gewissen
Vertrautheit mit Rekursion, kann man entsprechende Prozeduren relativ leicht ableiten.

Mit der Entwicklung einer entsprechenden Prozedur sind wir eigentlich am Ziel, wenn
da nicht das Performance-Problem wäre: Rekursiven Prozeduren wird oft mangelnde
Ausführungsgeschwindigkeit vorgeworfen. In der Tat muss der Interpreter für echte Rekursion Stapelarbeit organisieren, um die oben beschriebene Speicherung lokaler Variablenwerte zu bewerkstelligen. Das kostet Zeit.

Es stellt sich daher die Frage nach der Übertragbarkeit echt rekursiver Prozeduren in
endständig rekursive. Falls das im Allgemeinen möglich ist, könnte der Vorteil eines
kognitiv effizienten Entwurfs mit dem der effizienten Verarbeitung kombiniert werden.
Wir fragen also nach der Existenz eines allgemeingültigen Transformationsverfahrens für
echt rekursive in endständig rekursive Prozeduren.

Wie wir noch in diesem Kapitel detaillierter ausführen werden, beruhen Programme in
funktionalen Sprachen auf dem Funktionsbegriff der Mathematik. Folglich kann man
mit ihnen rechnen, so wie mit anderen mathematischen Objekten. Das ist schon mal ein
hoffnungsvoller Start bei der Suche eines solchen Transformationsverfahrens bei gleich-
bleibender Semantik.

Akkumulatortechnik

Diese Technik haben wir oben für `tailfak` bereits eingesetzt. Die Idee besteht darin,
einen Wert statt durch echte Rekursion in einem Extra-Parameter zu generieren.

Wir sehen uns dazu noch ein Beispiel an: Die Prozedur `sum` beschreibt die Summe der
Elemente (Zahlen) einer (nicht verschachtelten) Liste. sum ist echt rekursiv, da der rekursive Aufruf als Summand auftritt. Man spricht auch von *nachklappernden Operationen*,
wenn die Anwendung eines Operators auf die Lieferung eines Operanden warten muss.

```
(define sum
  (lambda (ls)
    (if (null? ls)
        0
        (+ (first ls) (sum (rest ls)))))))

> (sum '(1 2 3 4))
10
```

Die Transformation dieser Prozedur in eine endständig rekursive lässt das allgemeine
Prinzip schon recht gut erkennen.

```
(define sumtail
  (lambda (ls result)
    (if (null? ls)
```

```
    result
    (sumtail (rest ls) (+ result (first ls))))))
```

Die hier vorgenommene Transformation kann leicht „nachgerechnet" werden. Hierzu gehen wir von der oben definierten Funktion[8] *sum*

$$sum([]) \;=\; 0$$
$$sum([x|L]) \;=\; x + sum(L)$$

aus und definieren unter deren Verwendung eine Funktion *sumtail*:

$$sumtail(L, result) \;:=\; result + sum(L).$$

Offensichtlich ist *sum* ein Spezialfall von *sumtail*:

$$sum(L) = 0 + sum(L) = sumtail(L, 0).$$

Hierbei wird ausgenutzt, dass 0 das neutrale Element der Addition natürlicher Zahlen ist. Nun können wir *sumtail* ohne *sum* angeben.

$$\begin{aligned} sumtail([], result) &= result + sum([]) \\ &= result + 0 \\ &= result \end{aligned}$$

Für den allgemeinen (rekursiven) Fall gilt unter Einsatz der Assoziativität der Addition natürlicher Zahlen:

$$\begin{aligned} sumtail([x|L], result) &= result + sum([x|L]) \\ &= result + (x + sum(L)) \\ &= (result + x) + sum(L) \\ &= sumtail(L, result + x) \end{aligned}$$

Damit erhalten wir die folgende Definition von *sumtail*.

$$\begin{aligned} sumtail([], result) &= result \\ sumtail([x|L], result) &= sumtail(L, result + x) \end{aligned}$$

Die Implementierung von *sumtail* in obiger Prozedur `sumtail` ist offensichtlich.

Zum bequemen Aufruf ist es sinnvoll, die Prozedur `sumtail` in `sum1` einzubetten.

```
(define sum1
  (lambda (ls)
```

---

[8]Die Schreibweise $[x|L]$ bedeutet, dass der betrachtete Wert eine Liste ist, deren erstes Element x heißt und die Restliste mit L bezeichnet wird. Ein solcher auf Musterabgleich beruhender Head-Tail-Separator wird vor allem in der logikbasierten Programmierung verwendet.

```
(define sumtail
  (lambda (ls result)
    (if (null? ls)
        result
        (sumtail (rest ls) (+ result (first ls))))))
  (sumtail ls 0)))

> (sum1 '(1 2 3 4))
10
```

Aufgabe 2.8:
Protokollieren Sie die Abarbeitungen von (sum '(1 2 3 4)) und (sum-tail '(1 2 3
4) 0).

```
>(sum '(1 2 3 4))                  >(sum-tail '(1 2 3 4) 0)
> (sum '(2 3 4))                   >(sum-tail '(2 3 4) 1)
> >(sum '(3 4))                    >(sum-tail '(3 4) 3)
> > (sum '(4))                     >(sum-tail '(4) 6)
> > >(sum '())                     >(sum-tail '() 10)
< < <0                             <10
< < 4                              10
< <7
< 9
<10
10
```

Es ist wünschenswert, dass die vorgestellte Transformation vom Compiler und nicht vom
Programmierer durchgeführt wird. Ist sie allgemeingültig?

Continuation passing style (CPS)

Bei komplexeren Prozeduren kann es vorkommen, dass die Akkumulatortechnik und
andere Methoden, die wir hier nicht betrachten, erfolglos bleiben. In diesen Fällen hilft
eine Technik, die als *Continuation passing style* (CPS) bekannt geworden ist.

Wie der Name erahnen lässt, sind *Continuations* Prozeduren, die die Fortsetzung einer
Berechnung charakterisieren. Bis auf die Anzeige/Rückgabe eines Wertes auf Kommu-
nikationsebene besitzt jeder der zu berechnenden Teilausdrücke eine solche Fortsetzung.
Beispielsweise besteht in (* 3 (+ 4 6)) die Fortsetzung der Verarbeitung des zweiten
Faktors (+ 4 6) = 10 in der Berechnung des Produktes (* 3 10) = 30. Der Ausdruck
(lambda (v) (* 3 v)) evaluiert genau zu dieser Fortsetzung. Ihr übergeben wir nun
den Wert des Ausdrucks (+ 4 6): ((lambda (v) (* 3 v))(+ 4 6)) = 30.

Auch in Prozedurdefinitionen können wir Continuations als aktuelle Parameter vorsehen,
so wie das für Prozeduren in Racket allgemeingültig ist. Das eigentliche Ergebnis einer

Berechnung kann dann an eine Continuation übergeben, statt direkt ausgegeben werden.

Der binären Additionsprozedur

```
(define op+
  (lambda (a b)
    (+ a b)))
```

```
> (op+ 2 3)
5
```

wird deshalb ein dritter Parameter verordnet. Beim Aufruf nimmt die nun k+ genannte Prozedur neben den beiden Summanden a und b eine Continuation cont, an die das Ergebnis (+ a b) übergeben wird. Im Beispiel sorgt die aktuelle Continuation dafür, dass die Summe ausgegeben wird.

```
(define k+
  (lambda (a b cont)
    (cont (+ a b))))
```

```
> (k+ 2 3 (lambda (res) res))
5
```

Nachdem wir uns an diesem einfachen Beispiel mit CPS ein wenig vertraut gemacht haben, können wir diese Technik nun auf eine echt rekursive Prozedur (fak) anwenden.

```
(define fak
  (lambda (n)
    (if (= n 1)
        1
        (* n (fak (- n 1)))))))
```

Die CPS-Version lautet:

```
(define fak-cpsed
  (lambda (n cont)
    (if (= n 1)
        (cont 1)
        (fak-cpsed (- n 1) (lambda (res) (cont (* n res)))))))))
```

Wieder macht ein Tracing deutlich, dass keine Stapelarbeit stattfindet: Es gibt keine Ein-/Ausrückungen.

```
(trace fak-cpsed)
> (fak-cpsed 5 (lambda (res) res))
>(fak-cpsed 5 #<procedure:...sktop\cpsing.rkt:97:13>)
>(fak-cpsed 4 #<procedure:...sktop\cpsing.rkt:94:27>)
>(fak-cpsed 3 #<procedure:...sktop\cpsing.rkt:94:27>)
>(fak-cpsed 2 #<procedure:...sktop\cpsing.rkt:94:27>)
```

```
>(fak-cpsed 1 #<procedure:...sktop\cpsing.rkt:94:27>)
<120
120
```

Diese Technik ist für diverse Anwendungskontexte (Abbruch rekursiver Abläufe; Exception handling usw.) sehr nützlich.

Aufgabe 2.9:
Wenden Sie die CPS-Methode auf die oben definierte Prozedur sum an.

Aufgabe 2.10:
Wenden Sie die CPS-Methode auf eine Prozedur prod an, die analog zu sum das Produkt der Zahlen einer Liste berechnet. Dabei soll die Tatsache ausgenutzt werden, dass das Produkt einer Zahl mit 0 das Ergebnis 0 liefert.

Da die CPS-Version bei etwas komplexeren rekursiven Prozeduren nicht mehr so offensichtlich hingeschrieben werden kann, lohnt sich ein allgemeines Verfahren zur Kenntnis zu nehmen. Dieses kann mit viel Theorie begründet werden. Wir begnügen uns jedoch mit folgendem Vorgehensmodell:

1. Füge jeder Prozedurdefinition einen zusätzlichen Parameter k hinzu.

2. Statt ein Resultat in einer Prozedur zurückzugeben, wird es an k geleitet.

3. Hole einen verschachtelten Aufruf einer (nicht primitiven) Prozedur aus ihrem Unterausdruck heraus, indem Du den Prozeduraufruf durch eine Variable X ersetzt. Wickle den Ausdruck ein mittels (lambda (X) ...) und liefere die resultierende Continuation als weiteres Argument der Prozedur.
   Beispiel: (add1 (f a)) $\Rightarrow$ (f a (lambda (X) (add1 X))).

Wir illustrieren die Anwendung dieser Handlungsvorschrift auf die Prozedur mymap. Semantisch soll sie mit map übereinstimmen.

```
(define mymap
  (lambda (f ls)
    (if (null? ls)
        '()
        (cons (f (car ls)) (map f (cdr ls))))))
```

Das Ergebnis ist

```
(define map-cpsed
  (lambda (f ls k)
    (if (null? ls)
        (k '())
        (f (car ls)
           (lambda (v)
```

```
(map-cpsed
 f
 (cdr ls)
 (lambda (v2) (k (cons v v2)))))))))))

> (map-cpsed (lambda (n cont)(cont (* n n))) '(1 2 3 4) (lambda (x) x))
'(1 4 9 16)
```

Natürlich lohnt sich auch hier ein Trace.

Aufgabe 2.11:
Wenden Sie das CPS-ing auf die folgenden beiden echt rekursiven Prozeduren an:
1. Ackermann-Peter-Funktion
2. Horner-Schema zur Berechnung von Polynomen

Wir fassen zusammen:

Man kann zeigen, dass jede echt rekursive Prozedur in eine semantisch äquivalente endständig rekursive Prozedur überführt werden kann.

Gelingt dies durch eine Transformation, d. h. eine mathematische Rechnung mit dem Programm als Argument, so erhalten wir eine Prozedur, die durch einen geeigneten Compiler in Schleifen bzw. Gotos umgesetzt werden kann.

Die CPS-Technik ist eher ein Programmiertrick. Obwohl sich auch im Ergebnis des CPS-ings die für echte Rekursion typische Stapelarbeit erübrigt, werden die Continuations bei jedem Aufruf im entsprechenden Parameter verkettet. Technisch hat dafür der Compiler mindestens den gleichen Aufwand zu betreiben, wie beim Stapelprinzip.

Die stets mögliche Übertragung echt rekursiver Prozeduren in endständig rekursive führt also nicht zwangsläufig zu effizienten Programmen.

2.4 Evaluation von Ausdrücken in funktionalen Sprachen

2.4.1 Evaluation: gierig (eager, greedy) vs. verzögert (lazy)

Wir wiederholen: Racket-Ausdrücke haben eine sehr einfache syntaktische Form:

$$(Operator\ Operand_1\ Operand_2\ \ldots\ Operand_n)$$

Operator steht für einen Racket-Ausdruck, der zu einer Prozedur evaluiert, die beim Aufruf n Argumente erwartet. Das in Racket eingebaute Evaluationsverfahren arbeitet folgendermaßen:

1. Evaluiere den Operator.

2. Evaluiere die Operanden, d. h. die Argumente oder Eingaben der Prozedur.

3. Ersetze die (formalen) Parameter im Prozedurkörper an jeder vorkommenden Stelle durch die Argumente.

4. Evaluiere den so entstandenen Ausdruck.

Diese Form der Evaluation nennt man *gierig* (*eager evaluation*). Sie ist begierig, die Werte der Operanden kennenzulernen, selbst wenn diese in Schritt 4 gar nicht benötigt werden.

Ein einfaches Beispiel macht sofort klar, dass gierige Evaluation auch problematisch sein kann: Die folgenden Ausdrücke evaluieren zu 5. Die im zweiten Ausdruck verwendete Prozedur `fib` ist wie auf S. 30 rekursiv definiert.

```
> ((lambda (n) 5) 12)
5
> ((lambda (n) 5) (fib 100))
```

Wir werden nicht genügend Geduld aufbringen, um das Racket-Ergebnis für den zweiten Ausdruck abzuwarten. Die Berechnung von `(fak 100)` dauert viel zu lange. Dumm nur, dass dieses Ergebnis für Schritt 3 angewandt auf `(lambda (n) 5)` nicht benötigt wird. In 5 kommt der Parameter `n` als Platzhalter für `(fak 100)` nicht vor, so dass jede Prozeduranwendung den Wert 5 zurückgibt.

Eine naheliegende Idee zur Verbesserung der gierigen Strategie besteht darin, die Evaluation von Ausdrücken solange aufzuschieben, bis sie wirklich benötigt werden. Man nennt dies *verzögerte Evaluation* (*lazy evaluation*):

1. Evaluiere den Operator.

2. Ersetze die (formalen) Parameter im Prozedurkörper an jeder vorkommenden Stelle durch die *unevaluierten* Operanden.

3. Evaluiere den so entstandenden Ausdruck.

Wählt man in DrRacket durch Vermerk von `#lang lazy` in der ersten Zeile die Sprache Lazy Racket aus, so evaluiert der obige Ausdruck `((lambda (n) 5) (fib 100))` sofort zu 5, selbst dann, wenn die Definition von `fib` nicht gegeben ist.

Die Parametervermittlung bei der verzögerten Evaluation nennt man *call by need* im Gegensatz zu *call by value* bei der gierigen Evaluation. Beide Techniken wurden bereits in Algol 60 – einer prozeduralen, imperativen, keineswegs funktionalen Programmiersprache – verwendet. Es gibt funktionale Sprachen, die ausschließlich verzögerte Evaluation verwenden.

Der Vorteil, unnötige Operandenevaluationen zu vermeiden, wird jedoch durch folgende Nachteile erkauft.

Namenskonflikt: Stimmt der Name einer Variablen in einem Operanden mit dem Namen einer lokalen Variablen im betrachteten Ausdruck über, kann es zu einem falschen Evaluationsergebnis kommen. Beispiel:

```
(define x 4)
(define lazy-problem
  (lambda (arg)
    (let ([x 1])
      (< x arg)))))
```

(lazy-problem x) = (let ([x 1])(< x x)) = (< 1 1) = #f ist falsch.

Unterscheidet man das globale x mit dem Wert 4 vom lokalen x mit dem Wert 1 innerhalb des let-Ausdrucks, wie das bei gieriger Standardevaluation in Racket der Fall ist, so liefert (< 1 4) den korrekten Wert #t:

```
> (lazy-problem x)
#t
```

Mehrfachevaluation: Gleiche Operanden werden so oft evaluiert, wie sie im Körper der Prozedur vorkommen. Zeitaufwendige Berechnungen addieren sich zeitlich auf. Beispiel:

```
> ((lambda (n) (* n n n)) (fib 37))
59722225363795389930809
```

Bei gieriger Evaluation beansprucht die Verarbeitung dieses Ausdrucks kaum mehr Zeit als für (fib 37) selbst.

Um diese beiden Nachteile zu beheben, wird Schritt 2 der verzögerten Evaluationsstrategie modifiziert: Anstelle die unevaluierten Operanden zu übergeben, werden die betreffenden Operanden ein wenig „vorverarbeitet", genauer gesagt, deren Evaluation wird zunächst „eingeschläfert". Jeder Parameter wird bei Bedarf zwangsevaluiert. Die funktionale Sprache Gofer verwendet diese verbesserte Form der verzögerten Evaluation.

In Racket, d. h. bei gieriger Evaluation, kann dies mit Hilfe der Sprachelemente delay (aufschieben) und force (erzwingen) nachgebildet werden.

```
(define fib37 (delay (fib 37)))
> fib37
#<promise:fib37>
```

Offenbar wird mit delay eine promise, d. h. ein Versprechen, diesen Ausdruck bei Bedarf zu evaluieren, erzeugt. Mit force soll dieses Versprechen eingelöst werden:

```
> (force fib37)
39088169
```

Hier fällt dann auch die erforderliche Rechenzeit an, da bei der Anwendung von delay der Ausdruck (fib 37) eingeschläfert und eben nicht berechnet wurde.

Interessant ist nun, dass force offenbar einen Seiteneffekt ausgelöst hat: Fragen wir im Anschluss an die Anwendung von force erneut nach dem Wert der Variablen fib37, so hat sich etwas verändert:

```
> fib37
#<promise!39088169>
```

Der zwangsberechnete Wert von (`fib 37`), nämlich 39088169, wurde in der `promise` gespeichert. Es ist nun zu erwarten, dass eine erneute Evaluation dieses Ausdrucks kaum Rechenzeit beansprucht und einfach auf den abgelegten Wert zugreift. Dies ist in der Tat der Fall.

```
> (force fib37)
39088169
```

2.4.2 Memoizing

Die oben beschriebene „Merkfähigkeit" von `force` drückt ein sehr wichtiges Programmierkonzept aus. Man nennt es *Memoizing* oder *Memoization*. Memoizing kann auch bei modernen Computeralgebrasystemen, wie etwa Maple, per Kommando zugeschaltet werden.

Etwas verallgemeinert besagt es, dass zur Berechnung eines Ausdrucks zuerst nachgeschaut wird, ob dessen Wert bereits vorliegt. Ist das der Fall, wird dieser Wert verwendet. Anderenfalls wird er berechnet und (für einen eventuellen späteren wiederholten Gebrauch) vermerkt. Zur Verwaltung der betrachteten Werte darf man zunächst an eine Tabelle denken.

Memoizing kann man sehr einfach nachbilden. Zur Implementierung unserer Tabellenvorstellung verwenden wir den in Racket vorhandenen Datentyp *Hash Table*. Eine Hash Table implementiert eine Abbildung von Schlüsseln (key) auf Werte (value). Sowohl Schlüssel als auch Werte können beliebige Racket-Datentypen sein, z. B. Zahl, Zeichenkette, Paar und Liste. (`make-hash`) erzeugt eine Hash Table. Der Zugriff auf einen bestimmten Wert geschieht über dessen Schlüssel.

Ein sehr leistungsfähiges Sprachelement für Hash Tables ist `hash-ref!`. Es nimmt eine Hash Table, einen Schlüsselwert und eine nullstellige Prozedur. `hash-ref!` liefert den mit dem Schlüssel assoziierten Wert, falls es einen gibt. Andererfalls wird der in die nullstellige Prozedur „eingewickelte" Ausdruck evaluiert. Dessen Ergebnis wird dem betreffenden Schlüssel als Wert zugewiesen.

```
(define fibs (make-hash))  // Erzeugung der Hash Table fibs

(define fib-mem1
  (lambda (n)
    (if (< n 2)
        1
        (+ (hash-ref! fibs (- n 1) (lambda () (fib-mem1 (- n 1)))))
```

```
          (hash-ref! fibs (- n 2) (lambda () (fib-mem1 (- n 2)))))))))
```

(`fib-mem1 37`) liefert das korrekte Resultat 39088169 in deutlich kürzerer Rechenzeit als (`fib 37`).

Aufgabe 2.12:
Erklären Sie, warum das so ist. Geben Sie für (`fib 6`) eine Baumdarstellung an, die den gesamten Berechnungsprozess visualisiert.

Fibonacci-Zahlen können nun auch für deutlich größere Argumente berechnet werden.

```
> (map (lambda (n) (hash-ref fibs n)) '(0 1 2 3 4 5 6 7 8 9 10))
'(1 1 2 3 5 8 13 21 34 55 89)
```

zeigt die Werte der ersten 11 Schlüssel der Hash Table `fibs`.

In der Definition von `fib-mem1` wird auch eine Schwäche des verwendeten Vorgehens deutlich: Immer, wenn wir eine (rekursive) Prozedur memoizieren, müssen wir deren Defintionstext verändern. Das schreit geradezu nach Fehlern und Inkonsistenzen.

Deshalb entwickeln wir einen Operator, der den Definitionstext unverändert nimmt und die zugehörige memoisierte Prozedur zurückgibt. Außerdem stört die globale Variable für die Hash Table, da deren Wert außerhalb von `fib-mem` verändert werden könnte. `memo` leistet das Gewünschte in Gestalt einer Prozedur höherer Ordnung.

```
(define memo
  (lambda (fn)
    (let ((table (make-hash)))
      (lambda p
        (hash-ref!
         table
         p
         (lambda () (apply fn p)))))))
```

Die Anwendung von `memo` auf eine zu memoisierende Prozedur gibt eine Prozedur zurück, deren Aufruf in einer Umgebung stattfindet, die die betreffende Hash Table enthält. Nach außen ist diese Hash Table nicht sichtbar.

Wir steuern nun geradewegs auf einen Fehler zu, wenn wir meinen, dass
(`define fib-pseudo-mem (memo fib)`) eine Prozedur mit den gewünschten Eigenschaften definiert. Aufrufe der Form (`fib-pseudeo-mem 37`) erfordern die von `fib` bekannten langen Rechenzeiten. Dies liegt daran, dass `fib` als Argument von `memo` vor dessen Anwendung evaluiert wird. Da `fib` zur klassischen Fibonacci-Prozedur evaluiert, gibt es kein Memoizing.

Um die (gierige) Evaluation des Arguments von `memo` zu verhindern, definieren wir die *Sonderform* `define-memoized`:

```
(define-syntax define-memoized
```

```
(syntax-rules ()
  ((define-memoized id
      (lambda (p ...) body))
   (define id
      (memo (lambda (p ...) body))))))
```

Entspricht das nach der Zeile (syntax-rules () angegebene Muster dem Aufruf, werden die durch Pattern Matching vorgenommenen Variablenbindungen wie bei einer textuellen Transformation (copy and paste) im Zielausdruck (die letzten beiden Zeilen) verwendet, bevor schließlich die Evaluation dieses Zielausdrucks stattfindet.

Für unser Beispiel benötigen wir die folgende Definition:

```
(define-memoized fib-mem
  (lambda (n)
    (if (< n 2)
        1
        (+ (fib-mem (- n 1))(fib-mem (- n 2))))))
```

Gegenüber der Standarddefinition mit define haben wir hier define-memoized. Im Code von fib-mem gibt es keinen Unterschied zu fib.

Der Ausdruck (fib-mem 37) wird deutlich schneller berechnet als (fib 37). Die Berechnung großer Fibonacci-Zahlen erfordert keine spürbare Bearbeitungszeit:

```
> (map (lambda (n) (fib-mem n)) '(30 40 50 60 70 80 90 100))
'(1346269
  165580141
  20365011074
  2504730781961
  308061521170129
  37889062373143906
  4660046610375530309
  573147844013817084101)
```

Die vorgestellte Technik zum Memoisieren von Prozeduren kann auf mehrstellige Funktionen ausgeweitet werden. Dies ist in der Makro-Definition von define-memoized bereits vorgesehen, erkennbar an (p ...).

Wir brauchen also nichts zu verändern, wenn wir beispielsweise die Prozedur für die Ackermann-Peter-Funktion memoisieren möchten:

```
(define-memoized ap-mem
  (lambda (n m)
    (cond
      ((= n 0)(+ m 1))
      ((= m 0)(ap-mem (- n 1) 1))
      (else
```

```
(ap-mem (- n 1)(ap-mem n (- m 1)))))))
```

Für `(ap-mem 3 11)` erhalten wir 16381.

2.4.3 Potenziell Unendliches: Streams

Häufig wird behauptet, man könne mit dem Computer nur Werte endlicher Dimension verarbeiten. Hiernach müssten unendliche Mengen für die Computerarbeit absolut tabu sein, denn man hat ja stets nur einen endlichen Speicher zur Verfügung, auch wenn er noch so groß ist.

In der Tat können Computer nicht sämtliche reellen Zahlen speichern, es gibt einfach zu viele davon. Die Unendlichkeit der Menge der reellen Zahlen übersteigt sogar die der natürlichen Zahlen. Man spricht von *überabzählbar* im Gegensatz zu *abzählbar* oder *potenziell unendlichen* Mengen. Bei letzteren ist der Computer nicht so hilflos, wie man denken könnte.

Streams (Ströme) sind potenziell unendliche Daten. In einem Programmiersystem können sie nur dann repräsentiert werden, wenn man das Konzept der *verzögerten Evaluation* (lazy evaluation), mit dem wir uns in Absch. 2.4.1 beschäftigt haben, einsetzt. Anderenfalls würde sich ein nicht terminierender (nicht anhaltender) Prozess ergeben, wenn man versucht, derartige Daten zu erzeugen.

Im Racket-Manual kann man nachschlagen, welche Sprachelemente für Streams bereitgestellt werden, wenn man sie mit `(require racket/stream)` anfordert. Es ist aber auch sehr lehrreich, einige von ihnen selbst zu implementieren.

Typische Anwendungen für Streams sind Zahlenfolgen. Für die Folge der natürlichen Zahlen (ab einschl. der Zahl Null) gilt:

$$
\begin{aligned}
(0, 1, 2, 3, 4, ...) &= 0 \circ (1, 2, 3, 4, ...) \\
(\text{nat.-Zahlen-ab-0}) &= \text{Folge aus 0 und (nat.-Zahlen-ab-1)} \\
(\text{nat-stream 0}) &= (\text{stream-cons 0 (nat-stream (+ 0 1))})
\end{aligned}
$$

In dieser Übersicht kann man gut erkennen, dass Streams – ähnlich wie Listen – durch ein Paar aus dem ersten Glied (head) des Streams und dem entsprechenden Reststream (tail) charakterisiert werden, wobei der `cdr`-Teil mit `delay` „eingeschläfert" werden muss. Will man mit dem Reststream operieren, ist ein `force` erforderlich:

```
(define stream-first car)
(define stream-rest
  (lambda (stm)
    (force (cdr stm))))
```

Analog zur Listen-Datenstruktur erwarten wir `stream-cons`, dessen Einsatz wir in unserem oben begonnenen Beispiel vorstellen. Für das Anfangsglied der Folge der natürlichen

Zahlen – hier ist das die Null – verwenden wir den Parameter `start` und erhalten aus der letzten Zeile unmittelbar die folgende Prozedur:

```
(define nat-stream
  (lambda (start)
    (stream-cons start (nat-stream (+ start 1)))))
```

Der Aufruf (nat-stream 0) liefert die Folge der natürlichen Zahlen.

```
(define natzahlen (nat-stream 0))
> natzahlen
'(0 . #<promise:...>)
```

An dieser Ausgabe sieht man noch einmal sehr schön die Architektur eines Streams als Paar bestehend aus einem Kopfglied und einem Versprechen zur Berechnung des Reststreams.

Wir wollen uns die ersten 20 Glieder der Folge der natürlichen Zahlen ansehen. Zu diesem Zweck entwickeln wir eine Prozedur `print-stream`, die einen Stream und die Anzahl der anzuzeigenden Elemente ausgibt.

```
(define print-stream
  (lambda (stm n)
    (if (= n 0)
        (printf "...~n")
        (begin
          (printf "~a, " (stream-first stm))
          (print-stream (stream-rest stm) (- n 1))))))
```

```
> (print-stream natzahlen 20)
0, 1, 2, 3, 4, 5, 6, 7, 8, 9, 10, 11, 12, 13, 14, 15, 16, 17, 18, 19, ...
```

Das nächste Beispiel ist eine Zahlenfolge, die natürliche Zufallszahlen aus dem Intervall $[0, 100]$ enthält. Wie bei den natürlichen Zahlen beschreiben wir das Wunschresultat:

$$
\begin{aligned}
(12, 100, 2, 34, 41, ...) &= 12 \circ (100, 2, 34, 41, ...) \\
\text{(Zufallsfolge)} &= \text{Folge aus 12 und (Zufallsfolge)} \\
\text{(random-stream)} &= \text{(stream-cons (random 101) (random-stream))}
\end{aligned}
$$

Die folgende Prozedur leistet das Gewünschte.

```
(define random-stream
  (lambda ()
    (stream-cons (random 101) (random-stream))))
```

In der Definition von `random-stream` sieht man sehr gut, wie notwendig es ist, die Evaluation des zweiten Arguments von `stream-cons` zu unterdrücken.

```
> (print-stream (random-stream) 10)
```

```
80, 88, 55, 43, 33, 31, 14, 95, 37, 89, ...
> (print-stream (random-stream) 10)
27, 57, 13, 0, 44, 56, 3, 17, 12, 94, ...
> (print-stream (random-stream) 10)
94, 42, 49, 10, 29, 10, 100, 56, 12, 43, ...
```

Verwendung einer expliziten Bildungsvorschrift

Eine Zahlenfolge kann auch durch eine einstellige Funktionen $f : \mathcal{N} \mapsto \mathcal{R}$ *explizit* definiert werden. Wenn wir die Folge der natürlichen Zahlen hernehmen und f auf jedes Glied anwenden, erhalten wir die gewünschte Folge.

Mit `stream-map` realisieren wir diese Transformation einer Folge in eine andere. Analog zu `map` nimmt `stream-map` eine einstellige Funktion und einen Stream. Als Ergebnis liefert `stream-map` den oben beschriebenen Resultat-Stream. In folgendem Beispiel ist das die Folge der geraden Zahlen.

```
(define evenstream (stream-map (lambda (x)(* 2 x)) natzahlen))
> (print-stream evenstream 15)
0, 2, 4, 6, 8, 10, 12, 14, 16, 18, 20, 22, 24, 26, 28, ...
```

Aufgabe 2.13:
Implementieren Sie `stream-map` und stellen Sie `oddstream`, d. h. die Folge der ungeraden Zahlen, bereit.

Operationen mit Streams

Streams sind unendliche Objekte, die als Eingaben von Prozeduren weiterverarbeitet werden können. Enthalten sie Zahlen, wie in unseren Beispielen, so kann man mit ihnen unter Anwendung der bekannten Definitionen rechnen. Wir definieren exemplarisch eine zweistellige Operation `stream+` als gliedweise Addition, die zwei Summandenstreams nimmt und den zugehörigen Summenstream zurückgibt.

```
(define stream+
  (lambda (stm1 stm2)
    (stream-cons
     (+ (stream first stm1) (stream first stm2))
     (stream+ (stream-rest stm1) (stream-rest stm2)))))
```

Wir demonstrieren die Anwendung von `stream+` für die Summe der geraden und der ungeraden Zahlen.

```
> (print-stream oddstream 18)
1, 3, 5, 7, 9, 11, 13, 15, 17, 19, 21, 23, 25, 27, 29, 31, 33, 35, ...
```

```
> (print-stream evenstream 18)
0, 2, 4, 6, 8, 10, 12, 14, 16, 18, 20, 22, 24, 26, 28, 30, 32, 34, ...
> (print-stream (stream+ oddstream evenstream) 18)
1, 5, 9, 13, 17, 21, 25, 29, 33, 37, 41, 45, 49, 53, 57, 61, 65, 69, ...
```

Aufgabe 2.14:
Definieren Sie `stream-` nach dem Vorbild von `stream+`.

Aufgabe 2.15:
Definieren Sie `stream-` unter Verwendung von `stream-map` und `stream+`.

2.5 Der λ-Kalkül

2.5.1 Definition und Evaluation von λ-Ausdrücken

Es ist nun an der Zeit, die theoretische Basis funktionaler Sprachen etwas genauer zu beleuchten. Dabei handelt es sich vor allem um den 1941 von ALONZO CHURCH (1903-1995) entwickelten λ-Kalkül, auf den wir bereits in der Fußnote auf S. 19 kurz hingewiesen haben. Das Motiv zu dessen Erforschung entsprang der Suche nach einer theoretischen Fundierung des *Berechenbarkeitsbegriffs*. Man wollte genau die Klasse von Problemen bestimmen, die „mit dem Computer" gelöst werden können.

Der Ansatz von CHURCH war in dieser Zeit keineswegs der einzige. Später stellte sich heraus, dass diese sehr verschiedenartigen Theorien die gleiche Problemklasse beschrieben. Dies stärkte den Berechenbarkeitsbegriff enorm. Knapp 20 Jahre später stellte sich heraus, dass auf der Grundlage des Lambda-Kalküls eine Programmiersprache, nämlich Lisp, definiert werden kann. JOHN MCCARTHY (1927-2011) entwickelte das erste lauffähige Lisp-System.

Bis auf einige Modifikationen (aus Effizienzgründen) beruht die Implementation funktionaler Sprachen auf diesem λ-Kalkül. Trotz weitgehender Übereinstimmung sind Kalkül und Implementation nicht identisch, so dass wir beim Entwickeln und Testen von Racket-Prozeduren ggf. bedenken müssen, dass es sich um eine Repräsentation eines (leicht) modifizierten λ-Kalküls handelt.

CHURCH hatte die Idee, die Klasse aller Ausdrücke, sog. λ-Ausdrücke, anzugeben, die man aus gegebenen *Grundbausteinen* konstruieren kann und für die bestimmte *Rechenregeln* gelten.

Wir definieren zunächst die **Syntax von λ-Ausdrücken**:

1. Der Vorrat an Grundbausteinen ist eine (abzählbar) unendliche Menge von *Variablen* $\{x_1, x_2, \ldots\}$. Diese Variablen sind λ-Ausdrücke.

2. Durch *Anwendung* eines λ-Ausdrucks M auf einen λ-Ausdruck N, geschrieben als $(M\ N)$, entsteht ein neuer λ-Ausdruck. Zur Ermittlung des Ergebnisausdrucks sind die oben angekündigten Rechen- oder Reduktionsregeln erforderlich.

3. Schließlich können λ-Ausdrücke auch durch *funktionale Abstraktion* erzeugt werden: Sind x eine Variable und M ein λ-Ausdruck, so ist auch $(\lambda\ (x)\ M)$ ein λ-Ausdruck.

In Racket sind uns Symbole für Variablen wohl bekannt. Ebenso geläufig sind Prozeduranwendungen, wie `(cons (car '(a b)) (cdr '(x y z))) = (a y z)`.
`(lambda (x)(* x x))` ist ein Beispiel einer funktionalen Abstraktion, nämlich für das Quadrieren.

Dem aufmerksamen Leser wird bei der Einführung des λ-Kalküls nicht entgangen sein, dass einige Sprachbestandteile, die wir in Racket zu schätzen gelernt haben, fehlen. Dazu gehört `define`, zur Benennung von Werten, vor allem für Prozeduren. Weiterhin fällt auf, dass der λ-Kalkül ausschließlich die Definition einstelliger Funktionen erlaubt. In Racket gibt es n-stellige ($n \geq 0$) und sogar variabelstellige Prozeduren. Wir werden zeigen, dass dies mit den theoretischen Grundlagen vereinbar ist und es weiterer Zusätze nicht bedarf.

Reduktionsregeln

Im Folgenden befassen wir uns mit den oben angekündigten Rechenregeln, also der Auswertungs- oder Reduktionsstrategie: Welchen Wert beschreibt ein bestimmter λ-Ausdruck? Zu welchem Ausdruck kann ein gegebener Ausdruck reduziert (evaluiert) werden? Wie „rechnet" man mit λ-Ausdrücken?

β-**Regel:** Es seien E und M λ-Ausdrücke, wobei M in E nicht gebunden vorkommen darf. x sei eine Variable. Dann beschreibt

$$((\lambda\ (x)\ E)\ M) \overset{\beta}{\Rightarrow} E[M/x]$$

das Resultat der Anwendung von $(\lambda\ (x)\ E)$ auf M als Ergebnis der Ersetzung aller Vorkommen x in E durch M. Man sagt kurz: „E mit M für x". In der Tat handelt es sich um eine reine Textmanipulation.

Wir wenden die β-Regel auf folgenden λ-Ausdruck an:

$$((\lambda\ (x)\ ((x\ d)\ (\underbrace{\underbrace{(\lambda\ (y)\ (x\ y))}_{f_2}\ a)}_{f_1}))) \ b)$$

$$(f_2\ a)$$

Die geschweiften Klammern helfen uns, die Struktur des Ausdrucks besser zu erfassen.

Bei der nun folgenden schrittweisen Reduktion arbeiten wir von innen nach außen: Als Erstes wenden wir die mit f_2 bezeichnete Funktion auf a an, indem jedes Vorkommen der gebundenen Variablen y in $(x\ y)$ durch a ersetzt wird. Das Ergebnis ist offensichtlich $(x\ a)$. Im zweiten Schritt schreibt man b für alle x in $((x\ d)(x\ a))$, was zu $((b\ d)(b\ a))$ führt.

$$((\lambda\ (x)\ ((x\ d)((\lambda\ (y)\ (x\ y))\ a)))\ )\ b) \overset{\beta}{\Rightarrow} ((\lambda\ (x)\ ((x\ d)\ (x\ a)))\ b)$$
$$\overset{\beta}{\Rightarrow} ((b\ d)(b\ a))$$

Arbeitet man von außen nach innen, so entsteht das gleiche Resultat. Die Substitution beginnt mit b für alle x in $((x\ d)((\lambda\ (y)\ (x\ y))\ a))$.

$$((\lambda\ (x)\ ((x\ d)((\lambda\ (y)\ (x\ y))\ a)))\ )\ b) \overset{\beta}{\Rightarrow} ((b\ d)((\lambda\ (y)\ (b\ y))\ a))$$
$$\overset{\beta}{\Rightarrow} ((b\ d)(b\ a))$$

Die Anwendung der β-Regel bewirkt eine (bedeutungserhaltende) Transformation, engl.: meaning preserving transformation. Man nennt das reasoning about programs by symbolic reduction.

In der β-Regel wurde durch die Forderung „M darf in E nicht gebunden vorkommen" sichergestellt, dass infolge der auszuführende Substitution eine ursprünglich ungebundene Variable nicht in den Gültigkeitsbereich einer λ-Bindung gerät. Dieses Problem wird mit folgendem Beispiel illustriert:

$$((\lambda\ (x)\ (\lambda\ (y)\ (x\ y)))(\mathbf{y}\ w)) \overset{\beta}{\Rightarrow} (\lambda\ (y)\ ((\mathbf{y}\ w)\ y))\ \text{ist falsch!}$$

y ist eine gebundene Variable, hingegen kommt $\mathbf{y}$ im Vorgabeausdruck frei vor. Nach der (unberechtigten) Anwendung der β-Regel gerät $\mathbf{y}$ in den Einflussbereich von $\lambda\ (y)$ und wird somit gebunden.

Dies gilt auch für folgenden Ausdruck, dessen Reduktion durch fehlerhaft angewandte β-Regel 16 ergibt:

$$(((\lambda\ (x)\ (\lambda\ (y)\ (*\ x\ y)))\ y)\ 4) \overset{\beta}{\Rightarrow} ((\lambda\ (y)\ (*\ y\ y))\ 4) \overset{\beta}{\Rightarrow} 16.$$

In Racket wird dieser Ausdruck jedoch korrekt evaluiert.

```
(define y 1)
> (((lambda (x)(lambda (y)(* x y))) y) 4)
4
```

Wie soll man sich nun verhalten, wenn die Voraussetzung zur Anwendung der β-Regel nicht erfüllt ist? Da die Wahl der Namen gebundener Variablen in einer Funktionsabstraktion keine Rolle spielt, kann eine geeignete Umbenennung vorgenommen werden, ohne dass die Bedeutung des Ausdrucks dadurch verändert wird. Dies führt uns zur

α-**Konvention:** Wenn x' in E *nicht frei* vorkommt, gilt:

$$(\lambda\ (x)\ E) \overset{\alpha}{\longleftrightarrow} (\lambda\ (x')\ E[x'/x]).$$

Exemplarisch wenden wir auf $(\lambda\ (y)\ (x\ y))$ in $((\lambda\ (x)\ (\lambda\ (y)\ (x\ y)))(y\ w))$ vor der β-Regel die α-Konvention an:

$$
\begin{aligned}
((\lambda\ (x)\ (\lambda\ (y)\ (x\ y)))(y\ w)) \quad &\overset{\alpha}{\longleftrightarrow} \quad ((\lambda\ (x)\ (\lambda\ (z)\ (x\ z)))(y\ w)) \\
&\overset{\beta}{\Rightarrow} \quad (\lambda\ (z)\ ((y\ w)\ z))
\end{aligned}
$$

Für unser obiges Racket-Beispiel ergibt sich mit (`define y 1`):

$$(((\lambda\ (x)\ (\lambda\ (y)\ (*\ x\ y)))\ y)\ 4) \overset{\alpha}{\longleftrightarrow} (((\lambda\ (x)\ (\lambda\ (z)\ (*\ x\ z)))\ y)\ 4) \overset{\beta}{\Rightarrow} ((\lambda\ (z)\ (*\ y\ z))\ 4) \overset{\beta}{\Rightarrow} 4.$$

Aufgabe 2.16:
Schreiben Sie eine Racket-Prozedur, die alle freien Variablen eines gegebenen λ-Ausdrucks als Liste zurückgibt.

Da im λ-Kalkül alle Ausdrücke (Werte) entweder Variablen oder Funktionen von genau einem Argument sind, ähnelt die folgende Regel eher einem Programmiertrick.

η-**Umwandlung:** Dies ist eine strikte Vereinfachungsregel, mit

$$
\begin{aligned}
(\lambda\ (z)\ ((\lambda\ (x)\ E)\ z)) \quad &\overset{\eta}{\Rightarrow} \quad (\lambda\ (x)\ E)\ \text{und} \\
(\lambda\ (x)\ (E\ x)) \quad &\overset{\eta}{\Rightarrow} \quad E.
\end{aligned}
$$

Der oben angegebene Ausdruck $(\lambda\ (z)\ ((\lambda\ (x)\ E)\ z))$ ist eine Funktionsabstraktion, deren Rumpf aus einer Anwendung besteht. Wendet man die β-Regel auf einen Ausdruck dieser Art an, z. B. auf $(\lambda\ (z)\ ((\lambda\ (x)\ (+\ x\ 3))\ z))$, so ergibt sich $(\lambda\ (z)\ (+\ z\ 3))$. Nach der Umbenennung der gebundenen Variablen z zu x erhalten wir erwartungsgemäß $(\lambda\ (x)\ (+\ x\ 3))$.

Ein reduzierbarer Ausdruck (REDEX = reducible expression) wird solange[9] reduziert, bis er keine reduzierbaren Teilausdrücke mehr enthält. Man spricht dann von *Normalform*.

Die schrittweise Reduktion wirft zwei Fragen auf:

1. In welcher Reihenfolge sollten die Ersetzungen (Anwendung der Reduktionsregeln) durchgeführt werden, wenn es im betrachteten Ausdruck mehrere Anwendungsstellen gibt?

---

[9]Dies gilt nur für den klassischen λ-Kalkül. Implementationen für funktionsorientierte Programmiersprachen weichen davon im Allgemeinen etwas ab.

2. Erhält man in jedem Falle ein Resultat? Mit anderen Worten: Besitzt jeder REDEX eine Normalform?

Wir geben zuerst die Antwort auf die zweite Frage: Es gibt Ausdrücke, die *keine* Normalform besitzen. Das Musterbeispiel ist $\Omega = ((\lambda\,(x)\,(x\,x))(\lambda\,(x)\,(x\,x)))$.

Wegen $((\lambda\,(x)\,(x\,x))(\lambda\,(x)\,(x\,x))) \stackrel{\beta}{\Rightarrow} ((\lambda\,(x)\,(x\,x))(\lambda\,(x)\,(x\,x)))$ wird Ω durch Anwendung der β-Regel reproduziert. Es entsteht ein REDEX, der wiederum der β-Regel unterworfen werden kann usw. Wir erhalten offenbar keine Normalform für Ω.

Die Antwort auf die erste Frage gibt das CHURCH-ROSSER-Theorem: Falls ein REDEX eine Normalform besitzt, ist gleichgültig, welche Reduktionsreihenfolge man wählt. Auch wenn auf verschiedenen Wegen verschiedene Zwischenresultate entstehen, ist das Endergebnis in jedem Falle das gleiche.

Auch bei der Reduktion des Ausdrucks $((\lambda\,(x)\,((x\,d)((\lambda\,(y)\,(x\,y))\,a)))\,b)$, s. S. 82, haben wir für zwei Reduktionsrichtungen das gleiche Ergebnis erhalten. Das Theorem beweist jedoch die obige Aussage im Allgemeinen.

Es liegt auf der Hand, dass die beliebige Wahl der Reduktionsreihenfolge vorzügliche Möglichkeiten für *parallele* Verarbeitung bietet.

Aufgabe 2.17:
Verwenden Sie zur Berechnung von $((\lambda\,(v)\,((\lambda\,(a)\,(a\,v))(\lambda\,(x)\,(x\,v))))\,b)$ unterschiedliche Reduktionsreihenfolgen.

2.5.2 Zur Implementation funktionsorientierter Sprachen

Die Reduktion, genauer die β-Reduktion, ist ein *Termersetzungsverfahren*, bei der eine Funktionsanwendung nach folgender Regel vereinfacht wird: Das Funktionsargument wird unverändert hergenommen und an allen vorkommenden Stellen der gebundenen Variablen der Funktionsabstraktion eingesetzt.

Der λ-Kalkül fordert mit der β-Regel eine sog. *leftmost reduction* oder *normal order reduction*. Der Name kommt daher, dass die Reduktion einer Anwendung stets mit dem (am weitesten links stehenden) Operator beginnt und erst danach der Operand reduziert wird. Die leftmost reduction garantiert eine eindeutige Reduktion einer Funktionsanwendung, falls ein solches Resultat überhaupt existiert.

Im Ausdruck (in Racket-Schreibweise)

$$((\lambda\,(x)\,(+\,x\,x\,x))((\lambda\,(x)\,(*\,x\,x\,x))\,12345))$$

wird also – gemäß β-Regel – die Anwendung $((\lambda\,(x)\,(*\,x\,x\,x))\,12345)$ zunächst unverändert für jedes x in $(+\,x\,x\,x)$ eingesetzt. In der Sprechweise der Programmierung entspricht das einer *namensmäßigen Parametervermittlung (call by name)*. Der Ausdruck wird zu $(+\ ((\lambda\ (x)\ (*\ x\ x\ x))\ 12345)\ ((\lambda\ (x)\ (*\ x\ x\ x))\ 12345)\ ((\lambda\ (x)\ (*\ x\ x\ x))\ 12345))$ reduziert, woraus sich ein großer Nachteil für die praktische Verarbeitung ergibt: Der (rechenaufwendige) Teilausdruck $((\lambda\ (x)\ (*\ x\ x\ x))\ 12345)$ muss – nach der Einsetzung – mehrfach (dreimal) ausgewertet werden. Aus der Sicht der Programmierung bedeutet das einen Effizienzverlust, was die Programmabarbeitung spürbar verlangsamt.

Grundsätzlich gibt es zwei Ideen zur Überwindung dieses Problems. Die erste besteht darin, dass wir die Reduktionsvorschrift für Anwendungen ein wenig modifizieren: Reduziere zuerst das Argument! Der so entstandene Ausdruck wird anschließend der β-Regel unterworfen. Man nennt diese Form *applicative order reduction*, was einer *wertmäßigen Parametervermittlung* (*call by value*) gleichkommt. Die theoretische Fundierung liefert der λ-Kalkül mit Wertaufruf.

Bei gängigen Implementationen funktionsorientierter Sprachen wird nicht nur der Operand (Argument), sondern auch der Operator reduziert, *bevor* die entsprechende Einsetzung stattfindet. Die Implementation erfolgt außerdem so, dass die Reduktion nicht erst beim Erreichen einer Normalform (falls vorhanden) stoppt, sondern schon früher, wenn ein definierter Ergebnistyp vorliegt.

Aufgabe 2.18:
Notieren Sie für $((\lambda\ (v)\ ((\lambda\ (a)\ (a\ v))(\lambda\ (x)\ (x\ v))))\ b)$ die vollständige applicative order reduction.

Das Ergebnis für $((\lambda\ (v)\ ((\lambda\ (a)\ (a\ v))(\lambda\ (x)\ (x\ v))))\ b)$ stimmt mit dem durch normal order reduction gefundenen Resultat überein. Leider ist das nicht immer so, wie das folgende Beispiel zeigt:

$$((\lambda\ (y)\ z)((\lambda\ (x)\ (x\ x))(\lambda\ (x)\ (x\ x))))$$

Bei normal order reduction werden alle Vorkommen der gebundenen Variablen y in z durch den Ausdruck $((\lambda\ (x)\ (x\ x))(\lambda\ (x)\ (x\ x)))$ ersetzt, *ohne* ihn vorher zu evaluieren. Da es in z keine einzige solche Stelle gibt, wird der gesamte Ausdruck zu z reduziert.

Applicative order reduction ist hier nicht erfolgreich: Die Berechnung terminiert nicht, da $((\lambda\ (x)\ (x\ x))(\lambda\ (x)\ (x\ x)))$ zuerst evaluiert wird.

Aufgabe 2.19:
Evaluieren Sie $((\lambda\ (x)\ (x\ x))(\lambda\ (x)\ (x\ x)))$ mit Racket. Konzentrieren Sie sich auf den $\boxed{\text{Stop}}$-Knopf und sichern Sie vor diesem Experiment wichtige Daten!

Offensichtlich liefert die effizientere applicative-order-Strategie nicht immer ein Ergebnis, auch wenn es existiert (und mit normal order reduction gefunden wird). Für die bekannten Racket-Implementationen hat man sich dennoch entschieden, die applicative order reduction zu verwenden, wohl wissend, dass sie eben für sehr seltene Beispiele nicht funktioniert.

Die zweite Möglichkeit, dem Problem der Mehrfachevaluation zu begegnen, ist die verzögerte Evaluation, *lazy evaluation*, mit der wir uns in Abschn. 2.4.3 beschäftigt haben. Man vermeidet wiederholte Berechnungen des Arguments, indem man den zugehörigen Ausdruck durch den (einmal) berechneten Wert überschreibt. Man weiß, dass diese *call-by-need*-Vermittlung wenigstens theoretisch genauso effizient ist wie call by value und die gewünschte Reduktion leistet.

2.5.3 Currying

Wir haben gesehen, dass der λ-Kalkül die Definition *einstelliger* Funktionen erlaubt und keine anderen. In Racket ist bekanntlich viel mehr möglich. Wie kann man aus dem λ-Kalkül die Möglichkeit ableiten, mehrstellige Funktionen zu definieren? Oder anders gefragt: Wie kann man die Definition mehrstelliger Funktionen auf einstellige zurückführen?

Die Antwort darauf haben zwei Herren, nämlich MOSES SCHÖNFINKEL (1889-1942) und HASKELL CURRY (1900-1982), unabhängig voneinander gefunden.

Ausgangspunkt ist die in Übung 2.3 auf S. 58 entwickelte zweistellige Prozedur `compose`. Der Aufruf `((compose add1 sqrt) 9)` liefert 4.

Eine curryfizierte Version dieser Prozedur erhält man entweder durch die Anwendung der in Racket vorhandenen Prozedur `curry`, wie in `(curry compose)`, oder indem man die Curryfizierung „manuell" vornimmt:

```
(define compose-curry
  (lambda (f)
    (lambda (g)
      (lambda (x)
        (f (g x))))))

> (((compose-curry add1) sqrt) 9)
4
```

Im Aufrufbeispiel sieht man, dass die `add1`-Prozedur nach Anwendung der `sqrt`-Prozedur auf die Zahl 9 angewandt wird. Bis auf `define`) sind ausschließlich einstellige Prozeduren in Aktion.

Vielleicht weil die Bezeichnungen „Schönfinkeln" und (engl.) „Schönfinkel-ing" für diese Funktionstransformation irgendwie unanständig klingen, haben sich Currying und manchmal auch Curryfication, deutsch: *Curryfizieren*, durchgesetzt.

Allgemein wird durch Currying eine n-stellige Funktion ($n > 1$) der Form

$$f : A_1 \times A_2 \times \ldots \times A_n \mapsto B$$

überführt in eine zugehörige, einstellige Funktion (ein Funktional) der Gestalt

$$f' : A_1 \mapsto (A_2 \mapsto (\ldots (A_n \mapsto B)\ldots)).$$

Folglich wird durch die Verwendung von Prozeduren mit mehreren Parametern in Racket der λ-Kalkül als theoretische Basis nicht verlassen.

2.5.4 Y combinator

Nun wollen wir noch die letzte „Unstimmigkeit" zwischen Racket und dem zugrunde liegenden λ-Kalkül aufklären und fragen, ob die Verwendung von `define` (und damit von `set!`) überhaupt notwendig ist? Im λ-Kalkül kommen Wertzuweisungen, z. B. mit `define`, nicht vor.

Natürlich besteht nicht für alle Prozeduren die Notwendigkeit der Benennung. Beispielsweise kann das Quadrieren ebenso mit einer anonymen Prozedur stattfinden.

```
> ((lambda (n) (* n n)) 8)
64
```

Aber wie soll es gelingen, *rekursive* Prozeduren wie etwa

```
(define fak
  (lambda (n)
    (if (= n 0)
        1
        (* n (fak (- n 1))))))
```

```
> (fak 5)
120
```

ohne deren Benennung zu definieren?

In der Tat kann man eine Funktion Y_{normal} angeben, die wie ein „Rekursivmacher" für eine als λ-Ausdruck gegebene Funktion f arbeitet. In Y_{normal} treffen wir wieder auf Ω, s. S. 84.

$$Y_{normal} = (\lambda\,(f)((\lambda\,(x)\,(f\,(x\,x)))(\lambda\,(x)\,(f\,(x\,x)))))$$

Von einer solchen Funktion Y wird gefordert, dass sie die Fixpunkt-Eigenschaft

$$(Y\,f) = (f\,(Y\,f))$$

erfüllt. Wir rechnen dies (mit normal order reduction) nach:

$$
\begin{aligned}
(Y\,f) \;&=\; ((\lambda\,(f)((\lambda\,(x)\,(f\,(x\,x)))(\lambda\,(x)\,(f\,(x\,x)))))\,f) \\
&\overset{\beta}{\Rightarrow}\; ((\lambda\,(x)\,(f\,(x\,x)))(\lambda\,(x)\,(f\,(x\,x)))) \\
&\overset{\beta}{\Rightarrow}\; (f\,((\lambda\,(x)\,(f\,(x\,x)))(\lambda\,(x)\,(f\,(x\,x))))) \\
&=\; (f\,(Y\,f))
\end{aligned}
$$

Die Fixpunkteigenschaft ist offensichtlich genau das, was wir brauchen, um eine Funktion „rekursiv zu machen". Für die Fakultätsfunktion könnte das folgender Racket-Aufruf leisten.

```
(Y-normal
  (lambda (fak)
    (lambda (n)
      (if (= n 0)
        1
        (* n (fak (- n 1)))))))
```

Leider ist das nicht der Fall. Da Racket-Ausdrücke mit applicative order reduction reduziert werden, liefert der zugehörige Aufruf

```
(define Y-normal
  (lambda (f)
    ((lambda (x) (f (x x)))
     (lambda (x) (f (x x))))))
```

kein Ergebnis. Man braucht also wieder den $\boxed{\text{Stop}}$-Knopf!

Aufgabe 2.20:
Berechnen Sie diese Anwendung von Y_{normal} auf dem Papier. Benutzen Sie normal order reduction.

Für Racket benötigt man einen sog. *applicative order Y combinator*,

```
(define Y
  (lambda (f)
    ((lambda (x)
       (f (lambda (z) ((x x) z))))
     (lambda (x)
       (f (lambda (z) ((x x) z)))))))
```

der die gewünschte Wirkung als „Rekursivmacher" erzielt.

Um den Aufruf besser lesbar zu halten, verwenden wir das kurze Y und zeigen weiter unten, dass dessen Definition (mit `define`) prinzipiell nicht notwendig ist.

```
> (Y
    (lambda (fak)
      (lambda (n)
        (if (= n 0)
          1
          (* n (fak (- n 1)))))))
#<procedure>
```

Das Ergebnis ist erwartungsgemäß eine Prozedur, die, auf 5 angewandt, $5! = 120$ liefert.

```
> ((Y
    (lambda (fak)
      (lambda (n)
        (if (= n 0)
            1
            (* n (fak (- n 1)))))))
   5)
120
```

Um abschließend zu zeigen, dass man wirklich ohne `define` auskommt, ersetzen wir Y durch den entsprechenden λ-Ausdruck.

```
> (((lambda (f)
     ((lambda (x)
        (f (lambda (z) ((x x) z))))
      (lambda (x)
        (f (lambda (z) ((x x) z))))))
   (lambda (fak)
     (lambda (n)
       (if (= n 0)
           1
           (* n (fak (- n 1)))))))
  5)
120
```

Aufgabe 2.21:
Versuchen Sie, den Aufruf zur Erzeugung der Racket-Prozedur für die rekursiv definierte Fakultätsfunktion mit Bleistift und Papier nachzuvollziehen.

Damit haben wir uns davon überzeugen können, dass man mit den Mitteln des λ-Kalküls mehrstellige und rekursive Funktionen definieren und anwenden kann. Doch wo sind die Konstanten (Zahlen, Wahrheitswerte, ...) und die vielen anderen Sprachelemente, die wir in Racket – auf sauberer theoretischer Basis – verwenden? Kaum zu glauben, aber auch diese können im λ-Kalkül konstruiert werden. Dies ist allerdings Gegenstand der Berechenbarkeitstheorie.

2.6 Umgebungsmodell

2.6.1 Umgebungsbegriff

In den vorangehenden Abschnitten haben wir genau beschrieben, wie beliebig komplexe Racket-Ausdrücke ausgewertet werden. Dabei sind wir davon ausgegangen, dass das Racket-System sämtliche Variablen, die zur Benennung von Werten verwendet werden, kennt. Die Frage nach der Art und Weise, wie die vom Nutzer definierten Variablen-Bindungen eingerichtet bzw. zur Auswertung von Ausdrücken bereitgestellt werden, haben wir noch nicht gestellt. Das soll im Folgenden nachgeholt werden.

Grundsätzlich kann man davon ausgehen, dass zahlreiche globale Variablen nach dem Start des Systems existieren. Abb. 2.1 zeigt einen winzigen Ausschnitt aus dieser sog. *globalen Umgebung*. Einige typische Repräsentanten, wie Ziffern, #t, #f, die Variable pi, Operationssymbole, wie +, und Zeichen, wie #\a, sind angegeben. Es sind die Grundbausteine, aus denen komplexere Objekte, wie z.B. ganze Zahlen, gebildet werden können.

Zahlen, Zeichen, ..., Variablennamen	Wert
3	3
pi	3.141592653589793
#t	#t
+	<procedure +>
#\a	#\a

Abbildung 2.1: globale Umgebung (Ausschnitt)

Wie aus Abb. 2.1 hervorgeht, passt es sehr gut, sich diese Name-Wert-Liste als Tabelle vorzustellen.

Bei erweiterbaren Sprachen, wie eben Racket, ist die Entscheidung eher subjektiv, welcher Sprachumfang als *initial* angesehen werden soll. Beim Systemstart und während des Dialogs mit dem Nutzer können die gewünschten Variablenbindungen bereitgestellt werden.

Eine Tabelle für Bindungen, wie sie etwa nach dem Systemstart eingerichtet wird, nennen wir *Rahmen* (frame). Ein Rahmen kann beliebig viele Bindungen (Tabellenzeilen) enthalten. Jedes Racket-Symbol ist *höchstens einmal* als Variablenname in dieser Tabelle enthalten.

Eine Folge (Liste) von Rahmen wird als *Umgebung* (environment) bezeichnet. In Abb. 2.1 besteht die globale Umgebung aus genau einem Rahmen, in dem die initialen Variablen gebunden sind. Da es nur einen Rahmen gibt, stellt dieser auch die *globale Systemumgebung* dar.

Im Allgemeinen ergibt sich die globale Umgebung aus der Rahmenfolge für nutzer- und vordefinierte Variablenbindungen

- nach dem Systemstart

- nach dem Laden vordefinierter Variablen und

- nach jeder Definition einer Variablen mit define[10].

---

[10]s. Abschn. 2.6.3

Abb. 2.2 auf S. 92 illustriert vier Umgebungen $E_1 = F_1 \to F_3 \to F_4$, $E_2 = F_2 \to F_3 \to F_4$, $E_3 = F_3 \to F_4$ und $E_4 = F_4$. Dabei handelt es sich um eine fiktive Konstellation, die praktisch so nicht vorkommen kann. Die darin eingetragenen Umgebungen können gut diskutiert werden.

Der von oben auf den jeweiligen Rahmen verweisende Pfeil bestimmt den Beginn der Umgebung. Sie endet bei dem Rahmen, der keinen Nachfolger besitzt.

2.6.2 Bestimmung eines Variablenwerts

Wie findet man den Wert einer Variablen in diesem Umgebungsmodell? Für jeden Racket-Ausdruck steht fest, in welcher Umgebung er ausgewertet wird. Dies führt zu der aufgeworfenen Frage nach den einzelnen Werten sämtlicher Variablen im betrachteten Ausdruck.

Das Verfahren zur Evaluation einer Variablen x in einer Umgebung E lässt sich folgendermaßen beschreiben:

1. Suche x im ersten, zweiten, dritten, ... Rahmen von E.

2. Beende die Suche mit Erfolg bei der ersten Fundstelle von x oder erfolglos am Ende von E.

3. Gib im Erfolgsfall den im Rahmen angegebenen Wert von x zurück bzw. – bei Misserfolg – eine Fehlermeldung: `reference to undefined identifier: x` bzw. `variable x is not bound`.

Wir wenden das Verfahren auf den folgenden mit A bezeichneten Ausdruck

```
(+ (* a y) z)
```

an und legen das in Abb. 2.2 auf S. 92 dargestellte Umgebungsmodell zugrunde.

In E_1 hat A keinen Wert, denn für das Symbol a gibt es keine Bindung, weder in F_1 noch in F_3 und F_4. Der Wert (17) von y wird in F_1 gefunden, der von z ist ebenfalls 17 und findet sich in F_3.

In E_2 hat A den Wert 89 = (+ (* 2 43) 3). a findet man in F_2, y in F_3 und z (erstmalig) in F_2. Man sagt: Die Bindung von z in F_3 wird verschattet. Die Werte für + und * werden in E_4 gefunden.

2.6.3 Herstellung einer Variablenbindung

Eine Variablen-Definition mittels `define` sorgt dafür, dass die zugehörige Bindung als Name-Wert-Paar in einen (bestimmten) Rahmen dauerhaft eingetragen wird. Da jeder Bezeichner (identifier) als Variablenname in einem Rahmen[11] nur höchstens einmal vor-

---

[11]Hier steht Rahmen, nicht etwa „Umgebung"!

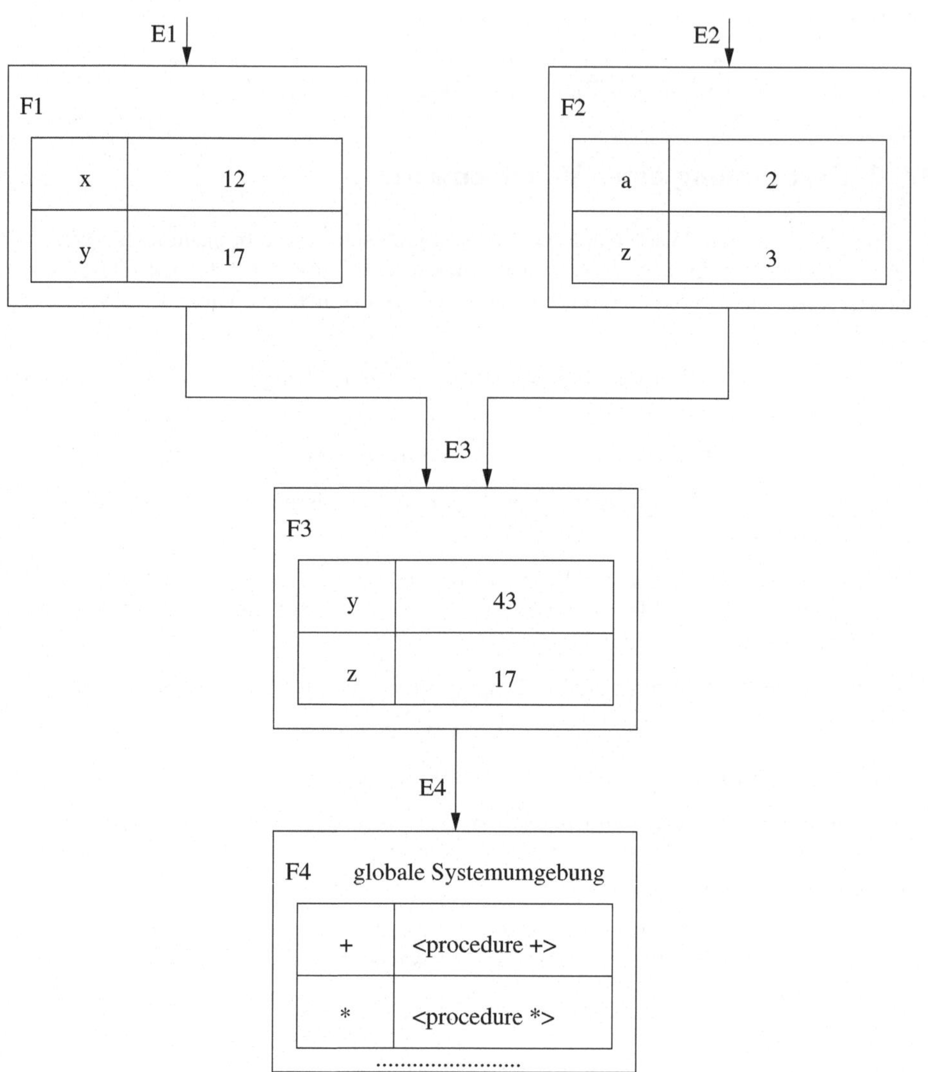

Abbildung 2.2: Umgebungsmodell mit den Umgebungen E_1, E_2, E_3 und E_4

kommen darf, spielt es keine Rolle, in welcher Tabellenzeile die Bindung steht.

Mehrfache Definitionen ein und derselben Variablen werden im DrRacket-System (Definitionsfenster) nicht zugelassen (duplicate definition for identifier). Eine Wertveränderung einer eingerichteten Variablenbindung mittels `set!` ist hingegen innerhalb des betreffenden Moduls (z. B. im Definitionsfenster) möglich.

Nach dem folgenden Dialog steht die Variable `hallo` im Rahmen für nutzerdefinierte Variablen F_2 und damit in der globalen Umgebung E_1, s. Abb. 2.3.

```
> (define hallo 123)
> hallo
123
> (set! hallo 2)
> hallo
2
```

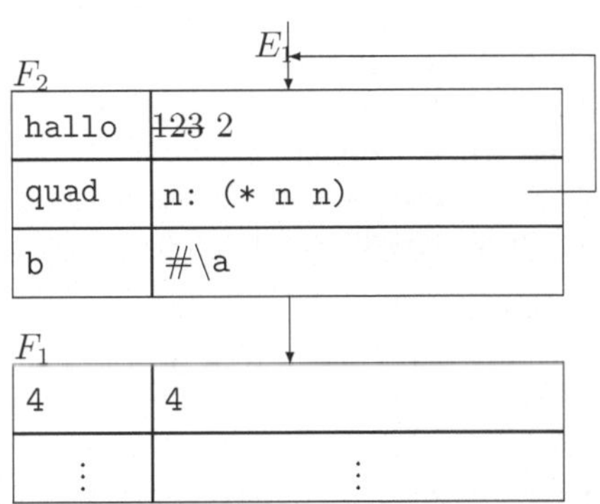

Abbildung 2.3: globale Umgebung (E_1): nutzerdef. (F_2) und eingebaute Variablen (F_1)

Der in Abb. 2.3 dargestellte Rahmen F_2 enthält – neben der für `hallo` – zwei weitere Bindungen. Der Wert von `quad` ist eine Prozedur: das Resultat der Evaluation des λ-Ausdrucks `(lambda (n)(* n n))`.

Bei der Evaluation der `define`-Sonderform wird bekanntlich das zweite Argument ausgewertet. Der in der Tabelle gespeicherte Wert ist das Ergebnis dieser umgebungsbezogenen Evaluation des betrachteten Ausdrucks. Zahlen, Zeichen, Zeichenketten, die beiden Wahrheitswerte und die leere Liste evaluieren zu sich selbst. Welchen Wert liefert die Evaluation von `(lambda (n)(* n n))` in E_1? Das Ergebnis ist eine Prozedur, genauer: eine sog. *closure*, die drei Informationen enthält:

1. den/die formalen Parameter,

2. den Prozedurkörper (Funktionsabstraktion) und

3. die Umgebung, in der der Prozedurkörper (bei Aufruf dieser Prozedur) auszuwerten ist.

Der Wert von `quad` in Abb. 2.3 ist also eine closure mit genau einem Parameter n und dem Prozedurkörper (* n n), der in der Umgebung E_1 ausgewertet werden muss. Die zugehörige Umgebung wird durch einen Pfeil, der hier auf E_1 zeigt, festgelegt. Dies ist genau die Umgebung, in der die Prozedur `quad` definiert wurde. Es mag zunächst abwegig erscheinen, dass dieser Pfeil auf eine andere als die globale Definitionsumgebung zeigen könnte. Weiter unten werden wir sehen, dass dies nicht nur möglich, sondern für das Verständnis der Auswertung von Ausdrücken von grundlegender Bedeutung ist.

Abschließend werfen wir noch einmal einen Blick auf Abb. 2.2 auf S. 92. Wir möchten klären, wie die dort angegebenen Umgebungen entstanden sein könnten. F_3 erhält man nach dem Systemstart durch:

```
(define z 17)
(define y 43)
```

Der Rahmen F_3 und damit die Umgebung E_3 bleiben solange bestehen, bis die Arbeit mit dem Racket-System beendet wird. Generell muss nicht jeder Rahmen diese Eigenschaft besitzen: Wenn wir annehmen, dass die Gültigkeiten von F_1 und F_2 nur auf die Evaluation eines Ausdrucks beschränkt sind, könnten sie beispielsweise mit den folgenden let-Ausdrücken hergestellt worden sein.

```
> (let ([x 12] [y 17])
    (printf "x=~a y=~a z=~a" x y z))
x=12 y=17 z=17

> (let ([a 2] [z 3])
    (printf "a=~a y=~a z=~a" a y z))
a=2 y=43 z=3
```

Nach Evaluation der angegebenen Ausdrücke sind die beiden Rahmen wieder verschwunden.

2.6.4 Prozeduranwendung im Umgebungsmodell

Mit Hilfe des Umgebungsmodells können wir nun analysieren, wie die Evaluation eines Prozeduraufrufes abläuft. Dabei greifen wir auf die Beispielumgebung aus Abb. 2.3 aus Abschn. 2.6.3 zurück. Im Rahmen F_2 wurde durch Evaluation der Prozedurdefinition

```
(define quad
  (lambda (n)
    (* n n)))
```

die Variable quad eingetragen und an die closure gebunden, die bei der Auswertung des angegebenen λ-Ausdrucks in der Definitionsumgebung zurückgegeben wird.

Der Aufruf

```
> (quad 2)
```

löst nun folgende Verarbeitung aus:

1. Suche den Wert von `quad` und den von 2.
   Letzterer ist 2 und findet sich in F_1. Als Wert von `quad` entnehmen wir in F_2 eine closure, die aus den folgenden drei Komponenten besteht:

   - Parameter: n

   - Prozedurkörper: (* n n)

   - Zugehörige Umgebung: E_1

   Diese werden nun für die Auswertung des o. g. Ausdrucks benötigt.

2. Es wird ein neuer Rahmen F_3 gebildet. In F_3 wird der Parameter der Prozedur als Variable n (erste Information aus der closure) mit dem Wert des Arguments beim Aufruf, also 2, eintragen. Dieser Rahmen wird der zu `quad` gehörenden Umgebung E_1 (dritte Information aus der closure) *vorangestellt*.
   Die neue Umgebung $E_2 = F_3 \to E_1$ ist nun die, in der der Prozedurrumpf (zweite Information aus der closure) evaluiert wird, s. Abb. 2.4.

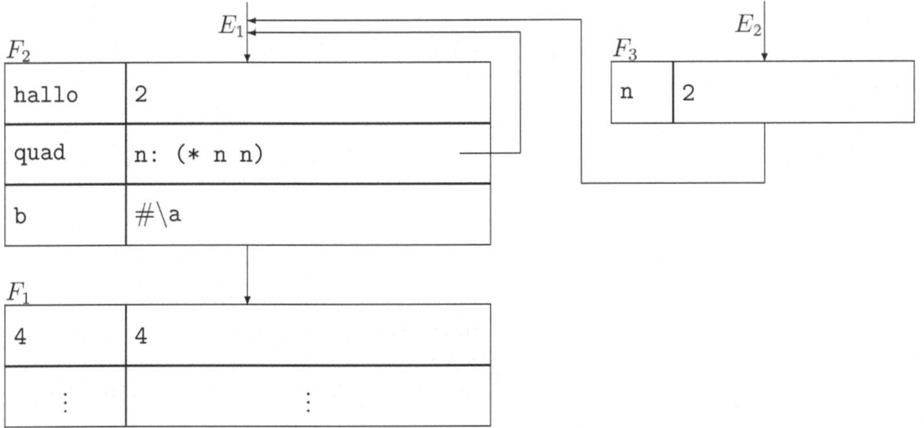

Abbildung 2.4: Umgebungsmodell zur Auswertung von (quad 2)

3. Der Ausdruck (* n n) wird in E_2 ausgewertet. Das Ergebnis ist offensichtlich 4.

4. Mit Abschluss der Evaluation der Prozeduranwendung wird die ursprüngliche Umgebung E_1 als die gültige globale Umgebung wieder hergestellt. D. h. der Rahmen F_3 steht danach nicht mehr zur Verfügung.

Aufgabe 2.22:
Ergänzen Sie das Umgebungsmodell in Abb. 2.4 um den Eintrag, der durch die Auswertung von (`define res (quad 2)`) hervorgerufen wird. Machen Sie sich dabei klar, in welcher Umgebung der jeweils betrachtete Ausdruck evaluiert wird.

Aufgabe 2.23:
Analysieren Sie die Definition von hyp und den Aufruf (hyp 2 3) mit dem Umgebungsmodell.

```
(define hyp
  (lambda (kat1 kat2)
    (sqrt (+ (* kat1 kat1) (* kat2 kat2)))))
```

Aufgabe 2.24:
Machen Sie sich mit dem Umgebungsmodell klar, weshalb die Prozedur quad auch dann
korrekt arbeitet, wenn man den formalen Parameter n in quad umbenennt, so dass sich
die folgende Definition ergibt.

```
(define quad
  (lambda (quad)
    (* quad quad)))
```

Aufgabe 2.25:
Warum führt der Aufruf (fak 3) nach Umbenennung des Parameters n zu fak in der
Definition

```
(define fak
  (lambda (n)
    (if (= n 0)
        1
        (* n (fak (- n 1))))))
```

zum Abbruch mit einer Fehlermeldung wie application: not procedure; expected
a procedure that can be applied to arguments given: 3 arguments...: 2.
Stellen Sie den Mauszeiger im Definitionsfenster von DrRacket auf den formalen Parameter n und nutzen Sie die DrRacket-Unterstützung bei der Umbenennung von Variablen.
Wenn Sie versuchen, n in fak umzubenennen, erhalten Sie die Warnung *The new name
you have chosen, "fak", conflicts with an already established name in this scope.*

2.6.5 Prozeduren mit erweiterter Definitionsumgebung

Im Abschn. 2.2.2 über Prozeduren höherer Ordnung haben wir Prozeduren kennengelernt, die eine Prozedur zurückgeben können. Eine solche ist beispielsweise k-add, die
eine natürliche Zahl k als Eingabe erwartet und eine einstellige Prozedur zurückgibt, die
ihrerseits zu einer eingegebenen Zahl n die Summe $n + k$ ausgibt.

```
(define k-add
  (lambda (k)
    (lambda (n)
      (+ k n))))
```

Aus Abschn. 2.6.4 wissen wir, dass als erstes die Variable `k-add` im Rahmen F_2 eingetragen wird. Ihr Wert ist die closure mit den in Abb. 2.5 angegebenen drei Komponenten.

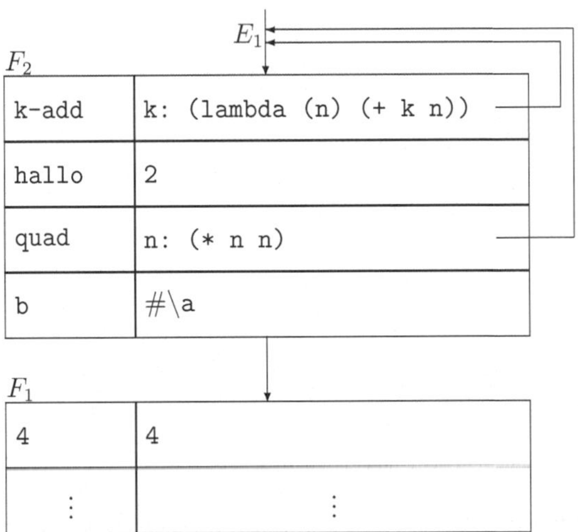

Abbildung 2.5: Umgebungsmodell nach der Definition von `k-add`

Bis hierher gibt es also nichts Neues. Interessant ist nun der Aufruf

```
> (define 3-add (k-add 3))
```

Die Anwendung `(k-add 3)` wird folgendermaßen evaluiert.

1. Erzeuge einen Rahmen F_3 mit $k = 3$ und bilde die Umgebung $E_2 = F_3 \rightarrow E_1$. ($E_1$ deshalb, weil dies die zu `k-add` gehörige Umgebung ist.)

2. Evaluiere den Körper von `k-add`, also `(lambda (n)(+ k n))`, in E_2. Das Ergebnis ist eine closure, deren Definitionsumgebung nicht E_1, sondern E_2 ist.

3. Trage die Variable `3-add` mit diesem Wert in F_2 ein.

Das zugehörige Umgebungsmodell zeigt Abb. 2.6.

Nun wenden wir uns einem Aufrufbeispiel für `3-add` zu.

```
> (3-add 7)
10
```

Die so definierte Prozedur `3-add` arbeitet wie ein „3-Addierer".

Das in Abb. 2.6 dargestellte Umgebungsmodell wird temporär um die Umgebung $E_3 = F_4 \rightarrow E_2$ erweitert, s. Abb. 2.7. In F_4 wird $n = 7$ eingetragen. Danach wird der Ausdruck `(+ k n)` in E_3 evaluiert.

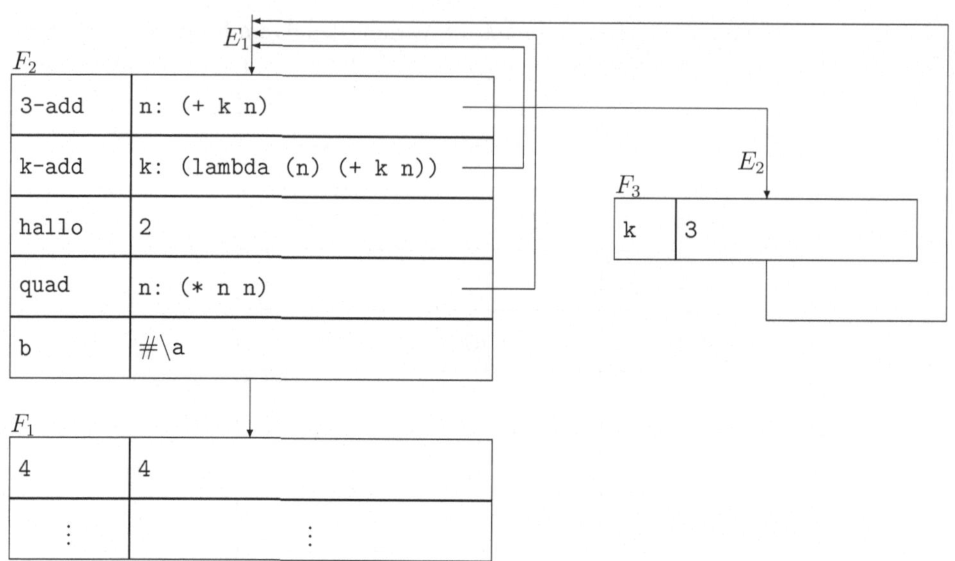

Abbildung 2.6: Umgebungsmodell nach der Definition von 3-add

Aufgabe 2.26:
Ergänzen Sie das Umgebungsmodell in Abb. 2.6 um eine Prozedur 10-add, also um einen
10-Addierer, und spielen Sie danach den Aufruf (10-add 4) durch.

Die Bearbeitung von Aufg. 2.26 wird dringend empfohlen. Dabei wird sich herausstellen,
dass es zwei voneinander völlig unabhängige Rahmen mit $k = 3$ für 3-add und $k =$
10 für 10-add gibt. Sie bilden jeweils das Anfangsglied der Umgebungen, die in der
entsprechenden closure gespeichert werden. Die k's werden also völlig separat verwaltet
und könnten nur von der jeweils zugehörigen Prozedur wertmäßig verändert werden.

Ob 3-add und 10-add physisch identischen Code für den Prozedurkörper verwenden,
hängt von den Details der Racket-Implementierung ab.

Aufgabe 2.27:
Analysieren Sie den Aufruf (g 9) = 36, mit folgender Definition von g mit dem Umgebungsmodell.

```
(define g
  (lambda (m)
    ((lambda (a b)
       (set! a (+ a 1))
       (+ (* a b b) m))
     2
     3)))
```

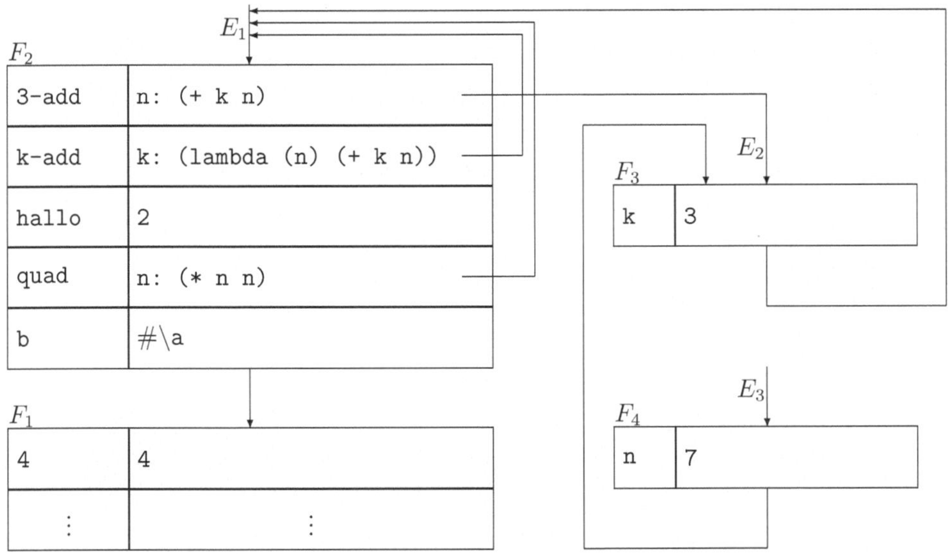

Abbildung 2.7: Umgebungsmodell unmittelbar nach dem Aufruf von (3-add 7)

In diesem `define`-Ausdruck kommen eine Prozedurdefinition und eine Prozeduranwendung vor. Beachten Sie, dass die Anwendung erst bei obigem Aufruf und nicht etwa bei der Definition der Prozedur ausgeführt wird.

2.6.6 Prozeduren mit lokalem Zustand

Wir betrachten die beiden Prozeduren `f1` und `f2` mit folgenden Definitionen.

```
(define f1                    (define f2
  (lambda (n)                   (let ([a 2] [b 3])
    (let ([a 2] [b 3])            (lambda (n)
      (set! a (+ a 1))             (set! a (+ a 1))
      (+ (* a n n) b))))           (+ (* a n n) b))))
```

Warum liefert (f2 4) bei wiederholtem Aufruf unterschiedliche Resultate, (f1 4) hingegen immer 51?

Aus der Sicht guten Programmierstils sind die beiden Definitionen keinesfalls vorbildlich! Sie wurden so gestaltet, um ganz bestimmte Effekte studieren zu können.

Zuerst lösen wir den mit `let` eingebrachten syntaktischen Zucker auf. Dabei ist zu beachten, dass aus (let ([a 2] [b 3]) ...) eine *Anwendung* (nicht etwa eine Prozedur oder closure) entsteht, nämlich ((lambda (a b) ...) 2 3). Die allgemeine Regel heißt:

```
(let ([v1 e1][v2 e2] ... [vn en]) E)
  => ((lambda (v1 v2 ... vn) E) e1 e2 ... en)
```

Die Verwendung von `let` bzw. `letrec` für lokale Gültigkeitsbereiche ist oft sehr bequem und wurde bereits auf S. 23 beschrieben.

Nach dem Ersetzen von `let` haben wir es also mit den folgenden Definitionen zu tun.

```
(define f1                        (define f2
  (lambda (n)                       ((lambda (a b)
    ((lambda (a b)                     (lambda (n)
      (set! a (+ a 1))                   (set! a (+ a 1))
      (+ (* a n n) b))                   (+ (* a n n) b)))
    2                               2
    3)))                            3))
```

Analyse von `f1`

Wir beginnen unsere Analyse bei `f1`. Nach der Definition ergibt sich die in Abb. 2.8 skizzierte Umgebung E_1. Der Wert von `f1` ist also eine closure.

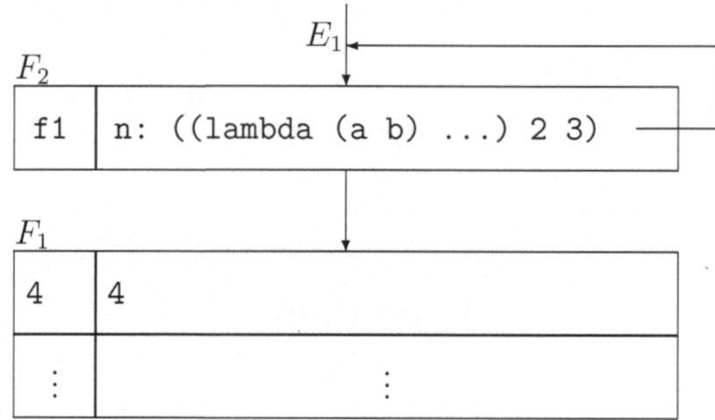

Abbildung 2.8: globale Umgebung (E_1): nutzerdef. (F_2) und eingebaute Variablen (F_1)

Bei Aufruf (`f1 4`) wird der Rumpf der Prozedur, also die Anwendung

```
((lambda (a b)
  (set! a (+ a 1))
  (+ (* a n n) b))
2
3)
```

in der Umgebung E_2 ausgewertet, nachdem der Rahmen F_3 für die Bindung von n eingerichtet wurde. Danach wird F_4 für die Bindungen von a und b aufgesetzt und die Umgebung E_3 gebildet. Das zugehörige Umgebungsmodell zeigt Abb. 2.9.

Die beiden Ausdrücke

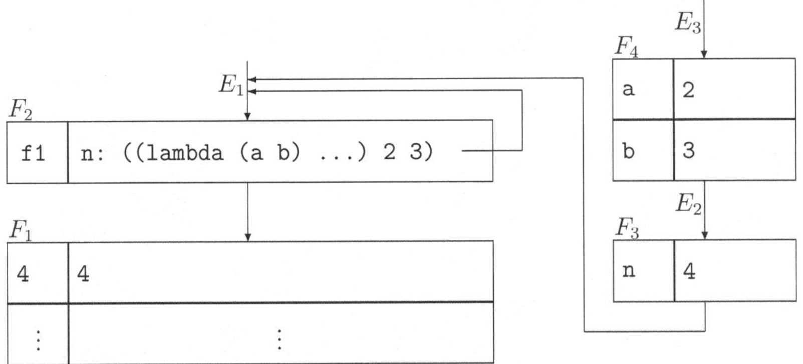

Abbildung 2.9: Umgebungsmodell für den Aufruf (f1 4)

```
(set! a (+ a 1))
(+ (* a n n) b))
```

werden nun in Umgebung E_3 evaluiert. Dabei wird der Wert von a zuerst inkrementiert.
Das Ergebnis ist (+ (* 3 4 4) 3)=51. Danach nimmt das Umgebungsmodell wieder
die in Abb. 2.8 dargestellte Gestalt an.

Wiederholt man den Aufruf unverändert, wird der beschriebene Ablauf reproduziert und
das gleiche Resultat ausgegeben.

Aufgabe 2.28:

Erklären Sie, weshalb (f1 4) die Zahl 30 ausgibt, wenn man alle in der Definition von f1
vorkommenden n in a umbenennt. Scheuen Sie nicht die Mühe, ein dementsprechendes
Umgebungsmodell zu skizzieren.

Analyse von f2

Die Analyse der Definition von f2 führt zu einem ganz anderen Umgebungsmodell, wie
man aus Abb. 2.10 ersehen kann.

Zuerst wird die Anwendung ((lambda (a b) ...) 2 3) in der globalen Umgebung E_1
ausgeführt. Dies erzeugt Umgebung E_2 mit dem Rahmen F_3 für die Bindungen von a
und b. Der λ-Ausdruck (lambda (n) ...) wird in E_2 evaluiert. Das Ergebnis ist eine
closure, die als Wert von f2 in F_2 eingetragen wird. Die zur closure gehörende Umgebung
ist $E_2 = F_3 \to F_2 \to F_1$.

Der Aufruf (f2 4) wird natürlich in der globalen Umgebung E_1 ausgewertet. Abb. 2.11
zeigt das zu diesem Aufruf gehörende Umgebungsmodell.

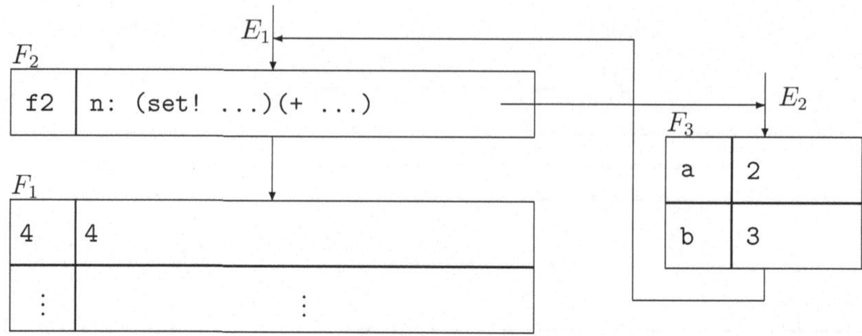

Abbildung 2.10: globale Umgebung (E_1) nach Definition von f2

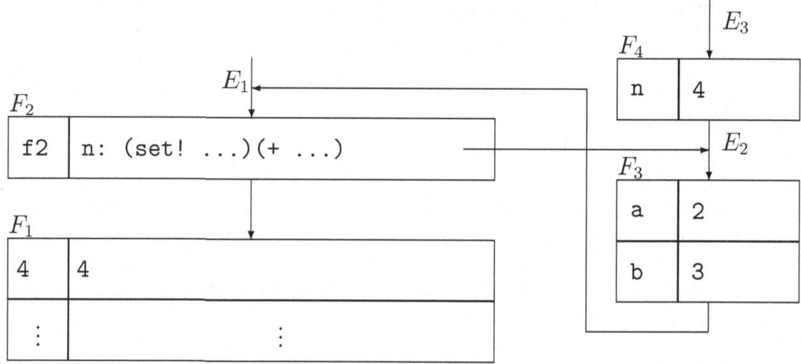

Abbildung 2.11: Umgebungsmodell beim *ersten* Aufruf von (f2 4)

In F_2 bzw. F_1 findet man die Werte von f2 bzw. 4. Für den Parameter n von f2 richten wir zeitweilig den Rahmen F_4, mit $n = 4$, ein.

Da die zu f2 gehörende Umgebung E_2 ist, zeigt der F_4 verlassende Pfeil auf E_2. Der Körper von f2 wird nun in $E_3 = F_4 \rightarrow F_3 \rightarrow F_2 \rightarrow F_1$ evaluiert. Das Ergebnis ist 51.

Aufgrund der Wertveränderung von a nach (set! a (+ a 1)) wird der entsprechende Eintrag in F_3 modifiziert. Darin unterscheidet sich das Umgebungsmodell nach Abschluss der Evaluation von (f2 4) gegenüber dem in Abb. 2.10.

Der Rahmen F_4 und damit auch die Umgebung E_3 gehen verloren. Beim nächsten Aufruf (f2 4) werden sie wieder aufgebaut. Abb. 2.12 zeigt die Umgebung E_3 (mit dem neuen Wert für a in F_3), in der (f2 4) beim zweiten Aufruf ausgewertet wird.

Das Ergebnis ist (+ (* 4 4 4) 3) = 67. Weitere Aufrufe (ohne vorherigen Neudefinition von f2) liefern 83, 99 und 115.

Auf diese Weise lassen sich Zustände, die bestimmte Eigenschaften eines Objektes kap-

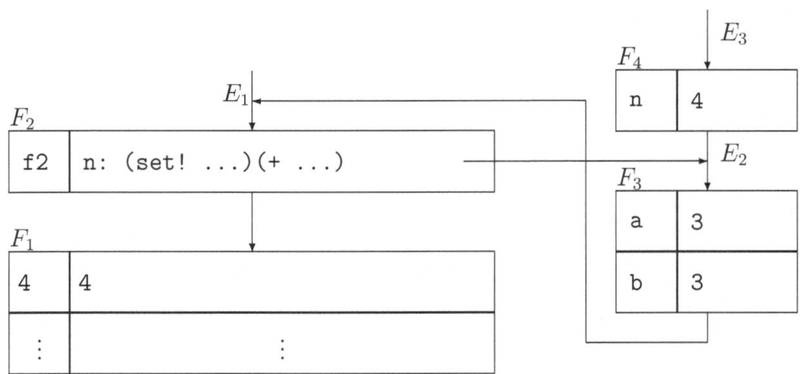

Abbildung 2.12: Umgebungsmodell beim *zweiten* Aufruf von (f2 4)

seln, mit Funktionen modellieren.

Aufgabe 2.29:
Nehmen Sie in der Definition von f2 die (zugegeben unsinnige) Umbenennung aller
vorkommenden n zu a vor und erklären Sie, weshalb danach auch bei sämtlichen Aufruf-
Wiederholungen die Zahl 128 als Wert von (f2 4) ausgegeben wird.

3 Client-Server-Programmierung

3.1 Dezentralisierung von Systemen

Ist es vernünftig, Rechenleistung in Großrechnern zu konzentrieren, Software auf leistungsfähigen Rechnern laufen zu lassen und Rechenzentren einzurichten? Mit der Verbreitung von *Cloud-Computing* erlangen die (schon tot geglaubten) Rechenzentren eine gewisse Renaissance. Daten werden zusammen mit entsprechender Software in der Cloud verwaltet und verarbeitet. Der Datentransfer vom/zum Nutzer erfolgt im Netz. Einem Nutzer stellt sich die Cloud als eine abstrakte IT-Infrastruktur dar, auf deren Konfiguration (Cloud-Stack) je nach Servicemodell in verschiedenem Umfang eingewirkt werden kann.

Neben diesen Zentralisierungen gibt es etablierte Dezentralisierungen: Das WWW (World Wide Web), kurz: *Web*, ist ein Musterbeispiel, dass beinahe jedermann täglich benutzt. Ebenso wie E-Mail ist das Web ein Dienst des *Internets* – einem weltweiten Verbund von Rechnernetzwerken.

Als weitere Form der Dezentralisierung beobachten wir, dass immer mehr Haushaltgeräte (im weitesten Sinn) mit eigenen leistungsfähigen Mikroprozessoren ausgerüstet werden. Man denke beispielsweise an PKW, Waschmaschine und Fernsehgerät. Die Katalysatoren dieser Entwicklung sind der wissenschaftliche Fortschritt auf dem Gebiet der Elektronik/Informatik und sinkende Preise. Die aktuelle Entwicklungsrichtung hat einen Namen: Internet der Dinge und *Industrie 4.0*. Fertigungstechnik und Logistik verändern sich gravierend durch zunehmende Maschine-Maschine-Kommunikation: Eine Maschine „weiß" selbst, wann, wo und wie zu verarbeitende Teile nachbestellt werden müssen, löst derartige Bestellungen aus und vermerkt den Eingang.

Dezentrale Systeme haben einen entscheidenden Vorteil: Sie sind sehr *robust*. Bei zentralen Systemen ist alles tot, wenn die Zentrale tot ist. Verteilte Systeme[1], wie etwa das Internet, arbeiten munter weiter, wenn Teile durch Virenbefall und Datenflaschenhälse ausfallen. Umgekehrt kann es durchaus sinnvoll (oder sogar notwendig) sein, durch einen „zentralistischen Eingriff" (broadcast) eine bestimmte Nachricht an alle oder ausgewählte Netzmitglieder zu übertragen, um eine ganz bestimmte Wirkung zu erzielen.

---

[1] Der Begriff „verteiltes System" wird häufig synonym zu Rechnernetzwerk verwendet. George Coulouris definiert es als ein System, in dem sich Hardware- und Softwarekomponenten auf vernetzten Computern befinden und miteinander über den Austausch von Nachrichten kommunizieren.

Die Verbindung einzelner Computer zu *Computernetzen* und die Kopplung solcher Netze haben das Bild vom Einzelplatz-PC im heimischen Arbeitszimmer beinahe vollständig abgelöst. Heute verfügen die meisten Laptops über einen mehr oder weniger leistungsfähigen Internetanschluss. Lediglich die Rahmenbedingungen (Gebühren usw.) beeinflussen die jeweilige Online-Dauer, mit der jeder standalone-Rechner zum Mitglied des weltweiten Internets wird. Verwendet man geeignete Software, kann man auf Daten und Programme eines entfernten Rechners im Büro oder irgendwo anders von zu Hause aus genauso zugreifen, als säße man dort direkt an dessen Tastatur.

Es liegt also auf der Hand, dass man aus der Vernetzung leistungsfähiger Rechner diversen Nutzen zieht. So werden manche Computer vorzugsweise mit der *Bereitstellung von Dateien*, die für bestimmte Nutzergruppen von Interesse sind, beauftragt. Einige besonders leistungsfähige Rechner können auch mehrere dieser Dienste und spezielle Aufgaben, etwa sehr aufwendige Berechnungen, übernehmen und Ergebnisse an die jeweiligen Auftraggeber zurücksenden.

Diese Arbeitsteilung führt zu *verteilten Anwendungen*, wie eben dem WWW, die über einen gemeinsamen *Protokollstack*, s. Abschn. 3.4, kommunizieren. Einfache verteile Systeme bieten als „Kommunikationsdienste" lediglich Verbindungsaufbau und -abbau, Datenübertragung im Byteformat und einfache Sicherungs- und Fehlerbehandlungsmaßnahmen an.

Netzwerkprogrammierung setzt entweder direkt auf diesem Protokollstack auf (z. B. mit *Sockets*, s. Abschn. 3.4) oder verwendet (mit höherer Abstraktion) eine Zwischenschicht (*Middleware*, wie *RPC*, s. Abschn. 3.6) zur Anwendung hin.

Das bekannteste Kooperationsmodell für Softwarekomponenten in verteilten Systemen ist das *Client-Server-Modell*. Es existiert seit ca. 1984 und basiert auf der Trennung von Diensterbringer (Server) und Dienstnutzer (Client). Im Falle des WWW sprechen wir von Web-Server und Web-Client. Bekannt sind auch Print- und File-Server/Client.

Im Folgenden befassen wir uns exemplarisch mit dem Web, um daran das allgemeingültige Konzept der Client-Server-Programmierung aufzuzeigen. Für den Anwender werden wenigsten Teilantworten auf folgende Fragen gegeben: Was steckt eigentlich hinter dem Surfen im Web? Wie gelangt die gewünschte Seite auf unseren Bildschirm? Welcher Server hat uns dabei bedient und wie kommunizieren die Rechner auf dem Weg zu der manchmal extrem entfernten Datei untereinander? Wie erfolgt die Datenübertragung in beide Richtungen?

3.2 Webbrowser, Webserver und URL

Ein *Webbrowser* ist zunächst eine Software zum Anzeigen (view, rendering) von Web-Seiten auf dem Bildschirm. Firefox und Chrome sind zwei der heute meistverwendeten Browser.

Dokumente, die in bestimmten Verzeichnissen lokal auf dem Computer liegen, öffnet man wie gewohnt durch Angabe des zugehörigen Pfades und Dateinamens. Auch die Dateien, auf die von einem solchen Dokument aus ggf. verwiesen wird, können ohne Zusatzmaßnahmen im Browser angezeigt werden.

Die Dokumente selbst sind in einer Sprache geschrieben, die wir *HTML* (*HyperText Markup Language*) nennen. Wie der Name Hypertext vermuten lässt, ist es für ein HTML-Dokument typisch, Verweise (Links) zu anderen Dokumenten zu enthalten. Fehlerhafte Verweise werden auch tote Links genannt.

Neben der Darstellungskomponente (rendering engine) verfügt ein Webbrowser außerdem über ein Client-Programm, mit dessen Hilfe Webdokumente von frei wählbaren Webservern angefordert werden können. Der Basisdienst eines *Webserver* besteht also darin, das von einem Client angeforderte Webdokument bereitzustellen und dem Client (als Kopie) zuzusenden. Die Adressierung erfolgt mittels *URL*, was *Uniform Resource Locator* bedeutet, und als eine der wichtigsten Erfindungen im WWW-Kontext gilt. Dabei wird die physische Ebene, also die Struktur des Dateisystems, vollkommen verdeckt. Wir haben also keine Chance, das Verzeichnis, in dem sich die gewünschte Datei befindet, zu erfahren oder sogar darauf direkt zuzugreifen.

Wenn wir einen Webserver auf einem (Netzwerk-)Computer installieren, müssen wir festlegen, wer auf diesen Server zugreifen darf und wer nicht. Dieses „wer" bedeutet hier natürlich „welcher Computer", identifizierbar anhand der IP-Adresse[2]. Wird hierzu keine Angabe gemacht, gibt es keine Zugriffsbeschränkung, so dass dieser Server von allen Computern aus erreichbar ist, die mit der richtigen URL eine Verbindung herzustellen versuchen.

Diese und weitere Festlegungen erfolgen in einer *Konfigurationsdatei*, die von außen normalerweise nicht erreichbar ist. Unberechtigtes Lesen dieser Datei wäre auch sehr unerwünscht, denn die Verzeichnisstruktur, auf die sich der Webserver bezieht und die vor fremden Augen verborgen werden soll, ist in der Konfigurationsdatei angegeben.

Auf sehr nützliche Erweiterungen des oben beschriebenen Basisdienstes eines Webservers gehen wir weiter unten ein.

3.3 Webserver ohne und mit DrRacket

3.3.1 Start des Webservers als ausführbare Datei

DrRacket besitzt einen eigenen Webserver als ausführbare Datei, den wir in einem Eingabefenster (außerhalb von DrRacket) wie folgt starten.

---

[2]IP steht für Internet Protocol. Die IP-Adresse eines Rechners, der in ein bestimmtes Netz eingebunden ist, erfragt man beim Systemadministrator. Näheres findet sich in Abschn. 3.4.

```
C:\Program Files\Racket>plt-web-server.exe -p 81
```

Der Webserver läuft nun auf dem localhost und ist bereit, auf Port 81 Client-Anfragen (client requests) entgegen zu nehmen.

Abbildung 3.1: `plt-web-server.exe` steht in der Task-Liste

Ein Blick in die Task-Liste, s. Abb. 3.1, zeigt, dass der Webserver läuft. Diese Sprechweise bedeutet, dass das Programm `plt-web-server.exe` gestartet wurde und da es eine Endlosschleife enthält, läuft es ununterbrochen weiter, bis man es durch äußere Gewalt (Ctrl+C) beendet. Solche Programme nennt man auch *Dämonen*. Dämonen halten sich im Hintergrund, bis sie bei einer bestimmten Gelegenheit ihre Wirkung entfalten.

Nun soll ein *Webclient* im Browser (z. B. Firefox) einen ersten Kontakt zu unserem Webserver herstellen und ein bestimmtes Dokument anfordern (downloaden), s. Abb. 3.2. Die dafür notwendige URL

```
http://localhost:81/
```

bestimmt den Computer, den man in diesem Zusammenhang als *Host* (Wirt) bezeichnet. Da der Server auf unserem lokalen Arbeitsplatzcomputer läuft, heißt er `localhost`. Kennt man die (ggf. vorhandene) IP-Adresse dieses Rechners, hier 127.0.0.1, so kann man diese anstelle von `localhost` eingeben. Mitunter ist das sogar notwendig, um ihn zu finden, nämlich dann, wenn kein Dienst existiert, der sich um die Namensauflösung kümmert.

Den Anfang der URL bildet der Name des *Protokolls*, also der Sprache, in der Webclient und Webserver (in beiden Richtungen) miteinander kommunizieren. Es heißt `http` und bedeutet *HyperText Transfer Protocol*. Andere gängige Protokolle sind *telnet* oder *ftp* (file transfer protocol), s. Abschn. 3.4, die ihrerseits entsprechende Server erfordern.

Welcome to the Racket Web Server

Find out more about writing servlets by reading the Continue tutorial in the Help Desk.

Find out more about the server by reading its reference manual in the Help Desk.

Please replace this page with your favorite index page.

Powered by Racket

For more information on Racket, please follow the icon link.

Abbildung 3.2: Client bezieht Datei `index.html` vom Webserver

Offensichtlich enthält die URL keine Angabe zur angeforderten Datei. In diesem (sehr häufigen) Fall ist die `index`-Datei (`index.html` bzw. `index.htm`) gemeint. Der Webserver verfügt über die Vorgabeeinstellung (Konfiguration): „Sende `index.html` bzw. `index.htm`, wenn in der URL keine Datei angegeben wurde." Selbstverständlich kann auch die Langform, nämlich `http://localhost:81/index.html`, verwendet werden.

Die Datei `index.html` finden wir im Verzeichnis `C:\Program Files\Racket\share \pkgs\web-server-lib\web-server\default-web-root\htdocs`. Dies ist das Wurzelverzeichnis des Webservers. Hier kann man Unterverzeichnisse für eigene Webseiten anlegen. Da wir über den lokalen Computer verfügen, dürfen wir einen Blick auf die sonst so abgeschotteten Verzeichnisinhalte werfen. Das *Webserver-Wurzelverzeichnis* trägt bei typischer *Konfiguration* den Namen `...\htdocs`.

Aufgabe 3.1:
Suchen Sie die genannten Dateien im jeweiligen Verzeichnis und folgen Sie nach dem im Weiteren beschriebenen Vorgehen. Scheuen Sie nicht, den Webserver nach Veränderungen in der Konfiguration ggf. heruntergefahren und anschließend wieder zu starten.

Sämtliche Dateien, die von unserem Webserver für Client-Anforderungen bereitgehalten werden, liegen in diesem `htdocs`-Verzeichnis. Exemplarisch legen wir ein Verzeichnis `xxx` in `htdocs` an, in das wir die oben verwendete `index.html`-Datei hineinkopieren. Mit

```
http://localhost:81/xxx/
```

wird diese Seite im Browser angezeigt.

Manchmal ist es wünschenswert, bestimmte Web-Seiten vor unberechtigtem Zugriff zu schützen. Hierfür ist ein Datenpaar in der Kennwort-Datei

```
C:\Program Files\Racket\share\pkgs\web-server-lib\web-server
                                    \default-web-root\passwords
```

einzutragen. Das Datenpaar besteht aus einem Nutzernamen (login) und einem Kennwort (password). Außerdem kann man einen kleinen Text, der den potenziellen Nutzer instruiert, angeben. Mit `alle` (login) und `geheim` (password) wollen wir alle Dateien im Verzeichnis **xxx** sichern. Deshalb *ergänzen* wir die bestehende `passwords`-Datei.

```
'(("secret stuff" "/secret(/.*)?" (bubba "bbq") (|Billy| "BoB"))
  ("Top secret!" "/xxx(/.*)?" (alle "geheim")))
```

Im Anschluss daran muss der Webserver mit der veränderten `passwords`-Datei bekannt gemacht werden.

```
http://localhost:81/conf/refresh-passwords
```

Dies wird mit einer Webseite quittiert, deren wesentlicher Inhalt aus `The Web server is now using the new password file.` besteht.

Nach dieser Vorbereitung erscheint nach

```
 http://localhost:81/xxx/
```

eine *Authentifizierungsaufforderung* wie in Abb. 3.3, die man mit `alle`/`geheim` erfüllt.

Abbildung 3.3: Bereich mit Zugriffsschutz (Chrome)

Obwohl unsere Experimente aus Gründen der Bequemlichkeit auf einem lokalen Computer stattfinden, laufen die beschriebenen Prozesse für örtlich beliebig getrennte Systeme ebenso.

3.3.2 Start des Webservers aus DrRacket heraus

Der Webserver lässt sich auch aus dem Racket-System heraus konfigurieren und starten. Die Vorgabekonfiguration

```
C:\Program Files\Racket\share\pkgs\web-server-lib
                \web-server\default-web-root\configuration-table.rkt
```

kann bei Bedarf (analysiert bzw.) modifiziert werden. Den kompletten Pfad erhält man
bequemer als Wert von `default-configuration-table-path`.
Die Datei `configuration-table.rkt` hat (beispielsweise) den folgenden Inhalt:

```
((port 80) (max-waiting 40) (initial-connection-timeout 30)
(default-host-table
   (host-table (default-indices "index.html" "index.htm")
...
(file-root "htdocs") (servlet-root ".")
(password-authentication "passwords")))) (virtual-host-table))
```

Wir kommentieren einige wichtige Elemente dieser Konfigurationsliste:

`port` legt den sog. *Port* fest, an dem der Webserver auf *Anforderungen* (*requests*) von
Clienten wartet. Ports sind so etwas wie Eingangskanäle, an denen Dämonen darauf
warten, einen request vorzufinden. Zu diesem Zweck „schauen" sie von Zeit zu Zeit
immer mal wieder nach, ob etwas anliegt. Dieses Verhalten hat dazu geführt, dass
dies von Systemgurus unter der Formulierung „Der Webserver lauscht oder gar
schnarcht an Port 80." gefasst wird, s. Abschn. 3.4. Die Portnummer 80 ist der für
Webserver übliche Wert. Prinzipiell kann er verändert werden.

`max-waiting` beschränkt die Anzahl der Clienten, die sich in einer Warteschlange darauf gedulden müssen, vom Webserver abgefertigt zu werden. Diese Zahl ist für
unsere Experimente eher unbedeutend, da die Abfertigung des request sehr schnell
geht und eine aufgebaute Verbindung zum Client nach der *Serverantwort* (*respon-
se*) sofort wieder getrennt wird. Außerdem können mehrere requests quasiparallel
behandelt werden.

`configuration-root` ist das Unterverzeichnis `conf` innerhalb des Webserver-Wurzelver-
zeichnisses. Dort finden sich die html-Dateien, die unter `messages` in der Konfigurationsliste genannt werden.

`initial-connection-timeout` legt die Wartezeit in Sekunden fest, die ein Webserver
nach dem Herstellen einer Verbindung zu einem Client aufbringt, um dessen request zu empfangen. Da ein Webclient unverzüglich nach dem Verbindungsaufbau
seinen request an den Server schickt, braucht letzterer nicht lange zu warten.

`default-indices` wurden weiter oben beschrieben. Die hier verwendeten Werte sind
typisch.

Wichtig sind alle Pfadangaben (paths), darunter:

`host-root` bestimmt das *Wurzelverzeichnis des Webservers* auf unserem Host. Das hier
angegebene Verzeichnis `default-web-root` ist ein Unterverzeichnis unseres Web-
Verzeichnisses. Wir finden es in dem weiter oben dafür angegebenen Verzeichnis.

`htdocs` ist das *Datei-Wurzelverzeichnis*. Es findet sich ebenfalls im Wurzelverzeichnis
des Webservers. In diesem Verzeichnis und darunter werden sämtliche Dateien, die
für den Webserver erreichbar sind, erwartet.

Die hier angegebene Konfiguration ist nur ein Beispiel, das wir leicht modifizieren könnten. Wir empfehlen jedoch, dies vorerst nicht zu tun.

Um in Racket einen (sehr einfachen) Webserver aufzusetzen, muss zuerst die gewünschte
Konfiguration erzeugt werden. Die Vorgabekonfiguration generiert man leicht aus der
„Tabelle", die als erstes eingelesen wird.

```
(require web-server/configuration/configuration-table)
(require web-server/web-config-unit)
(require web-server/web-server)

(define my-config-table
  (read-configuration-table default-configuration-table-path))
```

Mit `(configuration-table->sexpr my-config-table)` kann die mit `my-config` benannte Konfigurationstabelle in den oben angegebenen, gut lesbaren Racket-Ausdruck
(genauer S-Expression) überführt werden. Im nächsten Schritt erzeugen wir die eigentliche Konfiguration des Webservers:

```
(define my-web-config
  (configuration-table->web-config@
    default-configuration-table-path
    #:port 82))
```

Als Portnummer wird in diesem Beispiel die 82 verwendet. Sie überschreibt den in der
Konfiguration angegebenen Wert. Außerdem ist es möglich, weitere Attribute[3], wie etwa
eine IP-Adresse, anzugeben.

Mit der in folgender Definition enthaltenen Prozeduranwendung starten wir den konfi-
gurierten Webserver:

```
(define my-server (serve/web-config@ my-web-config))
```

Neben dem Server-Start wird eine Prozedur `my-server` definiert, mit der wir den Webserver stoppen können: `(my-server)`.

Der Webserver in unserem Beispiel liefert lediglich die `index.html`-Datei aus. Deren
Inhalt wird im Browser angezeigt, wenn man die URL `http://localhost:82/` verwendet. Fehlende Administratorrechte können eine hier zu ignorierende Fehlermeldung
(`dispatch-log.rkt Error writing log entry`) hervorrufen.

Es entsteht ein Browser-Bild wie in Abb. 3.2.

---

[3]Verwendet man beim Aufruf eine IP-Adresse, so werden vom Webserver nur solche requests empfangen, die von einem Webclient des damit spezifizierten Rechners stammen. Eine solche Einschränkung
ist eher temporär und zu Test- oder besonderen Sicherheitszwecken üblich.

3.4 Kommunikationsprotokolle: TCP/IP

In Abschn. 3.1 haben wir bereits auf den Protokollstack verteilter Anwendungen verwiesen. Dies gilt auch für HTTP.

Zur systematischen Darstellung des Aufbaus und Zusammenwirkens von Protokollen der TCP/IP-Familie eignet sich das TCP/IP-Referenzmodell[4], s. Abb. 3.4, Spalte 2.

Es umfasst vier Abstraktionsschichten aufeinander aufbauender Protokolle.

OSI-Schicht	TCP/IP-Schicht	Beispiel
Anwendungen (7)	Anwendungen	HTTP, UDS, FTP, SMTP, POP, Telnet, OPC UA
Darstellung (6)		
Sitzung (5)		
		SOCKS
Transport (4)	Transport	TCP, UDP, SCTP
Vermittlung (3)	Internet	IP (IPv4, IPv6), ICMP (über IP)
Sicherung (2)	Netzzugang	Ethernet, Token Bus, Token Ring, FDDI, IPoAC
Bitübertragung (1)		

Abbildung 3.4: Referenzmodelle für TCP/IP-Netzwerkprotokolle

TCP steht für *Transmission Control Protocol* und *IP* für *Internet Protocol*. HTTP (Hypertext Transfer Protocol) gehört zur Anwendungsschicht und macht von TCP/IP Gebrauch. Während IP einen Vermittlungsdienst für Datenpakete bereitstellt, verbindet TCP zwei Netzwerkteilnehmer, um Datenströme zuverlässig[5] zu versenden.

Jeder Rechner im Internet muss eine Implementation von TCP und IP besitzen. Dabei werden *Sockets* – eine Art Software-Stecker oder -Steckdose für die sog. Ende-zu-Ende-Kommunikation – verwendet. Ein Socket ist ein Paar bestehend aus einer IP-Adresse, wie z. B. 146.27.122.12, und einem Port, wie etwa 80 für HTTP.

Jeder Client-Request bewirkt, dass eine TCP-Verbindung eröffnet wird. Dadurch können die TCP-Datenübertragungsdienste von HTTP genutzt werden. Nach Abschluss der Übertragung wird die Verbindung automatisch geschlossen. Da diese strikte Abkopplung des Webservers vom Client ggf. unerwünscht ist, hat man sich Maßnahmen ausgedacht, die es dem Server gestatten, einen ihm bekannten Client bei Folgeanmeldungen wiederzuerkennen. Zu diesem Zweck speichert der Server kleinere Datenmengen, *Cookies* genannt, auf der Client-Seite, falls der betreffende Client damit einverstanden ist.

---

[4]Auch das OSI-Modell (Open Systems Interconnection) ist sehr gut etabliert und in Abb. 3.4 in Spalte 1 dargestellt, wird hier jedoch nicht vertieft.

[5]Im Gegensatz zu dem verbindungsorientierten TCP ist UDP (User Datagram Protocol) ein verbindungsloses unzuverlässiges Protokoll, das im Modell ebenfalls zur Transportschicht gehört.

Bei Verbindungsneuaufbau werden diese Daten an den Webserver übertragen. Auf diese Weise kann eine gewisse „Bekanntschaft" des Clienten simuliert werden, wodurch man die aus Anwendersicht (gelegentlich) unerfreulichen Konsequenzen des *zustandslosen HTTP-Protokolls* abzufedern versucht.

DrRacket stellt uns Sprachelemente zur Verfügung, mit denen eine TCP/IP-Kommunikation mit geringem Aufwand installiert werden kann. Außerdem kommen Prozeduren mit mehrwertigem Kontext (s. Abschn. 2.1.5) zum Einsatz. Unsere Experimente finden wieder auf ein und demselben Rechner statt. Wir entwickeln einen Fibonacci-Server: Hat er eine natürliche Zahl (als Zeichenkette) vom Client empfangen, berechnet er die zugehörige Fibonacci-Zahl und sendet sie an den Client zurück. Zu beachten ist, dass es sich hierbei nicht um einen Webserver, sondern einen einfachen TCP-Server, handelt.

```
(define server
  (lambda (port)
    (define listener (tcp-listen port))
    (define handle
      (lambda (inport outport)
        (let ([from-client (read inport)])
          (let-values ([(server-id client-id)(tcp-addresses inport)])
            (printf "Received from client ~s: ~s~n" client-id from-client)
            (if (number? (string->number from-client))
                (write (servertask (string->number from-client)) outport)
                (write "String does not represent a number!" outport))))))
    (define accept-and-handle
      (lambda (listener)
        (define-values (in out) (tcp-accept listener))
        (handle in out)
        (close-input-port in)
        (close-output-port out)))
    (define (loop)
      (accept-and-handle listener)
      (loop))
    (loop)))

(define servertask
  (lambda (inp)
    (define fib
      (lambda (n)
        (if (< n 2)
            1
            (+ (fib (- n 1))(fib (- n 2))))))
    (number->string (fib inp))))
```

Der Server wird mit (server 12345) gestartet und mit dem Stop-Knopf aus der Racket-

Entwicklungsumgebung heraus beendet.

Mit `tcp-listen` definieren wir einen an Port 12345 „lauschenden" Server. Auf die Formulierung „lauscht an Port n" haben wir weiter oben schon kurz hingewiesen. Dies darf man sich jedoch nicht als einen Abschluss in physikalisch-technischem Sinn vorstellen. Es handelt sich vielmehr um Prozesse, die solchen Portnummern zugeordnet werden. Diese Prozesse laufen als Dämonen und werden durch ein übergeordnetes Programm zur Ablaufkontrolle auf Anforderung vermittelt. Trifft also ein Client-Request ein, so wechselt der *zuständige* Prozess seinen *Zustand* von „vorhanden" (exist) zu „bereit" (ready). Prozesse, die zur Ausführung bereit sind, erhalten vom Betriebssystem zeitlich begrenzte Rechnerleistung (Prozessorzugriff). In Wirklichkeit wird nicht mit einem einzigen Prozess je Port gearbeitet, sondern mit mehreren dementsprechenden *Kindprozessen*, deren Anzahl in der Konfiguration begrenzt werden kann.

Unser Server läuft auf dem Rechner, auf dem er gestartet wurde. Die Menge der Clienten, die auf diesen Server zugreifen dürfen, wurden nicht eingeschränkt. Die Warteschlange für interessierte Clienten hat die Vorgabelänge 4. Nicht alle Einzelheiten der oben angegebenen Prozedur sind für das konzeptionelle Verständnis erforderlich.

```
(define client
  (lambda (data)
    (if (string? data)
        (let-values ([(inport outport)(tcp-connect "127.0.0.1" 12345)])
          (write data outport)
          (close-output-port outport)
          (letrec
              ((waiting-for-server-response
                (lambda ()
                  (if (eof-object? inport)
                      (waiting-for-server-response)
                      (let-values ([(client-id server-id)
                                    (tcp-addresses inport)])
                        (printf
                         "Received from the server ~s: ~s~n"
                         server-id (read inport)))))))
            (waiting-for-server-response)))
        (display "The input is not a string."))))
```

`tcp-accept` nimmt einen `tcp-listener`-Wert und antwortet in einem *Zweiwertkontext*. D. h., dass zwei Port-Werte zurückgegeben werden, ein Eingabeport, über den Clientanforderungen empfangen, und ein Ausgabeport, über den Serverantworten abgesetzt werden. Um die Suche hierfür verfügbarer freier Ports brauchen wir uns nicht zu kümmern.

`tcp-addresses` gibt zwei Zeichenketten zurück, eine für die IP-Adresse des Rechners auf dem der Server läuft und eine für den Client-Rechner.

```
#lang racket
(define client
  (lambda (data)
    (if (string? data)
        (let-values
            ([(inport outport)(tcp-connect "127.0.0.1" 12345)]) ; ggf. anpassen
          (write data outport)
          (close-output-port outport)
          (letrec
              ((waiting-for-server-response
                (lambda ()
                  (if (eof-object? inport)
                      (waiting-for-server-response)
                      (let-values
                          ([(client-id server-id)(tcp-addresses inport)])
                        (printf
                         "Received from the server ~s: ~s~n"
                         server-id
                         (read inport)))))))
            (waiting-for-server-response)))
        (display "The input is not a string."))))
```

```
#lang racket
(define server
  (lambda (port)

    (define listener (tcp-listen port))

    (define handle
      (lambda (inport outport)
        (let ([from-client (read inport)])
          (let-values ([(server-id client-id)(tcp-addresses inport)])
            (printf "Received from client ~s: ~s~n" client-id from-client)
            (if (number? (string->number from-client))
                (write (servertask (string->number from-client)) outport)
                (write "String does not represent a number!" outport))))))

    (define accept-and-handle
      (lambda (listener)
        (define-values (in out) (tcp-accept listener))
        (handle in out)
        (close-input-port in)
        (close-output-port out)))

    (define (loop)
      (accept-and-handle listener)
      (loop))

    (loop)))

(define servertask
  (lambda (inp)
    (define fib
```

```
Welcome to DrRacket, version 6.3 [3m].
Language: racket; memory limit: 2048 MB.
> (client "12")
Received from the server "127.0.0.1": "233"
> (client "24")
Received from the server "127.0.0.1": "75025"
>
```

```
Welcome to DrRacket, version 6.3 [3m].
Language: racket; memory limit: 2048 MB.
> (server 12345)
Received from client "127.0.0.1": "12"
Received from client "127.0.0.1": "24"
```

Abbildung 3.5: TCP-basierte Client-Server-Kommunikation

Bei unseren Experimenten, die auf dem Arbeitsplatz-Computer stattfinden, werden diese beiden Adressen im Allgemeinen übereinstimmen.

Der Client verwendet `tcp-connect`, um eine Verbindung zum Server herzustellen.

Obwohl der Server mit natürlichen Zahlen rechnet, muss der Client die Argumente in Zeichenketten verpacken. Abb. 3.5 zeigt eine Beispiel-Kommunikation. Hierfür wurden zwei DrRacket-Instanzen verwendet. Im linken Fenster läuft der Server, im rechten nimmt ein Client Kontakt mit dem Server auf und empfängt dessen Antworten.

Man sollte sich vor Experimenten mit all zu großen Eingabezahlen hüten, da sie u. U. einen sehr langen Berechnungsprozess der zugehörigen Fibonaccizahlen erfordern. Muss man ihn mit dem Break-Knopf abbrechen, ist ein Serverneustart dringend zu empfehlen.

Aufgabe 3.2:
Es ist völlig gleichgültig auf welchem Rechner der Server läuft. Lediglich die IP-Adresse dieses Rechners und der vorgesehene Port sind in der Definition von `client` anzupassen. Wenn möglich: Übertragen Sie das beschriebene Client-Server-Kommunikationsbeispiel auf die Gegebenheiten im Netz: Wählen Sie einen Rechner aus, auf dem der Fibonacci-Server läuft und beanspruchen Sie dessen Dienste von mehreren Client-Computern.

3.5 Webserver mit Zusatzdiensten

3.5.1 Webserver auf der Basis von TCP/IP

Vom TCP-Server aus Abschn. 3.4 zum Webserver ist es nur ein kleiner Schritt: Wir müssen lediglich die Definition der Prozedur `handle` anpassen und – aus programmiertechnischen Gründen – eine Bibliothek zur Bearbeitung der URL. Alles andere bleibt unverändert und der Server arbeitet als Webserver mit bekanntem Fibonaccizahl-Berechnungsdienst.

Es reicht also nicht, die berechnete Fibonaccizahl wie beim TCP-Server einfach in die Standardausgabe zu schreiben. Vielmehr müssen wir dafür sorgen, dass eine korrekte HTTP-Antwort gebildet wird. Was dafür um einzelnen notwendig ist, kann man anhand der `display`-Zeilen erahnen. Eine separate Behandlung des HTTP-Protokolls ist hier nicht vorgesehen.

```
(require xml net/url)

(define handle
  (lambda (in out)
    (define param
      (cdar
        (url-query (string->url (cadr (string-split (read-line in)))))))))
```

```
(display "HTTP/1.0 200 Okay\r\n" out)
(display
  "Server: FibonacciServer\r\nContent-Type: text/html\r\n\r\n" out)
(display "<html><body>" out)
(display (servertask (string->number param)) out)
(display "</body></html>" out)))
```

Der Webserver wird mit `(server 12345)` gestartet, wenn er auf Port 12345 laufen soll.

Um einen Parameter für die Bildung der zugehörigen Fibonacci-Zahl an den Server zu übergeben, verwendet man einen GET-Request: Die jeweilige URL enthält dann einen *Query String*, der mit einem Fragezeichen beginnt und die entsprechenden Parameter als durch & untereinander getrennte Name-Wert-Paare enthält.

In unserem Beispiel hat die im Browser (Webclient) verwendete URL folgendes Aussehen: `http://localhost:12345/?a=12`.
Im konkreten Fall erhält man `<html><body>233</body></html>` als Ergebnis, denn fib(12)=233.

Aufgabe 3.3:
Nehmen Sie die angegebene Anpassung im Racket-Code vor und experimentieren Sie mit dem Webserver.

Aufgabe 3.4:
Verwenden Sie die Entwicklerwerkzeuge des von Ihnen verwendeten Browsers und analysieren Sie die Http-Kommunikation.

Die Entwicklung eigener speziell anpassbarer Webserver (beispielsweise mit NodeJS) ist im Zusammenhang mit Single Page Webapplications (SPA) heute sehr populär.

3.5.2 Common gateway interface (CGI)

Wie unser Beispiel in Absch. 3.5.1 zeigt, ist die Leistungsfähigkeit von Webservern nicht auf ein einfaches Bereitstellen statischer Seiten beschränkt. Webserver können Zusatzdienste anbieten und zur Übernahme von Daten mit dem Nutzer interagieren. Der Zusatzdienst wurde in der Prozedur `servertask` angelegt. Serverseitig sind nicht nur Berechnungen, sondern auch *Datenbankabfragen* denkbar, so wie das im Web beispielsweise bei Auskunfts- oder Einkaufssystemen der Fall ist. In der Racket-Terminologie sind Webserver daher spezielle Dispatcher.

Wenn ein Webserver als ausführbares Programm zusammen mit einer Konfigurationsdatei bereitsteht, so wie das in Abschn. 3.3.1 vorgestellt wurde, hat man nicht die Möglichkeit, eine `servertask` zu definieren. Eine einfache (inzwischen nur noch selten anzutreffende) Technologie heißt *CGI*, und bezeichnet das *common gateway interface*. Wie der

Name schon vermuten lässt, handelt es sich dabei nicht um ein Programmiersystem, das serverseitige Programmierung solcher Dienste ermöglicht, sondern um eine *Schnittstelle*, an der Eingabedaten in Empfang genommen werden können. Nach deren Verarbeitung durch das dafür ausgewählte Programm wird ein Ergebnisdokument an dieser Schnittstelle zur Abholung bereitgehalten.

Das verarbeitende Programm kann in einer nahezu beliebigen Programmiersprache geschrieben sein. Die einzige Voraussetzung ist, dass es auf dem Server einen entsprechenden Interpreter dafür gibt. In der Praxis verwendet man vor allem Perl, C und Maschinencode. Unter Unix kommen außerdem shell scripts zum Einsatz. Das Windows-Pendant sind Batch-Dateien.

Ein CGI-Skript, wie z. B. `hello.cgi`, wird lt. Konfiguration im `cgi-bin`-Verzeichnis des Webservers abgelegt und in der Form `http://localhost/cgi-bin/hello.cgi` aufgerufen. Dies kann sowohl im Browser als auch aus einem HTML-Dokument (Formular) heraus geschehen.

Der Inhalt einer CGI-Datei besteht aus der Dienstdefinition (analog `servertask`) und der HTTP-Antwortgenerierung (HTTP-Header, analog `display`-Zeilen von weiter oben). Dem Ergebnis-HTML-Dokument (dynamische Webseite) muss also ein HTTP-Header mit wichtigen Informationen für den Browser vorangestellt werden. Dies alles muss durch das betrachtete CGI-Programm in die Standardausgabe geschrieben werden. Über diesen TCP-Kanal wird es dann weitergeleitet.

Die CGI-Technologie hat zwei entscheidende Nachteile: Zum einen muss für jedes CGI-Programm den HTTP-Standardheader „per Hand" angegeben werden. Dies sollte auch automatisch möglich sein. Der Hauptnachteil besteht darin, dass jedes CGI-Programm bei seiner Ausführung einen neuen Prozess eröffnet. Diese ressourcenintensive Form ist der Verwendung von Threads („leichtgewichtige" Prozesse), s. Abschn. 7.2, unterlegen.

Servlets, s. Absch. 3.5.3, überwinden diese Nachteile, sodass deren Verwendung die der CGI-Technologie weitestgehend abgelöst hat. Obwohl Racket entsprechende Sprachelemente für CGI bereitstellt, wollen wir auf deren exemplarische Anwendung hier verzichten.

3.5.3 Servlets

Servlet ist ein Kunstwort, das wohl analog zu Applet (aus der Java-Programmierung) gebildet wurde. Es bezeichnet kleinere Programme, die auf Server-Seite laufen. Sie sind den CGI-Skripts sehr ähnlich, haben aber den Vorteil, dass sie weniger ressourcenhungrig sind. Bei jedem (auch wiederholtem) Start eines CGI-Programms wird ein neuer Prozess erzeugt. Dies kostet vor allem Performance, reduziert also die Ausführungsgeschwindigkeit, denn die Prozesserzeugung und -verwaltung verbrauchen erhebliche Ressourcen.

Servlets werden hingegen so implementiert, dass sie – einmal geladen – im Speicher verbleiben und keinen neuen Prozess bewirken. Sie wirken also wie dynamisch ladbare

Dateien. Dies hat den (unerheblichen) Nachteil, dass Veränderungen an einem bereits gestarteten Servlet beim Webserver registriert werden müssen.

Racket stellt Sprachelemente bereit, die uns die Arbeit mit Servlets ermöglichen, indem wir von der weiter oben betrachteten TCP/IP-basierten HTTP-Kommunikation abstrahieren.

```
(require web-server/servlet
         web-server/servlet-env)


(define my-app
  (lambda (req)
    (response/xexpr
     `(html (head (title "MiniWebApp"))
            (body (p "Hier geht es um Servlets."))))))


(serve/servlet my-app)
```

Die in my-app verwendeten Symbole html, head, body und p sorgen für die Strukturierung des in der Antwort (response/xexpr) zu generierenden HTML-Dokuments.

Das Sprachelement serve/servlet startet einen (vorkonfigurierten) Servlet-Webserver, der Servlets verarbeiten kann:

```
Your Web application is running at
                        http://localhost:8000/servlets/standalone.rkt.
Stop this program at any time to terminate the Web Server.
```

serve/servlet verfügt über eine Vielzahl von Schlüsselworten, mit denen die Vorkonfiguration modifiziert werden kann. Auch das automatische Öffnen des Browsers kann unterdrückt werden.

In der Java-Welt spricht man von Servlet-Containern[6], also eine Laufzeitumgebung zur JavaServlet-Verarbeitung. Vom Ansatz her ähneln Racket-Servlets den JavaServerPages (JSP): Man erkennt das Template-Konzept. Mittels Quasiquote, s. Abschn. 1.3.7, ist es leicht möglich, die Seite sehr übersichtlich zu beschreiben und ausführbare Elemente besonders zu kennzeichnen. Davon macht das folgende Beispiel bei der Bestimmung des aktuellen Datums (current-date) Gebrauch.

```
(require racket/date)
(require web-server/servlet
         web-server/servlet-env)


(date-display-format 'german)
```

---

[6]Für die entsprechenden Java-basierten Technologien ist in der Praxis der Einsatz des Apache Tomcat (http://tomcat.apache.org/) sehr verbreitet.

```
(define my-app
  (lambda (req)
    (response/xexpr
      '(html (head (title "MiniWebApp"))
             (body (p "Heute ist der "
                      ,(date->string (current-date)) "."))))))

(serve/servlet my-app)
```

Danach steht im Browserfenster: Heute ist der 05. März 2016. Der Dateiinhalt ist:

```
<html>
  <head>
    <title>MiniWebApp</title>
  </head>
  <body>
    <p>Heute ist der 5. März 2016.</p>
  </body>
</html>
```

Aufgabe 3.5:
Erweitern Sie dieses Beispiel so, dass nach jeder Sekunde die Zeitangabe auf der Webseite
aktualisiert wird.

Web-Anwendungen begnügen sich im Allgemeinen nicht damit, in sich abgeschlossene
Servlets auszuführen. Meist werden zu verarbeitende Daten an das Servlet übergeben.
Dies geschieht entweder mit der HTTP-GET-Methode, wie in Abschn. 3.5.1 vorgestellt
wurde, oder mit der HTTP-POST-Methode. GET eignet sich für kleinere Datenmengen
und hat gegenüber POST den Nachteil, dass die Daten im Query String des URL für
jedermann sichtbar sind.

Formulare sind Mittel der Interaktion des Nutzers mit der Web-Anwendung. Sie nehmen
die Nutzereingaben entgegen und leiten sie (je nach Angabe mit GET oder POST) an
ein Servlet zur Verarbeitung weiter. Das folgende Beispiel erwartet die Eingabe einer
natürlichen Zahl und liefert eine Seite mit der zugehörigen Fibonacci-Zahl zurück.

```
#lang racket
(require web-server/http/bindings)
(require web-server/http/xexpr)
(require web-server/servlet-env)

(define fib
  (lambda (n)
    (if (< n 2)
        1
        (+ (fib (- n 1))(fib (- n 2)))))))
```

```
(define my-app
  (lambda (req)
    (response/xexpr
     `(html
        (head (title "Fibonacci-Servlet"))
        (body
          ([bgcolor "yellow"])
          (form ([action "http://localhost:8000/servlets/standalone.rkt"]
                 [method "get"])
            (input ([type "text"] [name "n"] [value ""]))
            (input ([type "submit"] [value "Enter"]))))
          ,(let ((bindings (request-bindings req)))
             (if (exists-binding? 'n bindings)
                 (if (string->number (extract-binding/single 'n bindings))
                     (let ((n (string->number
                                (extract-binding/single 'n bindings))))
                       `(p "fib(" ,(number->string n) ")="
                                   ,(number->string (fib n))))
                     `(p "Eine nat. Zahl bitte!"))
                 `(p "Gib eine nat. Zahl n<35 ein!")))))))

(serve/servlet my-app)
```

Die Eingabe von 26 erzeugt eine Webseite, die die Eingabeaufforderung wiederholt und
das Ergebnis fib(26)=196418 anzeigt. Dieser Bildschirmanzeige liegt folgender HTML-
Text zugrunde:

```
<html>
  <head>
    <title>Fibonacci-Servlet</title>
  </head>
  <body bgcolor="yellow">
    <form action="http://localhost:8000/servlets/standalone.rkt"
                                                    method="get">
      <input type="text" name="n" value="" />
      <input type="submit" value="Enter"/>
    </form>
  </body>
  <p>fib(26)=196418</p>
</html>
```

Die URL wird ebenfalls generiert und lautet in diesem Fall
http://localhost:8000/servlets/standalone.rkt?n=26. Der Query String enthält
n mit dem Wert "26".

3.6 Webservices

Die Idee hinter *Webservices* ist nahe liegend: Man benutze das mit dem Internet vorhandene Netzwerk von Rechnern, um Dienste (von Computern) anzubieten, deren Anwendungform durch Interfaces festgelegt sind. Ein potenzieller Klient muss zunächst feststellen, ob und wo der gewünschte Dienst existiert. Hierfür stellen die Webservices, die als Software-*Komponenten* implementiert sind, Erklärungen bereit, denen der Klient (im Idealfall) alle erforderlichen Informationen entnimmt.

Danach sendet ein Klient seine Daten via *HTTP* an den entsprechenden Service und erhält das Resultat von dort zurück. Das für beide Richtungen geforderte Datenformat ist jeweils ein bestimmtes *XML*-Format. Dies setzt eine entsprechende Typkonvertierung beim Senden/Empfangen (marshalling/unmarshalling) voraus. Von all dem merkt der Nutzer nichts. Wenn wir also aus Racket heraus Daten an einen bestimmten Webservice senden, dann finden die oben beschriebenen Prozesse statt.

Um nun selbst einen solchen Webservice einzurichten, benötigen wir einen entsprechenden Server. Grundsätzlich ist es völlig gleichgültig, mit welcher Programmiersprache dieser Server geschrieben wurde. Das ist echte *Sprach- und Plattformunabhängigkeit*. Wir können also auch weiterhin mit Racket arbeiten.

In der betrieblichen Praxis kommen verschiedene Formen von Webservices zum Einsatz. Die wichtigsten sind *SOAP* (Simple Object Access Protocol) und *RESTful Webservices*. REST steht für *Representational State Transfer*.

XML-RPC (Remote Procedure Call) stellt eine technologische Basis für Webservices dar. Die folgenden Beispiele und Übungen beziehen sich darauf.

Aufgabe 3.6:
Machen Sie sich ein wenig bekannt mit XML-RPC: `http://www.xmlrpc.com/`. Verwenden Sie den Package Manager, um das `xml-rpc`-Package in DrRacket nachzuladen: File, Package Manager, Browse `xml-rpc`, Update. Der Installationsvorgang kümmert sich auch um die Abhängigkeiten, die die Packages untereinander haben, wofür etwas Zeit erforderlich ist.

Unser XML-RPC-Server soll exemplarisch drei Services bereitstellen:

1. Die Ermittlung einer Teilzeichenkette aus einer vorgegebenen gemäß der in Racket eingebauten Prozedur `substring`

2. Die Ermittlung der Quadratzahl für eine vorgegebene ganze Zahl

3. Die Erzeugung einer Liste aus einer gegebenen als erstes Element und der zugehörigen Summe der Listenelemente als zweites Element

Die folgende Definition der Services zeigt, wie man eingebaute, unbenannte und nutzerdefinierte Prozeduren verwendet.

```
(require net/xml-rpc/server)
(require web-server/servlet-env)

(define add-items-of-list
  (lambda (ls)
    (list ls (apply + ls))))

(define xml-rpc-proc
  (make-handle-xml-rpc
   (hasheq
     'service.substr substring  ; built-in
     'service.square (lambda (n) (* n n)) ; unnamed
     'service.addlist add-items-of-list)))  ; user defined

(define run-server!
  (lambda ()
    (serve/servlet xml-rpc-proc
                   #:port 8080
                   #:servlet-path "/"
                   #:command-line? #t)))
```

Der XML-RPC-Server wird mit (run-server!) gestartet und kann durch Drücken des Stop-Knopfes angehalten werden.

make-handle-xml-rpc wirkt wie ein Dispatcher: Service-Namen werden auf Prozeduren, die auf Serverseite implementiert sind, abgebildet.

Ein XML-RPC-Client kann die vom Server angebotenen Dienste verwenden und in Anwendungsprogramme einbauen. Veränderungen auf Serverseite werden auf Client-Seite unverzüglich wirksam. Eine Neudefinition der auf entfernten Diensten beruhenden Operationen ist nicht erforderlich.

```
(require net/xml-rpc/client)
(require net/url-string)

(define remote
  (xml-rpc-server (string->url "http://localhost:8080/")))

(define substr (remote 'service.substr))
(define square (remote 'service.square))
(define addlist (remote 'service.addlist))

(printf "Substring: ~s~n" (substr "Hallo Otto" 6 10))
(printf "Square: ~s~n" (square 9))
(printf "Sum of items: ~s~n" (addlist '(1 2 3 4)))
```

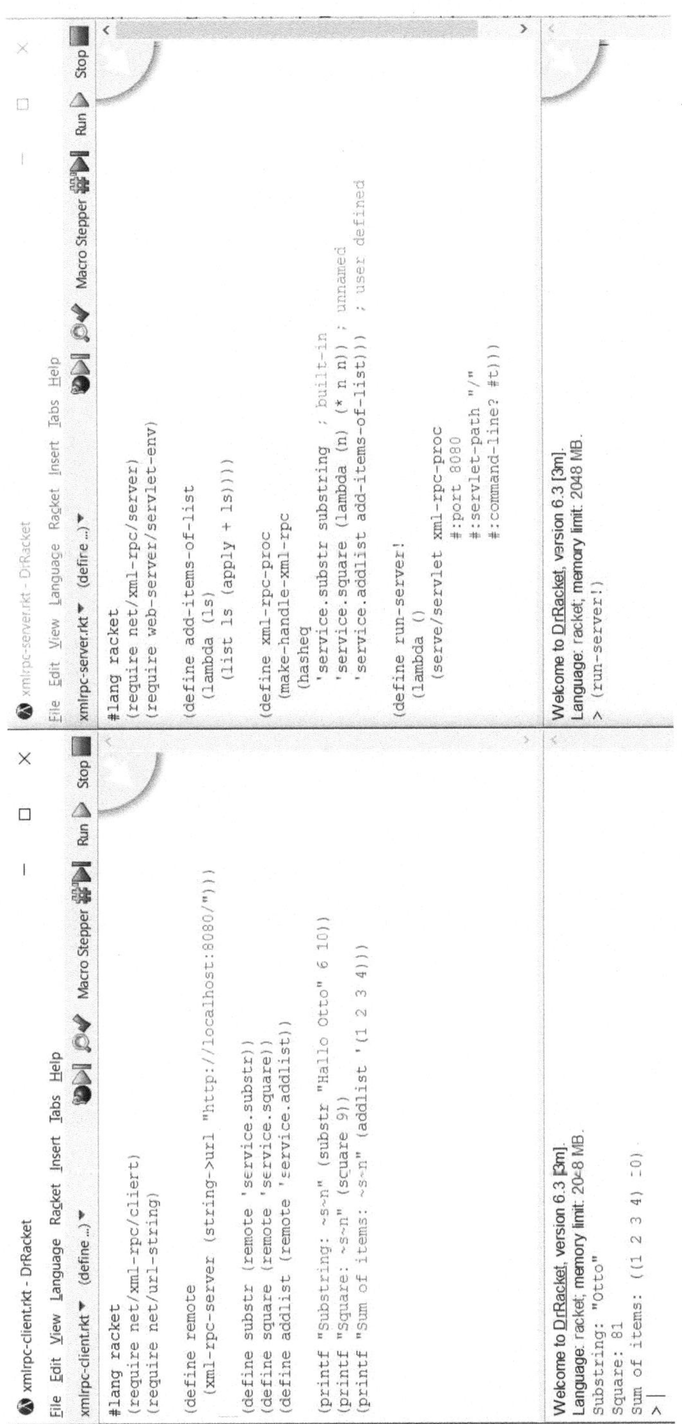

Abbildung 3.6: XML-RPC: Bereitstellung und Nutzung von Webservices

Die obigen Aufrufbeispiele werden also auf einem (beliebig weit) entfernten Rechner bearbeitet, obgleich sich die Art der Verwendung äußerlich (syntaktisch) nicht von der lokal eingesetzter Sprachelemente unterscheidet.

Im Extremfall kann Software weitestgehend aus Webservices „zusammengestöpselt" werden. Man nennt diesen Aufbau *SOA* (*Service-orientied architecture*). Neben den offensichtlichen Vorteilen wird vor allem beklagt, dass bestimmte Sicherheitstechniken (firewall) diesbezüglich (vorerst) machtlos sind.

Abb. 3.6 protokolliert die Beispielkommunikation.

4 Datenbankprogrammierung

4.1 Datenbanken: Modellierung und Abfrage

In der funktionalen Programmierung werden (idealerweise) nebenwirkungsfreie Bausteine hergestellt und zusammengefügt, um für die gewünschte Berechnung eines Resultats einen bestimmten Datenfluss (für Eingabewerte) zu organisieren. Die Daten des jeweiligen Typs fließen durch das Modell und werden in der vorgesehenen Weise modifiziert.

Die *Datenbankprogrammierung* geht völlig anders vor: Die zu verarbeitenden Daten werden mehr oder weniger strukturiert in *Datenbankform* gespeichert. Die eigentlichen Resultatberechnungen erledigen *Datenbankabfragen*.

Hierfür werden *universelle Abfragesprachen* verwendet. Die bekanntesten – *SQL (Structured Query Language)* und *XQuery (XML Query Language)* – sind ebenso mächtig, wie algorithmische Programmiersprachen anderer Paradigmen. Für XQuery kann man das nachweisen und im Falle von Standard-SQL (unter Hinzunahme einiger gängiger Konzepte wie Common Table Expressions and Windowing) gilt das ebenso. Man nennt diese „uneingeschränkte" Berechnungsfähigkeit *Turing-vollständig*.

Der sich eventuell einstellende Eindruck, wonach Datenbankprogrammierung nur einen stark eingeschränkten Bereich abdeckt, ist also nicht zutreffend. Andererseits kann natürlich nicht jeder Gegenstandsbereich adäquat mit Datenbanken modelliert werden. Dies gilt für alle anderen Paradigmen der Programmierung analog.

Eine *Datenbank*, kurz: *DB*, ist eine Ansammlung „verwandter" Daten in wohlstrukturierter Form. Aus technischer Sicht kann man sich eine DB als eine (große) Datei vorstellen.

Im Hinblick auf die Datenstrukturierung unterscheidet man drei Kategorien:

1. Flache Hierarchie: Datenrepräsentation in Gestalt zweidimensionaler Tabellen ggf. mit Verweisen auf Inhalte jeweils anderer Tabellen

2. Starke Hierarchie: Tiefe Verschachtelungen von Strukturen

3. Einfach strukturiert: Schlüssel-Wert-Paare, vergleichbar mit einem Wörterbuch

Ein simples Beispiel finden wir im studentischen Leben: Studierende und deren Unterbringung am Studienort. Manche wohnen zu Hause bei den Eltern, einige in einer Wohngemeinschaft und andere in einer kleinen Mietwohnung.

Matrikelnummer	Vorname	Name	Wohnanschrift
16289631	Herta	Kolli	0815 Schlaraffendorf, Unter Palmen 123
27156562	Bodo	Krause	0815 Schlaraffendorf, Unter Palmen 123
72665152	Bob	Mason	28337 Hauptstadt, An der Ochsenkoppel 23
91725652	Muck	Vogel	736222 Nebenstadt, Im Wald 23a

Abbildung 4.1: Tabelle `studis`

Vereinfachend nehmen wir an, dass man jedem Studierenden genau eine Wohnadresse zuordnen kann. Unter dieser Voraussetzung ergibt sich eine sog. 1:n-Beziehung[1] zwischen den Adressen (1) und den Studierenden (n): Dass mehrere Personen (n) wahrheitsgemäß die gleiche Adresse (1) angeben, ist im Modell berücksichtigt worden.

In unserem Beispiel gibt es vier Studierende und drei Wohnanschriften:

- Herta Kolli, wohnhaft in 0815 Schlaraffendorf, Unter Palmen 123

- Bodo Krause, wohnhaft in 0815 Schlaraffendorf, Unter Palmen 123

- Bob Mason, wohnhaft in 28337 Hauptstadt, An der Ochsenkoppel 23

- Muck Vogel, wohnhaft in 736222 Nebenstadt, Im Wald 23a

Auch wenn wir hier zur Illustration nur ganz wenige Datensätze verwenden, so bedenke man, dass eine Hochschule im Allgemeinen Hunderte oder mehrere Tausend solcher Einträge verwaltet.

Von daher ist es sinnvoll und sofort einzusehen, diese Daten tabellarisch zu erfassen und aufzubereiten. Unser erster Vorschlag sieht dafür genau eine Tabelle, s. Abb. 4.1, vor.

Mit der Matrikelnummer besitzt jeder Studierende eine ID, also eine Zahl, die er sich mit keinem anderen Studierenden teilt.

Dieser Eintabellenvorschlag hat jedoch einige Nachteile: Für alle Wohngemeinschaften müssen die Adressen für jeden beteiligten Studierenden, also mehrfach, in die Tabelle eingetragen werden. Diese Redundanzen haben Folgen: Ein kleiner Schreibfehler bewirkt, dass der betreffende Studierende – wenigstens in unserem Modell – „überraschend ausgezogen" und unter der „neuen Adresse" in Wirklichkeit vermutlich nicht auffindbar ist. Ähnlich verhält es sich mit Adressänderungen: Verändert sich der Name einer Straße, z. B. zu „Unter *den* Palmen" so muss diese Umbenennung tatsächlich an allen vorkommenden Stellen vorgenommen werden. Dies stellt eine große Fehlerquelle dar.

---

[1] Bei DB-Modellierungen kommen oft auch n:m-Beziehungen vor. Diese werden auf jeweils zwei 1:n-Beziehungen zurückgeführt, was man mit einer Verknüpfungstabelle erledigt.

Tabelle `person`

Matrikelnummer	Vorname	Name	AddID
16289631	Herta	Kolli	3
27156562	Bodo	Krause	3
72665152	Bob	Mason	1
91725652	Muck	Vogel	2

Tabelle `adresse`

AddID	PLZ	Ort	Straße
1	28337	Hauptstadt	An der Ochsenkoppel 23
2	736222	Nebenstadt	Im Wald 23a
3	0815	Schlaraffendorf	Unter Palmen 123

Abbildung 4.2: Tabellen `person` und `adresse`

Das im Beispiel illustrierte Problem nennt man update-Anomalie. Außerdem kennt man die delete- und insert-Anomalie. Man bekämpft dies durch Veränderung des Datenmodells. Weiter unten werden wir diesen Überarbeitungsprozess *Normalisierung* nennen.

Im Beispiel erzielen wir eine Verbesserung, wenn wir die beiden Tabellen aus Abb. 4.2 verwenden. Die Idee besteht darin, sämtliche Adressen nur genau einmal zu erfassen und deren Referenzen den jeweiligen Studierenden zuzuordnen. Modifiziert man eine Adresse, wird dies automatisch bei allen dort wohnhaften Personen wirksam.

Mit den beiden Tabellen haben wir ein Datenmodell des ersten Typs entwickelt. Bevor wir es weiter unten wieder aufgreifen, wollen wir noch ein hierarchisches Datenmodell (also vom zweiten Typ) für dieses Beispiel alternativ daneben stellen. Wenn man die in den spitzen Klammern eingefassten *Marken* (*Tags*) als Markierungen bestimmter Elemente versteht, ist diese Modellierungsform für unser Beispiel selbsterklärend.

```xml
<?xml version="1.0" encoding="UTF-8"?>
<studis>
    <addid>
        <ort plz="28337">Hauptstadt</ort>
        <strasse>An der Ochsenkoppel 23</strasse>
        <person matrikelnummer="72665152">
            <vorname>Bob</vorname>
            <name>Mason</name>
        </person>
    </addid>
    <addid>
        <ort plz="736222">Nebenstadt</ort>
        <strasse>Im Wald 23a</strasse>
        <person matrikelnummer="91725652">
```

```
            <vorname>Muck</vorname>
            <name>Vogel</name>
        </person>
    </addid>
    <addid>
        <ort plz="0815">Schlaraffendort</ort>
        <strasse>Unter Palmen 123</strasse>
        <person matrikelnummer="16289631">
            <vorname>Herta</vorname>
            <name>Kolli</name>
        </person>
        <person matrikelnummer="27156562">
            <vorname>Bodo</vorname>
            <name>Krause</name>
        </person>
    </addid>
</studis>
```

Die hier verwendete *Tag-* oder *Auszeichnungssprache* (*markup language*) ist eine *XML*-Sprache. XML steht für *extensible markup language* und ist eine Art „Werkzeugkasten“ für konkrete Tagsprachen, wie *SVG* (Grafik) oder *MathML* (Mathematische Ausdrücke), um nur zwei von vielen bekannten XML-Sprachen zu nennen. Jeder kann eine solche Sprache erfinden und deren Definition in Form einer formalen *Grammatik* (DTD oder XML Schema) angeben. Damit befassen wir uns hier jedoch nicht weiter. Für XML-Sprachen gibt es Zugriffs-, Transformations- und Abfragemechanismen (XPath, XSLT und XQuery).

Nach dem Vorbild dieser XML-Datenrepräsentation kann auch eine Modellierung mit Schlüssel-Wert-Paaren (dritte DB-Kategorie) erfolgen. Da im XML-Dokument die Angaben zur Person in die jeweiligen Adressdaten eingefügt wurden, spricht man von eingebetteter Modellierung. Dies führt im Allgemeinen zu Datenredundanz, sodass wir auch hier eine normalisierte Form mit Referenzen empfohlen.

In *JSON* (JavaScript object notation) würde dies dann beispielsweise folgendermaßen aussehen:

```
    {
        "id": "a1",
        "ort": {
            "plz": 28337,
            "content": "Hauptstadt"
        },
        "strasse": "An der Ochsenkoppel 23"
    },
    {
        "id": "a2",
```

```
            "ort": {
                "plz": 736222,
                "content": "Nebenstadt"
            },
            "strasse": "Im Wald 23a"
        },
        {

            "id": "a3",
            "ort": {
                "plz": 815,
                "content": "Schlaraffendort"
            },
            "strasse": "Unter Palmen 123"
        },
        {

            "id": "s16289631",
            "vorname": "Herta",
            "name": "Kolli",
            "wohnhaft": "a3"
        },
        {

            "id": "s27156562",
            "vorname": "Bodo",
            "name": "Krause",
            "wohnhaft": "a3"
        },
        {

            "id": "s72665152",
            "vorname": "Bob",
            "name": "Mason",
            "wohnhaft": "a1"
        },
        {

            "id": "s91725652",
            "vorname": "Muck",
            "name": "Vogel",
            "wohnhaft": "a2"
        }
```

Als Schlüssel verwenden wir `id`. Deren Werte sind Objekte, die man an den geschweiften Klammern erkennt, die selbst Objekte enthalten (können). Die Werte von `wohnhaft` repräsentieren die Referenzen auf die entsprechenden Wohnanschriften.

Aufgabe 4.1:
Beschäftigen Sie sich mit JSON: `http://www.json.org/json-de.html`. Verwenden Sie
Racket, JavaScript oder PHP, um JSON-Daten zu verarbeiten. Zur Implementierung
werden assoziative Felder verwendet.

Für die Verwaltung und Verarbeitung derartiger Dokumente mit DB in JSON stehen
sog. *NoSQL*-Managementsysteme zur Verfügung, die wir weiter unten kurz einordnen
und benennen. Auch wenn wir in unserem Beispiel sehen, dass die den Schlüsseln (`id`)
zugeordneten Werte durchaus strukturiert sein können, werden solche Daten typischerweise aus Nutzereingaben in Webformularen gewonnen. Gerade im Zusammenhang mit
der Big-Data-Thematik spielt das *Map-Reduce-Verfahren* zur Verarbeitung solcher Daten eine wichtige Rolle. Es generiert im ersten Schritt aus den Schlüssel-Wert-Paaren
neue JSON-Daten, die in einem zweiten Schritt verdichtet werden.

4.2 Grundbegriffe relationaler Datenbanksysteme

Unser Hauptinteresse gilt hier der klassischen DB-Form, die wir als erste Kategorie (Daten mit flacher Hierarchie) gekennzeichnet haben. Die Beispieldatenbank besteht aus
beiden Tabellen `person` und `adresse`, s. Abb. 4.2. Aus mathematischer Sicht repräsentieren sie Relationen.

Der Begriff *Relation* ist in der Mathematik als Teilmenge eines kartesischen Produkts
bekannt. Eine n-stellige Relation R wird allgemein wie folgt definiert:

$$R \subseteq M_1 \times M_2 \times \ldots \times M_n$$
$$R \subseteq \{(x_1, x_2, \ldots, x_n) \mid x_i \in M_i \text{ für alle } 1 \leq i \leq n\}$$

Es ist wirklich nahe liegend, diese n-Tupel-Struktur in Tabellenform darzustellen und mit
einem unverwechselbaren Namen (Relation) zu versehen. Dass Tabellen eine angemes-
sene Repräsentationsform für Relationen sind, sichert der CODD*sche Relationenkalkül*
(1970) – die theoretische Fundierung relationaler DB.

Die in einer DB eingepflegten *Datensätze* erscheinen als *Zeilen* in dieser Tabelle. Die
Strukturierung erfolgt durch die *Spalten* der Tabelle. Man spricht von den *Feldern* eines
Datensatzes. Ein *Datensatz* wird als n-Tupel durch je einen Wert für die n Attribute
$A_1, A_2, \ldots, A_n$ repräsentiert. Die zu unserer Beispiel-DB aus Abb. 4.2 gehörende Tabelle
(Relation) `adresse` besitzt die Attribute Postleitzahl (`plz`), Ort (`ort`) und Straße mit
Hausnummer (`strasse`).

Abb. 4.3 illustriert einige dieser und weitere Begriffe.

Attribute nehmen bestimmte *Attributwerte* an. Wenn wir an in Deutschland lebende
Personen denken, so haben wir beispielsweise eine recht klare Vorstellung davon, wie
die Postleitzahl aussieht. Der Wert für das Attribut `plz` entstammt also einem ganz
bestimmten *Wertebereich*, auch *Domäne* genannt.

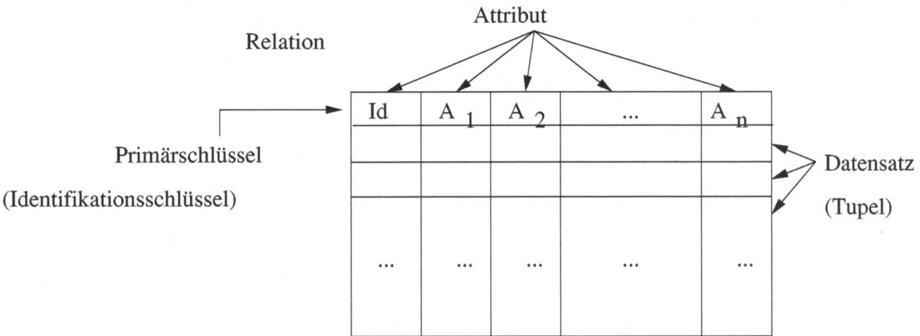

Abbildung 4.3: Tabelle aus einer relationalen Datenbank

Um jeden Datensatz identifizieren zu können, wird ein *Primärschlüssel* benötigt. Der (in der Tabelle nur genau einmal vorkommende) Wert eines Primärschlüssels, wie etwa 27156562 in person, identifiziert genau den in Abb. 4.2 in der zweiten Zeile notierten Datensatz. Man spricht daher auch von *Identifikationsschlüssel*.

Typische Primärschlüssel nehmen z. B. fortlaufende Zahlen, wie Matrikel- oder Personalausweisnummer, als Werte. Sie dürfen aber auch aus mehreren Attributen bestehen. Von zusammengesetzten Primärschlüsseln wird in unserem einfachen Beispiel jedoch kein Gebrauch gemacht wird. Zwei Primärschlüsselwerte sind verschieden, wenn sie sich in wenigstens einem Attributwert unterscheiden.

Die zu Abb. 4.1 gehörende DB besteht aus genau einer Tabelle. Um bei Änderungen an einzelnen Datensätzen Inkonsistenzen zu vermeiden, haben wir die Zweitabellen-Version entwickelt. Aus Tabelle person gibt es eine Referenz auf adresse in Gestalt eines *Fremdschlüssels*. Als *Fremdschlüssel* wird der Primärschlüssel der referenzierten Tabelle genommen. Er erscheint als Attribut (Spalte AddID) in der referenzierenden Tabelle person.

Aufgrund der mengentheoretischen Fundierung von Datenbanken ist es nicht verwunderlich, dass auch komplexere *Datenbankabfragen*[2], die sich durchaus auf mehrere Tabellen beziehen können, mit Mengenoperationen beschrieben werden. Außerdem ist klar, dass die Reihenfolge der Tabellenzeilen – wie bei Mengen üblich – keine Rolle spielt. Wichtig ist lediglich, dass es nicht zwei identische Einträge gibt, denn das verbietet die CANTORsche Mengendefinition.

---

[2]Was es mit solchen Abfragen auf sich hat, behandelt Abschn. 4.5 einführend.

4.3 DB-Entwurf

In der Tat kann eine DB aus beliebig vielen Tabellen bestehen, die untereinander in (verschiedenartigen) Beziehungen stehen. Ein DB-Entwickler steht vor einer schwierigen Modellierungsaufgabe, für die es fast nie nur eine einzige Lösung gibt. Für komplexere DB sind deshalb Entwurfshilfsmittel unerlässlich.

Das bedeutendste Modellierungswerkzeug ist das *Entity Relationship Model*, kurz: *ERM*, von P. P. CHEN. Es bringt einige neue Begriffe mit.

Entität (entity = Wesen, Ding) bedeutet ein identifizierbares Objekt, das für den zu modellierenden Realitätsbereich relevant ist. So ist beispielsweise Bodo Krause mit Bezug auf Tabelle person in Abb. 4.2 eine Entität.

Der Name ERM assoziiert eine erste Vorstellung davon, wie das Modellierungsergebnis aussieht. Liegt ein konkretes ERM vor, können die Tabellen daraus (sogar automatisiert) gewonnen werden. Vorher muss jedoch geprüft werden, ob die Datenbank einer bestimmten *Normalform*(stufe) genügt. Ist dies nicht der Fall, sind entsprechende Transformationen erforderlich. Dieser Prozess erfordert Kenntnisse aus der Datenbanktheorie und wird als *Normalisierung* bezeichnet. Die Normalisierung beseitigt also eventuelle Anomalien in dem konkret entworfenen ERM und sichert somit eine gewisse Entwurfsqualität.

Die Menge aller Entitäten, die die gleichen charakteristischen Eigenschaften besitzen, nennt man *Entitätstyp*. In obigem Beispiel handelt es sich um den Entitätstyp „Studierender" (person). Tabellen müssen eindeutig benannt werden. Der dafür verwendete Name steht sowohl für die *Entitätsmenge* (s. Tab. 4.1) als auch den Entitätstyp.

Zwischen Entitäten, die unterschiedlichen Entitätstypen angehören, gibt es *Beziehungen*[3] (relationship). Gleichartige Beziehungen zwischen Entitäten fasst man zu einem *Beziehungstyp* zusammen und modelliert ihn zwischen den zugehörigen Entitätstypen.

Jeder Beziehungstyp nimmt eine der folgenden *Komplexitäten* an: 1:1, 1:n (one-to-many) oder n:m (many-to-many). Dies richtet sich danach, wie viele Entitäten des einen Entitätstyps mit wie vielen Entitäten des anderen Entitätstyps in Beziehung stehen. Dies hatten wir für Studierende und Wohnanschriften im Beispiel bereits eingangs als 1:n-Beziehung konkretisiert.

Dem Datenbankentwurf folgt schließlich die Umsetzung des ERM ins relationale Modell. Während Entitäten bzw. Entitätstypen direkt auf Relationen bzw. Relationstypen abgebildet werden können, erfordern Beziehungen bzw. Beziehungstypen mit Bezug auf deren Komplexität ein differenziertes Vorgehen. Darauf gehen wir hier jedoch nicht näher ein.

Der Gebrauch all' dieser Begriffe richtet sich nach dem Modell, auf das man sich stützt. In der Praxis werden diese Begrifflichkeiten gern wild gemischt, was dem Verständnis

---

[3]Der Begriff „Beziehung" wird hier *nicht* etwa synonym zu „Relation" im relationalen Modell verwendet, sondern in Abgrenzung dazu.

aber keinen Abbruch tut, wenn man die Analogien kennt. Eine unvollständige Zusammenschau gibt Tab. 4.1.

Relationales Modell	ERM-Terminologie	Tabellendarstellung	Algorithmen und Datenstrukturen
Relation	Entitätsmenge	Menge aller Tabellenzeilen	Datensatzmenge
Relationsschema	Entitätstyp	Tabellendefinition	Datentyp
Tupel	Entität	Inhalt einer Zeile	Datensatz (record)
Attribut	Eigenschaft	Spaltenüberschrift	record-Komponente
Attributwert	Eigenschaftswert	Element eines Wertebereichs	Wert einer Komponente
Wertebereich/ Domäne	Menge aller möglichen Eigenschaftswerte	–	–

Tabelle 4.1: Wichtige Begriffe und Analogien

Während das *relationale Modell* eher die mathematische Seite bedient, findet man unter „Algorithmen und Datenstrukturen" die Entsprechung aus der praktischen Informatik. Unter „Tabellendarstellung" stehen die Begriffe, die unsere Anschauung ganz besonders ansprechen.

4.4 Datenbankmanagementsysteme

Die Anwendung von Informatik im täglichen Leben ist ohne Einsatz von Datenbanken nicht mehr vorstellbar. In fast allen Branchen hat man mehr oder weniger umfangreiche Datenbestände zu verwalten, d. h. zu sammeln, geeignet zu speichern, für den Zugriff auf bestimmte Teile bereitzuhalten, untereinander in Beziehung zu setzen, zu modifizieren, in Abfragen zu verarbeiten usw.

Datenbanksysteme, kurz: *DBS*, dienen der Verwaltung verwandter Daten. Aus Anwendersicht findet man eine dem Anwendungszweck entsprechende *Datenbankstruktur* vor, die dem Auge des Nutzers (z. B. eines Auskunftsuchenden) weitestgehend verborgen bleibt. Die Aufgabe des Anwenders besteht darin, die allgemeinen Prinzipien zur Recherche in Datenbanken einzusetzen. Dies geschieht mit Hilfe von *Abfragen* (query) an die Datenbank und sog. *views* (Sichten), zu deren Festlegung bestimmte Werkzeuge bereitstehen. Für die reine Präsentation des Abfrageergebnisses spielen weder die logische noch die physikalische Struktur der Datenbank eine Rolle.

Die *Datenbestandsverwaltung* kümmert sich um die Aktualität des gespeicherten Datenmaterials – das Einpflegen und Modifizieren von Daten. Der damit befasste Personenkreis erwartet Bedienelemente für die Pflege des Datenbestandes und verfügt im Allgemeinen nicht über die Informatikkenntnisse, die ein Administrator besitzen muss. Die Struktur

der Datenbank kann der Datenbestandsverwalter nicht verändern, sehr wohl aber die
Datensätze.

Für Administration und Bestandsverwaltung von Datenbanken wird ein Programm
benötigt. Man spricht von einem *Datenbankmanagementsystem*, kurz: *DBMS*. DBMS
und Datenbanken werden durch den Begriff *Datenbanksystem* (DBS) zusammengefasst,
kurz: $DBMS + DB = DBS$. Im Falle relationaler Datenbanken, auf die wir uns hier
konzentrieren, sprechen wir von *relationalen DBMS*, kurz: *RDBMS*.

Datenbank-Designer sind Informatik-Fachleute. Sie müssen als erstes den interessieren-
den Realitätsausschnitt analysieren und danach auf ein geeignetes Datenmodell abbilden.
Hierfür verwenden sie ERM, deren Gebrauch theoretische Kenntnisse und praktische Erfahrung erfordert.

Nach dem Entwurf einer Datenbankstruktur wird die Einhaltung bestimmter Eigenschaften geprüft und ggf. nachgebessert. Diese Normalisierung genannte Arbeitstechnik
ist ebenfalls theoretisch fundiert und sichert die Funktionsfähigkeit des Systems für den
Anwender.

Eine eher ingenieurmäßige Aufgabe besteht darin, einen Datenbankentwurf zu implementieren und ggf. zu modifizieren. Auch dies ist Sache von Fachleuten mit Informatikkennt-
nissen. Im späteren Betrieb entstehen immer wieder Aufgaben für diesen Personenkreis,
der in kleineren Firmen oft nur aus einem Mitarbeiter besteht.

4.5 RDBMS-Operationen und SQL

Um unser Einführungsbeispiel weiter zu bearbeiten, wählen wir als erstes ein geeignetes RDBMS aus. Die Entscheidung ist auch abhängig vom Einsatzzweck: In einer
serverlastigen Web-Anwendung wird typischerweise ein Client-Server-System, s. Kap. 3,
verwendet.

Zur Abstraktion vom konkret verwendeten RDBMS erfolgt der Zugriff auf einen DB-
Server über eine standardisierte Schnittstelle. Die bekanntesten Spezifikationen sind
ODBC (Open DataBase Connection) und *JDBC* (Java DataBase Connectivity).

Wir wählen hier ein kleines relationales DBMS namens SQLite[4], das in Racket (unter
Windows) ohne Installation sofort verwendet werden kann. Weitere Kandidaten, für es
auch Racket-Unterstützungen gibt, sind MySQL und PostgreSQL.

```
#lang racket
(require db)
(define cnt1 (sqlite3-connect
              #:database "sqlite1.db"
              #:mode 'create))
```

---

[4]https://www.sqlite.org/

Mit (sqlite3-available?) kann man prüfen, ob SQLite im Racket-Arbeitssystem vorhanden ist. cnt1 repräsentiert nun eine Verbindung (connection) zu einer DB, die als Datei studis.db lokal gespeichert wird. Sie kann angelegt (create) und im Folgenden zum Schreiben und Lesen geöffnet werden. Mit (disconnect cnt1) wird sie geschlossen.

Aufgabe 4.2:
Suchen Sie die Datei studis.db im aktuellen Arbeitsverzeichnis. Analysieren Sie auch nach Anwendung der im Folgenden genannten Operationen den jeweils aktuellen Inhalt dieser DB. Als Werkzeug hierfür ist der SQLite Manager zu empfehlen, den es als Add-on beispielsweise für den Firefox-Browser gibt.

Folgende Operationen soll ein RDBMS ausführen können:

- Erzeugen, Speichern, Verändern, Überprüfen von Datenbanken mit eventuellen Auswirkungen auf die Tabellengestalt bzw. -anzahl.

- CRUD-Operationen: Eingabe (create) neuer Datensätze, lesen (retrieve/read), modifizieren (update) und entfernen/löschen (delete) von Datensätzen ggf. mit entsprechenden Auswirkungen auf den Inhalt der Tabelle(n).

- Herstellung von Verbindungen zwischen Datenbanken.

Zur Umsetzung dieser Operationen gibt es eine strukturierte Anfragesprache *SQL* (Structured Query Language). Die Sprache SQL ist in verschiedenen Quellen dokumentiert. Im Internet findet man Tutorials und eine Reihe weiterer Hinweise.

Obwohl heute kaum noch wahrgenommen, stellt SQL einen wertvollen Standard dar. Gäbe es ihn nicht, müssten wir hinnehmen, dass jeder Hersteller eines Datenbanksystems seine eigene Sprache mitliefert. Solche Inkompatibilitäten können in der praktischen Arbeit sehr hinderlich sein. SQL ist eine Sprache, die auch die Datendefinition (DB-Struktur, erste o. g. Gruppe von Operationen) auszudrücken gestattet. Sie umfasst also eine *DDL* (Data Definition Language) gleich mit.

In studis legen wir nun die beiden Tabellen (person und adresse) aus Abb. 4.2 an:

```
(query-exec cnt1 "CREATE TABLE person(
   id              INT PRIMARY KEY      NOT NULL,
   vorname         VARCHAR(20)          NOT NULL,
   name            VARCHAR(30)          NOT NULL,
   adrid           INT                  NOT NULL,
   FOREIGN KEY(adrid) REFERENCES adresse(addid))")

(query-exec cnt1 "CREATE TABLE adresse(
   addid           INT PRIMARY KEY      NOT NULL,
   plz             VARCHAR(6)           NOT NULL,
   ort             VARCHAR(30)          NOT NULL,
   strasse         VARCHAR(30)          NOT NULL)")
```

SQLite (in der vorliegenden Version) kann `VARCHAR(N)` nicht als Zeichenkette mit höchstens N Zeichen deuten und assoziiert diese Datendefinition mit `TEXT`. Alles andere ist sofort verständlich, wenn man das Einführungsbeispiel vor Augen hat.

Wichtig ist es, vor diesen Definitionen die Fremdschlüsselunterstützung

```
(query-exec cnt1 "PRAGMA foreign_keys = ON")
```

einzuschalten. Sie ist eine wertvolle Hilfe, um bestimmte Fehler bei der sich anschließenden Dateneingabe zu verhindern.

Im Übrigen können Tabellen auch wieder gelöscht werden:

```
(query-exec cnt1 "drop table adresse")
(query-exec cnt1 "drop table person")
```

Damit sollte man insbesondere dann vorsichtig sein, wenn eine Tabelle viele (mühsam eingepflegte) Datensätze enthält. Deshalb legt man sich am besten einen SQL dump (wie folgt) an, um einem eventuellen Datenverlust vorzubeugen.

```
; Tabelle adresse: Datensätze einfügen
(query-exec cnt1 "INSERT INTO adresse(addid, plz, ort, strasse) VALUES
(1, '28337', 'Hauptstadt', 'An der Ochsenkoppel 23')")
(query-exec cnt1 "INSERT INTO adresse(addid, plz, ort, strasse) VALUES
(2, '736222', 'Nebenstadt', 'Im Wald 23a')")
(query-exec cnt1 "INSERT INTO adresse(addid, plz, ort, strasse) VALUES
(3, '0815', 'Schlaraffendorf', 'Unter Palmen 123')")


; Tabelle person: Datensätze einfügen
(query-exec cnt1 "INSERT INTO person(id, vorname, name, adrid)
 VALUES (16289631, 'Herta', 'Kolli', 3)")
(query-exec cnt1 "INSERT INTO person(id, vorname, name, adrid)
 VALUES (27156562, 'Bodo', 'Krause', 3)")
(query-exec cnt1 "INSERT INTO person(id, vorname, name, adrid)
 VALUES (72665152, 'Bob', 'Mason', 1)")
(query-exec cnt1 "INSERT INTO person(id, vorname, name, adrid)
 VALUES (91725652, 'Muck', 'Vogel', 2)")
```

Um herauszufinden, welche Tabellen zur aktuell bearbeiteten DB gehören, fragen wir

```
(displayln (query-rows cnt1 "select * from sqlite_master"))
```

Auf dem Bildschirm erscheint die SQL-Beschreibung der Struktur aller vorliegenden Tabellen.

Nun fragen wir nach dem Inhalt der beiden Tabellen:

```
> (query-rows cnt1 "select * from person")
'(#(16289631 "Herta" "Kolli" 3)
  #(27156562 "Bodo" "Krause" 3)
```

```
#(72665152 "Bob" "Mason" 1)
#(91725652 "Muck" "Vogel" 2))

> (query-rows cnt1 "select * from adresse")
'(#(1 "28337" "Hauptstadt" "An der Ochsenkoppel 23")
  #(2 "736222" "Nebenstadt" "Im Wald 23a")
  #(3 "0815" "Schlaraffendorf" "Unter Palmen 123"))
```

Wenn wir nun versuchen, einen Datensatz aus `person` zu löschen, wird dies vom DBMS verweigert:

```
> (query-exec cnt1 "delete from adresse where addid = 3")
query-exec: abort due to constraint violation
```

Diese hilfreiche Verweigerung verdanken wir der weiter oben eingeschalteten Fremdschlüsselunterstützung. Sie verhindert, dass wir im Falle des Entfernens eines tatsächlich verwendeten Adressdatensatzes in `person` eine ungültige Fremdschlüsselreferenz erhalten würden. Man fordert DB-Konsistenz und erreicht dies mit der Einhaltung *referenzieller Integrität*.

Aufgabe 4.3:
Fügen Sie einen neuen Datensatz in `adresse` mit `addid=4` ein und löschen Sie ihn anschließend wieder. Beides wird problemlos möglich sein, da es keine Verbindung zu irgendeinem Datensatz in `person` gibt.

Aufgabe 4.4:
Dies ist wieder ein guter Moment, um den Inhalt von `studi.db` anzusehen. Versuchen Sie den folgenden Datensatz einzugeben:
```
(query-exec cnt1 "insert into person(id, vorname, name, adrid)
  values (5, 'Test', 'Fall', 5)").
```
Warum gelingt das nicht: `query-exec: abort due to constraint violation`?

Abfragen dieser Art finden in der Praxis in Auskunftssystemen statt. Die Bedeutung dieser elementare Form des Information retrieval darf man nicht unterschätzen. Allein das Erinnern und Repetieren gespeicherter Inhalte kann schon viel bewirken.

Im Allgemeinen werden jedoch bestimmte Datensätze nach bestimmten Kriterien ausgewählt. So kann man sich beispielsweise für alle Studis, die in Schlaraffendorf wohnen, interessieren.

```
> (query-rows cnt1 "select * from person where adrid = 3")
'(#(16289631 "Herta" "Kolli" 3)
  #(27156562 "Bodo" "Krause" 3))
```

Oftmals sind nur bestimmte Felder des Datensatzes relevant. In folgendem Aufrufbeispiel werden die Vornamen der in Schlaraffendorf wohnenden Studierenden als Liste zusammengefasst und ggf. zur Weiterverarbeitung zurückgegeben.

```
> (query-list cnt1 "select vorname from person where adrid = 3")
'("Herta" "Bodo")
```

Abfragen über zwei Tabellen hinweg werden *Join* (verbinden, kombinieren) genannt. Zwei Tabellen werden kombiniert. Es gibt unterschiedliche Formen dieser Operation, auf die wir hier nicht eingehen.

```
> (query-rows cnt1 "select P.adrid, A.addid, P.name, A.ort, A.strasse
                    from person P, adresse A")
'(#(3 1 "Kolli" "Hauptstadt" "An der Ochsenkoppel 23")
  #(3 2 "Kolli" "Nebenstadt" "Im Wald 23a")
  #(3 3 "Kolli" "Schlaraffendorf" "Unter Palmen 123")
  #(3 1 "Krause" "Hauptstadt" "An der Ochsenkoppel 23")
  #(3 2 "Krause" "Nebenstadt" "Im Wald 23a")
  #(3 3 "Krause" "Schlaraffendorf" "Unter Palmen 123")
  #(1 1 "Mason" "Hauptstadt" "An der Ochsenkoppel 23")
  #(1 2 "Mason" "Nebenstadt" "Im Wald 23a")
  #(1 3 "Mason" "Schlaraffendorf" "Unter Palmen 123")
  #(2 1 "Vogel" "Hauptstadt" "An der Ochsenkoppel 23")
  #(2 2 "Vogel" "Nebenstadt" "Im Wald 23a")
  #(2 3 "Vogel" "Schlaraffendorf" "Unter Palmen 123"))
```

Das Aufrufbeispiel verwendet die Aliase P und A für die Tabellen person und adresse aus Abb. 4.2. Wir erkennen, dass im mathematischen Sinne das kartesische Produkt ermittelt wurde:

$$P \times A = \{(p, a) \mid p \in P \text{ und } a \in A\}.$$

Offensichtlich gilt $|P \times A| = |P| \cdot |A| = 4 \cdot 3 = 12$. Wir erhalten sämtliche 12 Datensätze, die sämtliche Unterbringungsmöglichkeiten der im Beispiel betrachteten Studierenden darstellen.

Die ersten beiden Spalten geben uns eine Idee, wie wir die tatsächliche Wohnsituation aus diesen 12 Datensätzen herausfiltern können: Die Bedingung ist, dass der jeweils verwendete Fremdschlüsselwert in person mit dem Primärschlüsselwert in adresse übereinstimmt. Dies lässt sich in SQL wie oben mit where ausdrücken:

```
> (query-rows cnt1 "select P.name, A.ort
                    from person P, adresse A
                    where P.adrid = A.addid")
'(#("Kolli" "Schlaraffendorf")
  #("Krause" "Schlaraffendorf")
  #("Mason" "Hauptstadt")
  #("Vogel" "Nebenstadt"))
```

Damit haben wir einige Aspekte der Programmierung mit RDBMS angerissen.

Aufgabe 4.5:
Interessante Anwendungs- und Vertiefungsmöglichkeiten ergeben sich dem Einsatz von DB-Technologie in Web-Anwendungen.

Aufgabe 4.6:
Racket bietet die programmiertechnischen Möglichkeiten (package manager), sich mit dem NoSQL-DBMS MongoDB (Schlüssel-Wert-Paare) zu beschäftigen.

5 Objektorientierte Programmierung

5.1 Konkrete und abstrakte Datentypen

5.1.1 Daten und deren Repräsentation im Speicher

Jede Programmiersprache stellt eine gewisse Menge von Datentypen zur Verfügung. Dabei handelt es sich sowohl um einfache als auch um zusammengesetzte (komposite) Typen. In Racket sind das beispielsweise Zeichen, Zahlen, Zeichenketten, Listen und Vektoren.

Werte eines bestimmten Datentyps werden im Speicher abgelegt. Dort nehmen sie einen adäquaten Bereich ein. Das Programmiersystem (Racket) kümmert sich darum, dass diese Bereiche entsprechend angelegt und beim Zugriff dieser Werte korrekt interpretiert werden.

Wenn wir Variable, die Werte bestimmter Datentypen benennen, in einem Anwendungsprogramm verwenden, brauchen wir nicht an die Abbildung dieser Werte im Speicher zu denken. Eine solche Abhängigkeit hätte nicht nur vernichtende programmiertechnische Konsequenzen, sondern würde auch unsere konzeptionell orientierte Denkweise der Entwicklungsarbeit behindern.

Die Abstraktion eines Datentyps von der Repräsentationsform zugehöriger Daten im Speicher ist also eine enorm wichtige Voraussetzung für professionelle Programmierung.

Wie so oft, gibt es Vorteile nicht zum Nulltarif: Wenn wir Datentypen nicht an deren Speichereigenschaften erkennen, müssen wir dies explizit angeben. Mit anderen Worten: Jedes Datum besitzt einen Sticker, auf dem der entsprechende Datentyp-Name steht. Prädikate, wie `number?`, `char?`, `vector?` und `list?`, werten diese „Sticker" aus.

Erfreulicherweise brauchen wir uns nicht um diese Sticker und deren Verwaltung zu kümmern. Auch dies erledigt Racket für uns.

5.1.2 Nutzerdefinierte Datentypen

In Abschn. 5.1.1 haben wir erfahren, dass alle in einem Programm verwendeten Daten eine Typinformation mitführen, die von geeigneten Prädikaten ausgewertet werden kann. Für eingebaute Datentypen haben das die Konstrukteure des Programmiersystems bereits erledigt.

Für eine adäquate Modellierung beliebiger Elemente der Realität oder unseres Denkens ist das feste Datentyp-Angebot einer Programmiersprache im Allgemeinen nicht ausreichend: Sollte man den öffentlichen Personennahverkehr mit Vektoren modellieren und die Fahrpläne auf Listen und Zahlen abbilden?

Vom Versuch, Defizite im Datenmodell algorithmisch auszugleichen, ist dringend abzuraten. Dies führt (bestenfalls) zu trickreichen, unstrukturierten und schlecht wartbaren Programmen. Der richtige Weg besteht darin, zur Modellierung wirklich passende Datentypen zu entwerfen. Wir sprechen von *nutzerdefinierten Datentypen*.

Es ist klar, dass für deren Konstruktion nur eingebaute und andere bereits vom Nutzer definierte Datentypen verwendet werden können. Technisch wäre es durchaus möglich (jedoch nicht zu empfehlen), auf die Definition eines neuen Datentyps zu verzichten und die Programmierung mit den erforderlichen vorhandenen Datentypen auszuführen. Ist der neue Typ aber erst einmal kreiert, können wir auch von dessen Implementation und der dafür verwendeten Programmiersprache abstrahieren. Darin besteht der entscheidende Vorteil – einmal mehr geht es um *Abstraktion*.

5.1.3 Abstrakter Datentyp (ADT)

Die Frage ist nun, wie wir einen neuen Datentyp, als Menge von Werten und den darüber definierten Operationen, festlegen, *ohne* eine konkrete Implementierung anzugeben.

Ein ADT wird durch eine Spezifikation definiert. Man spricht vom *Geheimnisprinzip*. Eine etablierte Spezifikationstechnik ist die *mathematisch-axiomatische*, die auf David Hilbert zurückgeht. Sie besteht aus zwei Teilen:

1. aus der *Signatur* und

2. aus *Axiomen* in Form von Gleichungen.

Eine Signatur legt die Namen der zur Spezifikation verwendeten Typen oder Wertemengen (Sorten) und die Signaturen der Operationen fest. Dies geschieht zunächst ohne dabei irgendeine Bedeutung zu hinterlegen. Eine *Signatur* Σ ist ein Paar $\Sigma = (S, \Omega)$ mit

- S ist eine Menge von Sorten[1] (Wertemengen).

- $\Omega = \{f_{S^*,S}\}$ definiert die Funktionssymbole für Funktionen $f : s_1 \times s_2 \times \ldots \times s_n \mapsto s$ mit $s_1, s_2, \ldots, s_n$ als Sorten für die Parameter (Argumente) und der Ergebnissorte s. Nullstellige Funktionen heißen Konstanten.

---

[1]Eine Sorte ist der (bedeutungslose) Name einer Wertart. Selbst wenn Sorten wie Integer oder Boolean zum Einsatz kommen, stehen sie nicht für die bekannten Mengen, sondern sind zunächst bedeutungslose Bezeichner.

Die Operationen umfassen

- *Konstruktoren,*

- *Selektoren* und *Mutatoren* sowie

- *Prädikate.*

Die Gleichungen schränken die möglichen Algebren als Modelle ein. Eine *Algebra* A_Σ zu einer Signatur Σ ist ein Paar $A_\Sigma = (A_S, A_\Omega)$ mit

- A_S sind die Trägermengen der Sorten in S.

- $A_\Omega = \{A_f : A_{s_1} \times A_{s_2} \times \ldots \times A_{s_n} \mapsto A_s\}$ sind Funktionen (Operationen) auf diesen Trägermengen.

Eine Implementation der Mengen und Operationen des ADT mit vorhandenen Datentypen liefert einen konkreten Datentyp. Für dessen konkrete Repräsentation wird eine konkrete *Algebra* ausgewählt und verwendet.

Insofern kann man eine Spezifikation als „Pflichtenheft für Datentyp-Implementeure" verstehen. Sämtliche Axiome (Gleichungen) müssen erfüllt[2] sein. In der Praxis der OOP findet sich die Spezifikation in Form von *Schnittstellen* (*interfaces*).

Ein typisches Einführungsbeispiel ist der ADT *Stack* (Stapel oder Keller). Dabei handelt es sich um eine Datenstruktur, deren Inhalt nach dem LIFO-Prinzip organisiert ist. LIFO steht für Last In, First Out: Das zuletzt auf den Stapel gelegte Datum kann als nächstes entnommen werden, jedoch nicht die darunter liegenden Elemente. Es besteht also nur Zugriff auf das jeweils oberste Stapelelement, das *top of stack*.

Datentyp:	stack
Sorten:	element, stack
Operationen:	$create : \to stack$
	$push : stack \times element \to stack$
	$empty : stack \to \{true, false\}$
	$top : stack - \{\varepsilon\} \to element$
	$pop : stack - \{\varepsilon\} \to stack$

Tabelle 5.1: Signatur des ADT Stack

Die Signatur in Tab. 5.1 enthält

- einen nullstelligen Konstruktor *create*, der einen leeren Stack zurückgibt,

- einen einstelligen Konstruktor *pop*, der einen nichtleeren Stack erwartet und einen Stack zurückgibt, und

---

[2]Da dies im Allgemeinen für unendliche viele Eingabewerte gelten muss, ist der Nachweis ggf. sehr schwierig.

- einen zweistelligen Konstruktor *push*, der einen Stack und einen Wert der Sorte *element* nimmt und einen Stack als Wert liefert.

- Das Prädikat *empty* nimmt einen Stack und liefert entweder *true* oder *false*.

- Der Selektor *top* erwartet einen nichtleeren Stapel und gibt einen Wert der Sorte *element* zurückgibt.

Die *Axiome*[3] in Tab. 5.2 definieren die Semantik (Bedeutung) der Operationen für stack.

$create = \varepsilon$	erzeugt einen leeren Stack
$empty(\varepsilon) = true$	Der leere Stack ist leer.
$empty(push(stack, element)) = false$	Nach *push* ist der Stack nicht leer.
$top(push(stack, element)) = element$	*top* gibt das oberste Stapelelement zurück.
$pop(push(stack, element)) = stack$	*push* und *pop* sind inverse Operationen.

Tabelle 5.2: Axiome (links) für stack und Erklärungen (rechts)

Für unser Stack-Beispiel ist die Spezifikation durch die Signatur und die Axiome nun abgeschlossen. Als konkrete Algebra zur Implementierung des Datentyps wählen wir Listen als Trägermenge. Sämtliche Listenoperationen stehen für die Racket-Definitionen der Stack-Operationen zur Verfügung.

Zur Implementation neuer Datentypen in Racket können *Strukturen* („structures") verwendet werden. Strukturen sind Verbund-Datentypen, die aus einem oder mehreren Feldern (fields) bestehen. Die Definition erfolgt nach folgendem Schema:

```
(struct struct-id (field-id ...))
```

Unser Stack besitzt nur genau ein Struktur-Feld, das den Stackinhalt aufnehmen soll und das wir `content` nennen.

```
(struct stack (content))
```

Der Stackinhalt soll eine Liste von Werten (nahezu) beliebigen Typs, z. B. Zahlen, Symbole und Zeichenketten, sein.

Die Anwendung des Sprachelements `struct` hat eine Reihe von „Nebeneffekten": Es sorgt dafür, dass ein Konstruktor (`stack`), ein Selektor (`stack-content`) und ein Prädikat (`stack?`) *automatisch* generiert werden.

```
> (define s1 (stack '(xy "Hallo" 1 #t)))
> s1
```

---

[3]Die Angabe solcher Axiome ist insbesondere für komplexere ADT schwierig und kann rasch unübersichtlich, sogar widersprüchlich, unter- oder überbestimmt, werden. Außerdem verkompliziert der streng deskriptive Ansatz dessen Gebrauchsfähigkeit gegenüber dem funktionsorientierten Zugang, der auf operationale Interpretation hinausläuft.

```
#<stack>
> (stack? s1)
#t
> (stack-content s1)
'(xy "Hallo" 1 #t)
```

Diese neuen Sprachelemente für die Stacks verwenden wir nun zusammen mit den eingebauten Listen-Sprachelementen zur Implementation der Operationen des ADT Stack.

```
(define create (lambda () (stack '()))) ; Impl. mit Listenalgebra

(define empty (lambda (st) (null? (stack-content st))))

(define push
  (lambda (st el)
    (stack (cons el (stack-content st)))))

(define pop
  (lambda (st)
    (stack (cdr (stack-content st)))))

(define top
  (lambda (st)
    (car (stack-content st))))
```

Man überzeugt sich sehr leicht, dass die o. g. Axiome gelten:

```
> (define st1 (create))
> st1
#<stack>
> (stack-content st1)
'()
> (stack? st1)
#t
> (empty st1)
#t
> (empty (push st1 1234))
#f
> (top (push st1 1234))
1234
> (pop (push st1 1234))
#<stack>
> (stack-content (pop (push st1 1234)))
'()
```

Wir können nun den neuen Datentyp Stack genauso verwenden wie eingebaute.

Aufgabe 5.1:
Implementieren Sie den ADT Stack mit Vektoren statt mit Listen. Stellen Sie die Gültigkeit der Axiome aus Tab. 5.2 sicher. Bis auf die Bildschirmausgaben, die an '#(...) Vektorenwerte erkennen lassen, sollen sie mit den obigen listenbasierten Resultaten übereinstimmen.

```
> (define st1 (create))
> st1
#<stack>
> (stack-content st1)
'#()
> (empty st1)
#t
> (empty (push st1 1234))
#f
> (pop (push st1 1234))
#<stack>
> (stack-content (pop (push st1 1234)))
'#()
```

Ein Wechsel der Algebra zur Implementierung des ADT Stack wie in Aufg. 5.1 kann beispielsweise durch Effizienzverbesserungen motiviert sein.

In der IT-Praxis kennt man Releases von Programmiersystemen, bei denen solche Verbesserungen unter der Haube stattfanden. Alle vorher entwickelten Programme können unverändert weiterverwendet werden. Man spricht dann von *Abwärtskompatibilität* der neuen Sprachversion.

5.2 Das 4-Stufen-Modell

Die Idee der *Unabhängigkeit von der Repräsentation* kann man noch weiter treiben, indem man in Anwendungsprogrammen nicht direkt auf Daten eines konkreten Typs zugreift, sondern gewisse Zwischenschichten einzieht. Es entstehen mehrstufige Architekturen, die den Entwickler davor bewahren, den Programmcode beim Kunden bei Veränderungen des Datenmodells anpassen zu müssen.

Das folgende 4-Stufenmodell illustriert den Sachverhalt für unser Stack-Beispiel mit listenbasierter Implementation:

Stufe 4: Komplexe Operationen des Anwendungsprogramms

Stufe 3: Basisoperationen, mit denen das Anwendungsprogramm arbeitet

Stufe 2: Operationen des ADT: `create`, `empty`, `push`, `pop`, `top`

Stufe 1: `stack`, `stack-content` und die Operationen des verwendeten Basisdatentyps „Liste": `list?`, `null?`, `car`, `cdr`, `cons`

Nun können wir die Wirkung von Repräsentationswechseln diskutieren:

1. Wird der ADT Stack beibehalten, jedoch ein Implementationswechsel, z. B. von Liste zu Vektor vorgenommen, so ändern sich nur die Basisdatentyp-Operationen: `vector`, `vector-ref`, `vector?` usw. auf Stufe 1. Dies zieht lediglich Anpassungen auf Stufe 2 nach sich, s. Lösung von Aufg. 5.1.

2. Kommt es zum Ersatz des ADT „Stack", so ändern sich die Operationen auf den Stufen 1 und 2. Nur Stufe 3 muss „per Hand" angepasst werden.

Der Gewinn in beiden Fällen, insbesondere in Fall 2, besteht darin, dass der Code des Anwendungsprogramms (Stufe 4) unverändert bleibt. Alle Anwendungsprogramme, die auf dem gleichen Satz von Basisoperationen (auf Stufe 3) aufbauen, arbeiten weiter wie bisher. Das freut nicht nur den Kunden.

Um dies an einem zweiten Beispiel zu illustrieren, betrachten wir im Folgenden einen abstrakten Datentyp „point" für Punkte im dreidimensionalen Raum. Hinter Transformationen in Grafiksystemen (Drehung, Spiegelung, Verschiebung usw.) stehen meist Basisoperationen mit Matrizen und Vektoren (Stufe 3).

Aufgabe 5.2:
Definieren Sie einen solchen ADT „point". Es ist nicht schlimm, wenn Ihre Spezifikation nicht genau zu der im Folgenden verwendeten Algebra passt.

Zur Implementierung des ADT „point" verwenden wir wieder eine Racket-Struktur.

```
(struct point (x y z))

(define p1 (point -2 18 4))  ; constructor
(define p2 (point 6 17 -23))

> (point? p1)   ; predicate
#t
> (point-y p2)   ; selector (accessor)
17
```

Das oben eingeführte 4-Stufen-Modell ist für den Datentyp „point" leicht überschaubar:

Stufe 4: Komplexe Operationen des Anwendungsprogramms, z. B. Verschiebung eines Rechtecks oder Dreiecks, Überlappung von Figuren, ...

Stufe 3: Grafik-API, d. h. Basisoperationen, mit denen das Anwendungsprogramm arbeitet, sog. graphic primitives und komplexere Operationen: `spline`, `line`, `dot`, `move`, ...

Stufe 2: Operationen des ADT: point, get-x, get-y, get-z, point?, scalar*, point+,
point-, point*, point-distance

Stufe 1: point, point?, point-x, point-y, point-z und die Operationen des verwendeten Basisdatentyps „Zahlen": +, *, ...

Auf Stufe 2 stellen wir nun exemplarisch die folgenden Operationen bereit:

- point+ bzw. point-: Addition bzw. Subtraktion zweier Punkte (genauer: deren
  Ortsvektoren)

- scalar*: Multiplikation eines Punktes mit einem Skalar

- point*: Skalarprodukt zweier Punkte

- point-distanz: Abstand zwischen zwei Punkten

Um diese Prozeduren erfolgreich zu entwerfen, stellt man zuerst den Datentyp des Resultats fest. Danach wählt man einen passenden Konstruktor. Die Resultatbeschreibung
ist eine empfohlene Herangehensweise beim Programmieren! Im Fall von scalar* ist das
Ergebnis ein Punkt (Ortsvektor). Folglich muss der Ergebnisausdruck von scalar* mit
point beginnen.

```
(define scalar*
  (lambda (n pt)
    (point (* n (point-x pt))(* n (point-y pt))(* n (point-z pt)))))
```

Aufgabe 5.3:
Schreiben Sie eine Stufe-3-Operation print-point zur Darstellung eines Punktes als
Zahlentripel auf dem Bildschirm.

```
> (print-point (scalar* 3 p1))
(-6, 54, 12)
```

Unter Verwendung der Prozeduren point+ und scalar* kann point- unmittelbar angegeben werden.

```
(define point+                          (define point-
  (lambda (pt1 pt2)                        (lambda (p1 p2)
    (point                                   (point+ p1 (scalar* -1 p2)))))
      (+ (point-x pt1)(point-x pt2))
      (+ (point-y pt1)(point-y pt2))
      (+ (point-z pt1)(point-z pt2)))))
```

Es folgen Definitionen für die Prozeduren point* und point-distanz und zwei Aufrufbeispiele für das Skalarprodukt und die Bestimmung des Abstands zweier Punkte. In
beiden Fällen ist das Ergebnis eine Zahl (ein Skalar).

```
(define point*                        (define point-distanz
  (lambda (pt1 pt2)                      (lambda (pt1 pt2)
    (+ (* (point-x pt1)(point-x pt2))     (let ([pdiff (point- pt1 pt2)])
       (* (point-y pt1)(point-y pt2))       (sqrt (point* pdiff pdiff)))))))
       (* (point-z pt1)(point-z pt2)))))
> (point* p1 p2)
202
> (point-distanz (point 1 2 3)(point 2 3 4))
1.7320508075688772
```

Aufgabe 5.4:
Erproben Sie sämtliche Prozeduren und definieren Sie (möglichst einfache) Operationen
auf den Stufen 3 und 4.
Hinweis: Die Lösung dieser Aufgabe dient als Basis für die folgende Aufgabe. Sie sollen
die so wichtige Erfahrung machen, dass ein ADT-Wechsel nicht auf Stufe 4 durchschlägt.

Aufgabe 5.5:
Nehmen Sie einen ADT-Wechsel vor zu (struct point (content)). Verwenden Sie
für den content-Anteil auf Stufe 1 Vektoren mit drei Komponenten. Nehmen Sie alle
notwendigen Anpassungen vor, damit die Anwendungen auf Stufe 4 unverändert weiterlaufen.

5.3 Generische Operationen

Rechenoperationen sind „normalerweise" so beschaffen, dass sie Argumente festgelegten
Typs erwarten und nur damit fehlerfrei umgehen können. Versucht man beispielsweise
die Addition für natürliche Zahlen auf Zeichenketten anzuwenden, ergibt sich erwartungsgemäß ein Fehler.

```
> (+ "Hallo " "Otto")
+: contract violation, expected: number? given: "Hallo "
```

Für die Verkettung zweier Zeichenketten gibt es die Prozedur string-append.

```
> (string-append "Hallo " "Otto")
"Hallo Otto"
```

Die eingebaute Operation + ist also auf Zeichenketten nicht anwendbar. Dennoch ist
sie wesentlich leistungsfähiger, als es auf den ersten Blick aussieht: Wie die folgenden
Beispiele zeigen, beschränkt sich ihre Anwendbarkeit keinesfalls auf natürliche Zahlen.
Darüber hinaus ist die Stelligkeit der Prozedur + *variabel*.

```
> (+ -24 7)
-17
```

```
> (+ 1 2 3 4 5)
15
> (+ -24 7.0)
-17.0
> (+ 3/4 -1/5)
11/20
```

Operationen, die je nach *Typ* oder *Anzahl* der zu verarbeitenden Daten mit Anwendung der zugehörigen Prozedur reagieren, nennt man *generische Operationen*. Sie haben genau einen bestimmten Namen aber verschiedene Signaturen. Generische Operationen entstehen durch *Überladen (overloading)*, d. h. aus einer Menge vorgegebener Prozeduren wird genau die zu den Daten passende ausgewählt.

Dies erfordert wiederum einen *Typ-Dispatcher*, der diese Auswahl nach Erkennung des jeweils vorliegenden Datentyps des Operanden vornimmt (dispatch on type). In folgendem Beispiel betrachten wir eine zweistellige generische Operation add.

```
(define add
  (lambda (a b)
    (cond
      ((and (number? a)(number? b)) (+ a b))
      ((and (point? a)(point? b)) (point+ a b))
      ((and (string? a)(string? b)) (string-append a b)))))
```

```
> (add 2 4.0)
6.0
> (add 1/2 1/3)
5/6
> (add 2 -3)
-1
> (add "Hallo " "Otto")
"Hallo Otto"
> (add (point 1 2 3)(point 2 3 4))
#3(3 5 7)
```

Die verwendeten Prädikate fragen nach den Typen der beiden Argumente. Falls es sich um Zahlen handelt, wird die Summe für die entsprechenden Zahlen gebildet. Für Punkte bzw. Zeichenketten wird die oben beschriebene Punkt-Addition bzw. die Verkettung zur Anwendung gebracht.

Aufgabe 5.6:
Implementieren Sie mult so, dass diese Prozedur mit Zahlen und Punkten als Faktoren arbeitet und spielen Sie einige Beispiele durch. Nehmen Sie auch das skalare Produkt eines Vektors hinzu.

Die Datenabstraktion wird durch generische Operationen erweitert. Sie dienen nicht zur Konstruktion, sondern zur richtigen *Verwendung* von Daten. Die traditionelle Sicht auf Operationen, die Daten bestimmten Typs zur Verarbeitung erwarten, wird dabei umgekehrt: Die zu verarbeitenden Daten bestimmen die Operationen, die auf diese Daten erfolgreich angewandt werden. Diese Technik wird besonders in objektorientierten Programmiersprachen eingesetzt. Sie kann zum *datengesteuerten Programmieren (data-driven programming)* ausgebaut werden.

5.4 Datengesteuerte Programmierung

Grundsätzlich ist die weiter oben am Beispiel von `add` vorgestellte Dispatching-Technik voll funktionstüchtig. Ein Nachteil besteht jedoch darin, dass jeder neu hinzu kommende Fall, also ein weiteres Überladen, stets die Veränderung der Dispatcher-Prozedur nach sich zieht. Es mag sein, dass diese Modifikationen eher bescheidenen Umfangs sind, aber sie müssen erledigt werden und sind damit potenzielle Fehlerquellen. Dies gilt vor allem für Software, die arbeitsteilig von räumlich getrennt agierenden Teams entwickelt wird.

Eine Alternative stellt die *datengesteuerte Programmierung* dar. Herzstück ist eine (globale) *Operation-Typ-Prozedur-Tabelle*, auf die bei jeder Anwendung einer generischen Operation zugegriffen wird. Neue Datentypen und zugehörige Prozeduren werden in diese Tabelle eingetragen. Die eigentliche Typ-Dispatcher-Prozedur kann dadurch verallgemeinert und sogar vereinfacht werden. Einmal implementiert, bleibt sie unverändert.

Operation	Typ-Operand-1	Typ-Operand-2	Prozedur
add	number	number	+
add	point	point	point+
add	string	string	string-append

Tabelle 5.3: Operation-Typ-Prozedur-Tabelle

Die Struktur der Tab. 5.3 ist etwas vereinfacht: Variabelstellige Operationen werden nicht berücksichtigt.

Zur Implementation von Tab. 5.3 eignet sich grundsätzlich eine Racket-*Assoziationsliste*, kurz: A-Liste. Wie in den meisten modernen Sprachen werden solche Schlüssel-Wert-Assoziationen auch in Racket mit *Hashtables* realisiert. Dem folgen wir hier.

```
(define type-op-proc-table
  (make-hash   ; mutable hashtable
   (list
    (cons (list 'add 'number 'number) +)
    (cons (list 'add 'point 'point) point+)
    (cons (list 'add 'string 'string) string-append))))
```

```
> (hash-ref type-op-proc-table
    '(add point point) "keine Prozedur hinterlegt")
#<procedure:point+>
> (hash-ref type-op-proc-table
    '(add number list) "keine Prozedur hinterlegt")
"keine Prozedur hinterlegt"
```

Wie das erste Zugriffsbeispiel zeigt, wählt die generische Operation add für die Datentypen point die Prozedur point+ aus. Für die Datentypen number und list hält die Tabelle für die Operation add keine Prozedur bereit.

Eine zur Prozedurbestimmung bequem einsetzbare Prozedur ist get-proc.

```
(define get-proc
  (lambda (op . types)
    (hash-ref type-op-proc-table (cons op types) #f)))

> (get-proc 'add 'point 'point)
#<procedure:point+>
> (get-proc 'add 'point 'number)
#f
```

get-proc ist eine variabelstellige Prozedur, deren erstes Argument den Namen der generischen Operation bestimmt. Es folgen (beliebig viele) Datentypangaben.

Es ist sehr einfach, weitere Einträge in der Typ-Operation-Prozedur-Tabelle vorzunehmen. Wir ergänzen exemplarisch einen überladenen mult-Operator. Man beachte, dass mult sowohl eine zwei- als auch eine einstellige Operation sein kann.

```
(hash-set*! type-op-proc-table
            (list 'mult 'number 'number) *
            (list 'mult 'point 'point) point*
            (list 'mult 'number 'point) scalar*
            (list 'mult 'number) *)

> (get-proc 'mult 'number 'point)
#<procedure:scalar*>
> (get-proc 'mult 'number)
#<procedure:*>
```

Bei der Anwendung einer generischen Operation finden stets die folgenden drei Aktionen statt:

1. Feststellen des Typs der Operanden

2. Bestimmung der anzuwendenden Prozedur

3. Anwendung dieser Prozedur auf die Operanden

Diese drei Aktionen können wir in einer einzigen Prozedur `gen-op` für alle generischen Operationen (der betrachteten Art) unterbringen. Voraussetzung ist die Angabe der grundsätzlich verfügbaren Datentypen in einer global verfügbaren Liste:

```
(define alltypes '(number string vector list char point stack))
```

Die Definition von `type-detection` geht davon aus, dass sich der Name des zu jedem Datentyp zugehörigen Prädikats durch Anhängen eines Fragezeichens an den Typ-Deskriptor (s. `alltypes`) ergibt.

```
(define type-detection
  (lambda (data)
    (for/first
        ([t alltypes]
         #:when ((eval (string->symbol
                         (string-append
                           (symbol->string t) "?")))
                 data))
      t)))
```

```
> (type-detection (point 1 2 3))
'point
> (type-detection (list 1 2 3))
'list
> (type-detection (vector 1 2 3))
'vector
> (type-detection "Hallo")
'string
> (type-detection (create))
'stack
```

`type-detection` ist eine wichtige Hilfsprozedur für `gen-op`.

```
(define gen-op
  (lambda (op . args)
    (apply    ; applies the selected procedure
     (apply    ; find the proc for op wrt the argument's types
      get-proc
      (cons op (map (lambda (data) (type-detection data)) args)))
     args)))
```

Der Aufruf erfolgt nun stets nach dem gleichen Muster:

```
> (gen-op 'mult 3 (point 2 3 4))
(point 6 9 12)
> (gen-op 'mult (point 1 2 3) (point 2 3 4))
20
```

```
> (gen-op 'mult 1 2)
2
> (gen-op 'mult 2)
2
> (gen-op 'add "Hallo " "Otto")
"Hallo Otto"
> (gen-op 'add (point 1 2 3)(point 2 3 4))
(point 3 5 7)
```

Mit der put-type-op-Prozedur kann jeder Programmierer, der einen neuen Datentyp hinzufügen oder die Menge der für einen bereits vorhandenen Typ geltenden Operationen erweitern möchte, in die globale Tabelle schreiben. Die aktuelle Arbeit seiner Kollegen wird dadurch nicht gestört.

```
(define put-op-types-proc!
  (lambda (op proc . types)
    (hash-set*! type-op-proc-table (cons op types) proc)))
```

In folgendem Beispiel ergänzen wir die Division zweier natürlicher Zahlen.

```
> (put-op-types-proc! 'div / 'number 'number)
> (gen-op 'div 10 4.0)
2.5
```

Falls ein neuer Datentyp hinzu kommt, kann man die Prozedur new-datatype! verwenden, um dessen Deskriptor in alltypes zu ergänzen.

```
(define new-datatype!
  (lambda (adt)
    (unless (member adt alltypes)
      (set! alltypes (cons adt alltypes)))
    alltypes))
```

```
> (new-datatype! 'queue)
'(queue number string vector list char point stack)
```

Aufgabe 5.7:
Erweitern Sie die Operation-Typ-Prozedur-Tabelle so, dass die Operationen add und minus auch für Punkte im zweidimensionalen Raum anwendbar sind. Dies hat den praktischen Vorteil, dass sämtliche Anwendungsprozeduren, die mit Punkten arbeiten, unverändert übernommen werden können.

5.5 Message passing und Daten-Operationen-Kapseln

Die *datengesteuerte Programmierung* ist eine sehr leistungsfähige Technik, deren Bedeutung vor allem bei der arbeitsteiligen Softwareentwicklung zur Geltung kommt. Allerdings kommt sie nicht umhin, *globale Variablen* zu verwenden, die (nicht nur) bei Teamarbeit die bekannten Probleme nach sich ziehen. Mag sein, dass die Verabredung von nur wenigen, globalen Variablen (im Beispiel für die Datentypen und die Operation-Typ-Prozedur-Tabelle) unproblematisch ist. Aber sämtliche, für die generischen Operationen notwendigen Prozeduren zur Implementation eines Datentyps (Schichtenmodell) usw. sind global.

Zur Vermeidung von Namenskonflikten gibt es diverse Konzepte, wie beispielsweise das *Modul- oder Paket-Konzept*, falls die verwendete Programmiersprache so etwas anbietet. Module können nach Bedarf von Programmen importiert werden und bilden eine in gewissem Sinne abgeschlossene und geschützte Einheit.

Als Beispiel betrachten wir eine Racket-Modul-Definition für die Stack-Implementation aus Abschn. 5.1.3.

```
(module stack racket
  (provide create empty push pop top)
  (struct stack (content))
  (define create (lambda () (stack '())))  ; list
  (define empty (lambda (st) (null? (stack-content st))))
  (define push
    (lambda (st el)
      (stack (cons el (stack-content st)))))
  (define pop
    (lambda (st)
      (stack (cdr (stack-content st)))))
  (define top
    (lambda (st)
      (car (stack-content st)))))
```

Mit `provide` werden die Operationen markiert, die nach dem Import des Moduls zur Verfügung stehen. `stack` ist offensichtlich nicht dabei.

Moduldefinitionen werden in einer separaten Datei gespeichert. In unserem Beispiel ist das `"stack-module.rkt"`. Um die Operationen eines Moduls in anderen Prozedurdefinitionen (einer Datei im gleichen Verzeichnis) nutzen zu können, ist ein Import notwendig:

```
#lang racket
(require "stack-module.rkt")
```

Nun ist es möglich, z. B. `top` im Interaktionsfenster aufzurufen. Mit `stack` gelingt das nicht. Versuche, `top` im Definitionsfenster neu zu definieren (`define`) oder zu modifizieren (`set!`) schlagen fehl. Mit `stack` ist das hingegen problemlos möglich, wohl wissend, dass innerhalb des Moduls die dort definierten Bindungen gelten.

Aufgabe 5.8:
Legen Sie ein Modul an, das alle Operationen zum Zugriff auf die Operation-Typ-Prozedur-Tabelle enthält. Verwenden Sie die weiter oben entwickelten Prozeduren. Damit haben wir eine modulare Kapselung als Maßnahme zur Reduzierung globaler Variablenbindungen erreicht.

Objektorientierte Programmierung geht über das Modul- oder Paketkonzept deutlich hinaus, indem sie sich von der Architektur, in deren Mittelpunkt die (nun in einem Modul verwaltete) Operation-Typ-Prozedur-Tabelle steht, verabschiedet. Die Daten sollten nicht mehr bei der „Zentrale" nachfragen müssen, welche Aktion mit ihnen ausgeführt werden können, sondern sie sollen es selbst „wissen".

Die Umsetzung dieser Idee geschieht in Form von *Daten-Operator-Kapseln*. Man braucht diese Kapseln natürlich nicht für alle möglichen Datum-Operator-Kombinationen per Hand herzustellen, denn alle Daten eines bestimmten Datentyps[4] (ADT) verfügen dank Spezifikation, s. Abschn. 5.1.3, über einen einheitlichen Satz von Operatoren. Daraus lässt sich eine *Schablone* zur Erzeugung von Daten[5] dieses Typs gewinnen.

Dadurch entsteht eine Umkehr im „Rollenverständnis" von Daten und Prozeduren. Die traditionelle Vorstellung vom Programmieren geht davon aus, dass Prozeduren die Aktionsträger sind, während Daten eher die passive Rolle spielen. Daten werden an Prozeduren übergeben, die ihrerseits Daten (Resultate eines Verarbeitungsprozesses) zurückliefern.

Kehrt man diese Sichtweise in gewissem Sinne um, so ergibt sich folgendes Bild: Die Daten (Objekte) bilden den Empfänger von Prozeduraufrufen, die nun in Gestalt von *Botschaften (messages)* zu den Daten „fliegen", um dort den Aufruf verfügbarer Operationen (*Methoden, methods*) zu veranlassen. Man nennt dies *message passing*.

Dieses Aktionsszenario bildet das Fundament der OOP.

Wir erinnern uns noch einmal an die Art und Weise der Operatoranwendung bei datengesteuerter Programmierung, s. Abschn. 5.4, unter weitgehender Vermeidung globaler Variablen. OOP hat diesbezüglich einen Vorteil: Trifft nämlich eine Botschaft (ggf. unter Einbeziehung mitgelieferter Parameter) im Sinne einer Aufforderung etwas mit sich selbst zu tun bei einem bestimmten Objekt ein, so entfällt die bei datengesteuerter Programmierung erforderliche Typbestimmung.

Hieraus ergibt sich die Verpflichtung, schon bei der Konstruktion[6] des Datums genau die betreffenden Prozeduren zu definieren und deren spätere Anwendbarkeit sicherzustellen. Das so erzeugte Datum muss nach dem Eintreffen einer bestimmten Botschaft

---

[4]In der objektorientierten Programmierung nennt man dies eine „Klasse".
[5]In der objektorientierten Programmierung heißen sie „Objekte" bzw. „Instanzen einer Klasse".
[6]Diesen „Geburtsvorgang" werden wir weiter unten „Instanziierung" nennen.

lediglich feststellen, ob es für die *empfangene Botschaft* eine *Verarbeitungsprozedur* (eine Methode) besitzt oder nicht. Gibt es eine, wird diese angewandt.

Für unser Beispiel „Punkt im dreidimensionalen Raum" könnte eine solche „Konstruktionsprozedur" (kurz: *Konstruktor*) wie folgt aussehen.

```
(define point-maker
  (lambda (x y z)
    (lambda (message . params)
      (case message
        [(xcoord) x]
        [(ycoord) y]
        [(zcoord) z]
        [(set-xcoord!) (set! x (car params)) 'changed]
        [(type) 'point]
        [else
          (error
            "point-maker:"
            (format "~s is not allowed." message))]))))
```

Wir sehen, dass `point-maker` eine variabelstellige Prozedur als Ergebnis zurückgibt. Diese Prozedur erwartet einen Botschaftsnamen und ggf. zugehörige Parameter. Im `case`-Abschnitt ist das Botschaft-Methode-Dispatching hinterlegt. Beispielsweise wird für die Botschaft `ycoord` (ohne Parameter) die y-Koordinate des „angesprochenen" Punktes zurückgegeben. Bei `set-xcoord!` (mit Parameter) wird der Wert der x-Koordinate verändert.

Die Koordinaten eines konkreten Punktes sind von außen nicht direkt zugänglich, sie sind geschützt oder gekapselt. Es ist aber möglich, ihre jeweiligen Werte von außen zu erfragen und (in unserem Beispiel nur für x) auch zu verändern.

Die Möglichkeit, die Koordinaten in dieser einfachen Form für jedes Datum des betrachteten Typs („point") zu kapseln, entspringt dem Umgebungsmodell aus Abschn. 2.6.5. In Abb. 2.6 sehen wir den Sachverhalt, den wir uns hier zunutze machen.

Die Prozedur `point-maker` entspricht strukturell der Prozedur `k-add` in Abschn. 2.6.5. Beim Aufruf von `point-maker` wird ein Rahmen mit den Bindungen für x, y und z erzeugt und der zur Closure von `point-maker` gehörenden Umgebung vorangestellt. Die so entstandene Umgebung ist Bestandteil der Closure jedes erzeugten Punktes.

Nachdem wir nun `point-maker` verstehen, wollen wir damit arbeiten.

```
(define p1 (point-maker 2 38 3))
> (p1 'type)
point
> (p1 'ksks)
point-maker: "ksks is not allowed."
> (p1 'xcoord)
```

```
2
> (p1 'set-xcoord! 33)
'changed
> (p1 'xcoord)
33
```

Jeder neu erzeugte Punkt besitzt den in `point-maker` hinterlegten Aufbau (drei Koordinaten, Typbezeichner und Prozeduren) und damit auch die entsprechenden Fähigkeiten auf Botschaften zu reagieren.

Lässt man den ADT „point" unverändert, so wirken sich Repräsentationswechsel nicht auf den Gebrauch der erzeugten Daten vom Typ „point" aus. Die Signaturen sämtlicher Prozeduren bleiben unverändert. Wird hingegen die Spezifikation des Datentyps verändert, gilt dies nicht.

In jedem Fall müssen alle Daten (Objekte) vom (ggf. veränderten) Datentyp (Klasse) „point" nach einer Modifikation von `point-maker` (Konstruktor) neu erzeugt werden.

Aufgabe 5.9:
Ergänzen Sie `distance-to` in `point-maker`. Sendet man `distance-to` mit einem Punkt p-base als Parameter an einen beliebigen Punkt p, so soll der Abstand zwischen p und p-base zurückgegeben werden.
Vergessen Sie nicht, vor der Erprobung zwei Punkte mit der dann erweiterten Prozedur `point-maker` zu instanziieren. Der oben definierte Punkt p1 kann nicht einfach übernommen werden, da er die Botschaft `distance-to` nicht versteht. Beispieldialog:

```
(define p1 (point-maker 2 38 3))
> (p1 'distance-to (point-maker 4 23 -2))
15.937377450509228
```

5.6 Objekt, Zustand und Methode

Eine der Kernideen der OOP ist die Schaffung bestimmter *Objekte*, die miteinander kommunizieren können. Diese Kommunikation geschieht durch *Nachrichten-* oder *Botschaftsaustausch* (*message passing*), s. Abschn. 5.5.

Grundsätzlich kann jedes Element der realen und der ideellen Welt als Programm-Objekt modelliert werden: Menschen, Wirtschaftsprognosen, Häuser, Aktienkurse, Wetteraussichten, Unix-Prozesse, Relationen, Güterströme, Gedankensplitter usw.

Um die Grundbegriffe der OOP zu verstehen, müssen wir wenigstens die folgenden Fragen beantworten:

1. Was ist ein Objekt?

2. Wie werden Objekte erzeugt?

3. Wie organisiert man den Botschaftsaustausch zwischen den Objekten?

Ein Objekt kann man sich als ein atomares Gebilde vorstellen, das – solange es existiert – zu jedem Zeitpunkt einen bestimmten *Zustand* besitzt. Dieser Zustand kann sich verändern, so wie dies bei „Objekten" der Realität auch geschieht: Freundliche Menschen reagieren plötzlich gereizt, dicke werden dünn und umgekehrt, weltbekannte Betriebssysteme stürzen plötzlich ab usw.

Ein Objekt besitzt bestimmte *Fähigkeiten*. Es kann z. B. „Hallo" sagen oder staubsaugen. Wenn ein Objekt eine *Botschaft* von einem anderen Objekt erhalten hat, kann es darauf reagieren, falls dafür eine zugehörige Aktion (*Methode*) hinterlegt ist.

In vielen Fällen wird aber gar keine Rückmeldung erwartet. Dann führt eine Botschaft meist zu einem *Zustandswechsel* des empfangenden Objekts.

Objekte bestehen deshalb aus zwei Komponenten:

- *Variablen* (Zustandsvariablen) – auch Felder, Eigenschaften oder Attribute genannt – zur Repräsentation ihres Zustands, und

- *Methoden* (methods) als „Fähigkeiten" zur Reaktion auf zulässige Botschaften.

Die Variablen sind absolute *Privatsache* des entsprechenden Objekts. Es handelt sich also um *lokale* Variablen, deren Werte ausschließlich von dem Objekt selbst verändert werden können. Von außen sind diese Variablen unzugänglich, obgleich eine Botschaft das empfangene Objekt veranlassen kann eine Zustandsänderung vorzunehmen. Aber diese Änderung erledigt es dann selbst und zwar so, wie es die jeweils aktivierte Methode (falls vorhanden) vorsieht.

Methoden sind Prozeduren, die den Prozess beschreiben, der bei Empfang der jeweiligen Botschaft in Gang gesetzt wird. Beispielsweise könnte ein Objekt für das Umrechnen verschiedener Währungen zuständig sein. Dann nimmt es die Aufgabe (Nachricht/Botschaft) „Wie viele US-Dollar entsprechen 40 Euro?" entgegen und gibt – sagen wir – 48 € zurück. Hierzu benötigt das Objekt eine Variable Euro->USD, deren Wert den aktuellen Umrechnungskurs beschreibt. In der Beispielrechnung beträgt dieser Wert 1.2. Natürlich kann er sich börsentäglich ändern. Dann erhält das betrachtete Objekt eine Botschaft, wie „Nimm den neuen Eurokurs 1.4 entgegen!", was eine Methode[7], wie E-USD-Kurs, aufruft:

```
(define Euro->USD 1.2)

(define E-USD-Kurs
  (lambda (kurswert)
    (set! Euro->USD kurswert)))
```

---

[7]Die folgende Prozedur dient zunächst nur zur Illustration. Es ist noch keine Methodendefinition, die wir *innerhalb* eines Objektes erwarten. Die eigentlichen Gültigkeitsbedingungen für E-USD-Kurs und Euro->USD sind also hier noch nicht berücksichtigt.

```
> (E-USD-Kurs 1.4)
```

Grundsätzlich kann eine Methode – je nach Definition – einen Wert zurückgeben oder nicht. E-USD-Kurs besitzt keinen Rückgabewert. Ein Konstruktor für `waehrungsrechner` nach dem Vorbild der Prozedur `point-maker` in Abschn. 5.5 könnte dann beispielsweise wie folgt aussehen:

```
(define waehrungsrechner-macher
  (lambda ()
    (let ((Euro->USD 1.2))
      (lambda (message . params)
        (case message
          [(EUR-USD-Kurs)(set! Euro->USD (car params))]
          [(Euro-in-Dollar) (* Euro->USD (car params))]
          [else
           (error
            "point-maker:"
            (format "~s is not allowed." message))])))))

(define wr (waehrungsrechner-macher))

> (wr 'Euro-in-Dollar 40)
48.0
> (wr 'E-USD-Kurs 1.4)
. . point-maker: "E-USD-Kurs is not allowed."
> (wr 'EUR-USD-Kurs 1.4)
> (wr 'Euro-in-Dollar 40)
56.0
```

Aufgabe 5.10:
Ergänzen Sie den Konstruktor `waehrungsrechner-macher` um eine weitere Währung und den zugehörigen Euro-Kurs.

Methoden sind Prozeduren, die nur dem betrachteten Objekt gehören. Ein (ebenfalls dem Objekt gehörender) Dispatcher vermittelt zu jeder möglichen Botschaft eine entsprechende Methode oder eine entsprechende Meldung. Nicht für jede Botschaft muss es eine zugehörige Methode geben.

Zur Vereinfachung des Dispatchings in heute gängigen OOP-Sprachen, wie z. B. in Java, stimmen Botschafts- und zugehöriger Methodenname überein. Man spricht dann von *öffentlichen Methoden*.

Öffentliche Methoden bilden das *Interface* des jeweiligen Objekts. Nur über dieses Interface kann das Objekt angesprochen werden. Aber nur das Objekt selbst „weiß", wie die Methoden arbeiten. Diese sind nach außen völlig abgeschirmt, man sagt *gekapselt*. Die *Kapselung* (encapsulation) ist eine der wichtigsten Eigenschaften objektorientierter

Programmierung. Die Hintergründe wurden in den vorangehenden Abschnitten bereits dargelegt. Eine ähnliche Kapselung haben wir anhand der Moduldefinition für `stack` in Abschn. 5.5 bereits kennengelernt.

Existierende Methoden, die vom Dispatcher nicht vermittelt werden, sind *private Methoden*. Sie sind von außen nicht erreichbar. Im Allgemeinen werden sie von anderen öffentlichen oder privaten Methoden innerhalb des Objekts verwendet.

Schickt man einem Objekt zweimal hintereinander die gleiche Botschaft, so kann es zu zwei unterschiedlichen Reaktionen kommen. Auf den ersten Blick mag dies überraschen, hängt aber damit zusammen, dass das entsprechende Objekt nach der ersten Reaktion seinen Zustand verändert hat. Dieses Verhalten steht im Kontrast zu dem, was wir bei funktionsorientierter Programmierung kennen gelernt haben. In Abschn. 2.1.2 wurde auf Ausnahmen, wie `random`, ganz besonders hingewiesen.

Aufgabe 5.11:
Entwickeln Sie einen Zufallsgenerator-Macher. Verwenden Sie diesen, um einen Zufallsgenerator herzustellen, der so wie das eingebaute Sprachelement `random` arbeitet.

5.7 Klassen und Objekte

Zu einem konkreten objektorientierten Modell gehören typischerweise sehr viele Objekte, denn erst ab einer gewissen Größe des zu modellierenden Gegenstandsbereiches kommen die Vorteile dieses Paradigmas zur Geltung. Kleinere Übungsbeispiele dienen daher lediglich zur Illustration der tragenden Konzepte.

Zur Beherrschung der sich aus der Objektvielzahl ergebenden Komplexität ist eine Strukturierung notwendig. Objekte gleicher Bauart können zu Objektgruppierungen zusammengefasst werden. Man spricht von *Klassen*.

In der objektorientierten Modellierung geht man meist so vor, dass zunächst Klassen und deren Beziehungen untereinander entworfen werden. Die jeweils zugehörigen Objekte werden durch *Instanziierung* gewonnen. Der Begriff legt nahe, ein Objekt als Instanz einer Klasse zu begreifen. Entwurfsmuster (Singelton, Factory) im Bereich des Softwareengineerings machen deutlich, dass es sogar Sinn macht, wenn eine Klasse nur genau ein einziges Objekt beschreibt.

Auch wenn es die Dimension der OOP nicht vollkommen widerspiegelt, darf man mit Bezug auf Abschn. 5.1.3 bei Klassen an Datentypen denken, deren Ausführung von den in Abschn. 5.5 betrachteten Vorzügen einer Daten-Operationen-Kapselung Gebrauch macht.

Als Einführungsbeispiel modellieren wir (sehr einfach gehaltene) Bankkonten (einer beliebigen Bankinstituts) als eine Klasse `Bankkonto%`. `kontostand` ist die einzige Zustandsvariable von `Bankkonto%`. Drei öffentliche Methoden soll es geben:

- gibKontostand zum Erfragen des aktuellen Kontostandes

- einzahlen zum Aufstocken des Kontos um einen bestimmten Betrag (in €)

- abheben zum Abheben eines bestimmten Betrags (in €)

Eine private Methode buchen, die also über den Dispatcher nicht angesprochen werden kann, steht zur Verfügung, um die Implementierung der öffentlichen (oder ggf. anderer privater) Methoden zu strukturieren. Die folgende Implementation der beschriebenen Klasse Bankkonto% mit Racket folgt der von point-maker in Abschn. 5.5:

```
(define Bankkonto%
  (lambda (bonus)
    ;;; (zaehleKonto)  ; Klassenmethode
    (let ((kontostand bonus))
      (let*
          ((buchen   ; private Methode
            (lambda (betrag)
              (set! kontostand (+ kontostand betrag))
              (printf "~a~a~n" "Aktueller Kontostand: " kontostand)))
           (gibKontostand
            (lambda ()
              kontostand))
           (einzahlen
            (lambda (betrag)
              (buchen betrag)))
           (abheben   ; überladene Methode
            (case-lambda
              (() (printf "~a~n" "Keine Kontobewegung."))
              ((betrag)
               (if (> betrag kontostand)
                   (printf "~a~a~a~n" "Guthaben i.H.v. " kontostand
                           " reicht nicht.")
                   (buchen (- betrag)))))))
        (let
            ([dispatcher                   ; Dispatcher
              (lambda (messagename)
                (case messagename
                  ((Kontoauszug) gibKontostand)   ; Botschaftsname!
                  ((einzahlen) einzahlen)
                  ((abheben) abheben)
                  (else
                   (error 'Bankkonto% "versteht ~a nicht."
                          messagename))))])
          (lambda (messagename . args)
            (apply (dispatcher messagename) args)))))))
```

Die dritte Code-Zeile ist herauskommentiert (mit drei Semikoli versehen) und wird in Abschn. 5.9 betrachtet. Auch auf die Besonderheit der mit `case-lambda` umgesetzten `abheben`-Methode gehen wir weiter unten noch ein.

Der (gegenüber dem in `point-maker` leicht modifizierte) Dispatcher bildet die Botschaften auf die entsprechenden öffentlichen Methoden ab. Bis auf Kontoauszug als Botschaftsname zur Aktivierung der Methode `gibKontostand` stimmen die Botschafts- mit den Methodennamen überein.

Objekte der Klasse `Bankkonto%` besitzen eine *Instanzvariable* und vier *Instanzmethoden*, davon drei öffentliche.

Die Instanziierung eines einzelnen Bankkontos und einen kleinen Dialog mit diesem Konto schauen wir uns nun an:

```
(define bk1 (Bankkonto% 10))
> (bk1 'buchen 20)
no such method
> (bk1 'abheben 30)
Guthaben i.H.v. 10 reicht nicht.
> (bk1 'einzahlen 120)
Aktueller Kontostand: 130
> (bk1 'abheben 30)
Aktueller Kontostand: 100
> (bk1 'Kontoauszug)
100
> (bk1 'abheben)
Keine Kontobewegung.
```

Bei der Instanziierung eines Bankkontos wird ein Bonus für die Kontoeröffnung berücksichtigt. Im Beispiel wird die 10 zur *Initialisierung* der Instanzvariablen `kontostand` benutzt.

Aufgabe 5.12:
Erstellen Sie ein weiteres Konto ohne Eröffnungsbonus und führen Sie Transaktionen nach obigem Vorbild durch.

5.8 Überladen (overloading) von Methoden

Die Technik des Überladens von Methoden haben wir bereits in der datengesteuerten Programmierung in Abschn. 5.4 betrachtet: Für ein und dieselbe Botschaft können verschiedene Methoden zum Einsatz kommen. Dabei handelt es sich um gleichnamige Methoden unterschiedlicher *Signaturen* (Typ(en) zusammen mit Stelligkeit), vgl. auch Tab. 5.1.

Die Entscheidung, welche Methode im konkreten Fall anzuwenden ist, wird in Abhängigkeit von *Typ* oder *Anzahl der Argumente* getroffen.

Die Beispielklasse `Bankkonto%` besitzt eine überladene Methode:

```
(abheben   ; überladene Methode
 (case-lambda
   (() (printf "~a~n" "Keine Kontobewegung."))
   ((betrag)
    (if (> betrag kontostand)
        (printf "~a~a~a~n" "Guthaben i.H.v. " kontostand
                " reicht nicht.")
        (buchen (- betrag))))))
```

Wir möchten `abheben` als null- und einstellige Prozedur bereitstellen. Im ersten Fall wird von einem Versehen des Kontoeigentümers ausgegangen, der die Angabe des abzuhebenden Betrags vergaß. Infolge dessen soll keine Kontobewegung stattfinden, was auch signalisiert werden soll. Im zweiten Fall (Normalfall) wird dem Auszahlungswunsch entsprochen, wenn das Konto die erforderliche Deckung besitzt.

In Abschn. 2.6 wurde ausgeführt, dass in einem Rahmen nicht zwei gleichnamige Variablen existieren können. Um nun gleichnamige Methoden in einer Klassendefinition unterbringen zu können, gibt es das Racket-Sprachelement `case-lambda`. Es fasst mehrere fallweise Definitionen zusammen und gibt uns gegenüber `lambda` die Möglichkeit, die jeweilige Parameteranzahl für jeden Fall explizit festzulegen. Sollte eine Typentscheidung erforderlich sein, werden die bekannten Typ-Prädikate dem entsprechend eingesetzt.

Aufgabe 5.13:
Modifizieren Sie die Klassendefinition `Bankkonto%`, indem Sie die Methode `abheben` durch einen weiteren Fall überladen: Wenn der mitgesandte Parameter keine Zahl ist, soll eine entsprechende Meldung ausgegeben und keine Kontobewegung durchgeführt werden.

Overloading ist eine Technik, um *polymorphe* Operationen, mit denen wir uns in Abschn. 5.10 genauer befassen werden, herzustellen. Überladene Prozeduren können auf eine endliche Menge verschiedener Typen angewandt werden. Für jeden dieser Datentypen muss die Methodendefinition eine dementsprechende Festlegung treffen. Alle infrage kommenden Typen müssen also zum Zeitpunkt der Klassendefinition bekannt sein. Man spricht daher auch von *Ad-hoc-Polymorphie*.

5.9 Klassenvariablen und Klassenmethoden

Bevor wir uns weiter mit Polymorphie beschäftigen, soll das letzte Rätsel in der Implementation von `Bankkonto%` in Abschn. 5.7 gelöst werden: Es geht um die dritte Code-

Zeile: (zaehleKonto). Dabei handelt es sich offenbar um den Aufruf einer Prozedur mit folgender Definition:

```
(define kontenanzahl 0)

(define anzahl
  (lambda ()
    (printf "~a~a~a~n" "Derzeit gibt es insgesamt "
            kontenanzahl " Konten.")))

(define zaehleKonto
  (lambda ()
    (set! kontenanzahl (+ kontenanzahl 1))))
```

kontenanzahl ist eine (globale) *Klassenvariable*. anzahl und zaehleKonto sind (globale) *Klassenmethoden*. Klassenvariablen/methoden sind nicht an die Existenz von Objekten gebunden. Dies ist ein wichtiger Unterschied zu Instanzvariablen bzw. Instanzmethoden.

In unserem Beispiel wird die Klassenvariable kontenanzahl als Instanzzähler benutzt: Immer, wenn ein neues Objekt der Klasse Bankkonto% instanziiert wird, soll der Zähler inkrementiert werden. Mit der Klassenmethode anzahl kann die Zahl der aktuell existierenden Konten erfragt werden. Vergessen Sie nicht, die Semikoli in der dritten Codezeile von Bankkonto% zu entfernen, um den Methodenaufruf wirksam werden zu lassen. Interaktionsbeispiel:

```
> (anzahl)
Derzeit gibt es insgesamt 4 Konten.
```

Aufgabe 5.14:
Instanziieren Sie mehrere Objekte der Klasse Bankkonto% und fragen Sie anschließend nach der Anzahl der eröffneten Konten.

5.10 Vererbung (inheritance) und Polymorphie

Bis hierher hatten wir es nur mit genau einer Klasse, nämlich Bankkonto%, zu tun. Das ändert sich, wenn weitere Bankkonten mit individuellen Eigenschaften hinzukommen. Beispielsweise könnte eine Bank spezielle Konten für Kinder bzw. Jugendliche anbieten.

Im Beispiel soll sich ein Jugendbankkonto in nur wenigen Punkten von einem klassischen Bankkonto unterscheiden:

- Die Kontotypbezeichnung (Bankkonto für Kinder/Jugendliche) kann erfragt werden.

- Das Abheben ist (bei vorausgesetzter Deckung) nur bis zu einem Betrag von 50 € möglich.

Es liegt auf der Hand, bei der Definition der Klasse `Jugendbankkonto%` auf die von `Bankkonto%` zurückzugreifen. Die Wiederverwendung bestimmter Programmteile verringert nicht nur den Aufwand bei der Programmierung, sondern auch die Fehlergefahr.

Man sagt, dass *Kindklassen* oder *Unterklassen* (*subclass*) von der jeweiligen Basis-, Eltern- oder *Oberklasse* (*superclass*) abgeleitet werden. Im Beispiel wird die Kindklasse `Jugendbankkonto%` von der Elternklasse `Bankkonto%` abgeleitet.

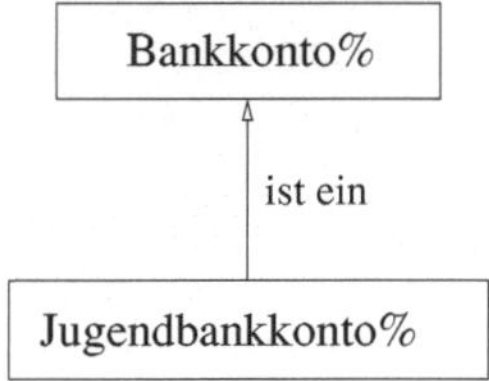

Abbildung 5.1: Vererbungsgraph

Basisklasse und davon abgeleitete Klassen können mit einem *Vererbungsgraphen* wie in Abb. 5.1 dargestellt werden. Für die grafische Darstellung von Abläufen, Zuständen und diversen Zusammenhängen gibt es eine einheitliche Sprache: die *UML* (*Unified Modelling Language*), aus der wir hier einen sehr kleinen Teil zur Anwendung gebracht haben. In UML ist festgelegt, dass die Vererbungspfeile hohl sind. Sie zeigen stets von der abgeleiteten zur Basisklasse, d. h. in die Richtung der *Generalisierung*. Man liest immer in Pfeilrichtung: „Ein Jugendbankkonto *ist ein* (spezielles) Bankkonto".

Man kann sich wünschen, dass eine Kindklasse von *mehr als einer* Elternklasse erbt. In diesem Falle spricht man von *Mehrfachvererbung* (*multiple inheritance*). Auf den ersten Blick hat das Vorteile gegenüber der Einfachvererbung, man denke nur an die Modellierung der Eltern-Kind-Beziehung bei Säugetieren. Ebenso leicht kann man sich ausmalen, dass es dadurch neue Probleme gibt: Welche Methode erbt das Kind, wenn beide (oder mehr als zwei) Eltern eine Methode mit gleicher Signatur besitzen? Die mit Mehrfachvererbung verbundenen Probleme haben zu der Entscheidung beigetragen, dass moderne OOP-Sprachen, wie Java, ganz im Gegensatz zu C++, nur *Einfachvererbung*[8] zulassen. Wir beschränken uns hier ausschließlich auf die Behandlung von Einfachvererbung.

Bei der Ableitung von Klassen kann ein großer Teil des Codes der Elternklasse wiederverwendet werden (*code reuse*)[9]. Für die Variablen und Methoden einer Kindklasse gibt es ausschließlich die folgenden drei Möglichkeiten:

---

[8]Fairerweise wollen wir erwähnen, dass man in Java mit Interfaces die Möglichkeit besitzt, Mehrfachvererbung indirekt zu erreichen.

[9]Die Wiederverwendbarkeit von Softwarekomponenten ist natürlich in erster Linie ein enormer Vorteil. Auf der anderen Seite ist die Gefahr einer „effektiven Verteilung fehlerhaften Codes" ebenso vorhanden.

- übernehmen: *Sämtliche* Instanzvariablen und -methoden der Superklasse werden von der Kindklasse unverändert übernommen.

- hinzufügen: Neue Elemente (Variablen oder Methoden) werden hinzugefügt.

- modifizieren: Übernommene Elemente werden modifiziert.

Es ist zu beachten, dass das Verb „entfernen" in dieser Liste nicht vorkommt. Dies bedeutet, dass auch unerwünschte Methoden der Elternklasse in die Kindklasse übernommen werden müssen und dort jedoch modifiziert werden können.

Das „Modifizieren" erreicht man dadurch, dass in der Kindklasse eine Methode definiert[10] wird, die sowohl im Namen als auch in der Signatur[11] mit einer Methode der Elternklasse übereinstimmt. Da die Suche der von einem Objekt der Kindklasse anzuwendenden Methode in der Kindklasse beginnt, wird die betreffende Methode der Elternklasse dynamisch überlagert, verdeckt oder *überschrieben* (to *override* – *überwinden, außer Kraft setzen*).

Obwohl das Hinzufügen von Methoden in der Kindklasse den Anschein einer Erweiterung[12] oder gar Verallgemeinerung gegenüber der Elternklasse erwecken könnte, ist es in Wirklichkeit eine *Spezialisierung*.

Die durch *Vererbung* (*inheritance*) entstehende *Klassenhierarchie* stellt ein wichtiges Mittel zur Beherrschung komplexer Systeme dar.

Zur Repräsentation der Vererbung stellen OOP-Systeme in aller Regel Schlüsselworte, wie `extends` oder `inherits`, zur Verfügung. In Racket benutzen wird ein Konzept, das *Delegationsmodell* (delegation model) genannt wird. Die Idee besteht darin, in die Unterklasse eine Instanz der Oberklasse einzubauen. Eine Botschaft, die für ein Objekt der Kindklasse unbekannt ist, wird an das eingebaute Elternklassen-Objekt weitergereicht. Vielleicht gibt es dort eine hinterlegte Methode dafür.

Die erste Version der Klassendefinition `BankkontoSubclass%` folgt dem Delegationsmodell und zeigt den Einbau eines `Bankkonto%`-Objekts.

```
(define BankkontoSubclass%
  (lambda (bonus)
    (let
        ([super (Bankkonto% bonus)])
      super)))

(define bksub1 (BankkontoSub% 20))
> (bksub1 'abheben 5)
Aktueller Kontostand: 15
```

---

[10]Es ist natürlich auch möglich, dass eine Klasse die bestehende Funktionalität einer ererbten Methode erweitert.

[11]Hierzu zählt man auch den Typ des ggf. vorhandenen Rückgabewertes (Kovarianz).

[12]Dies wird auch durch das in Java verwendete Schlüsselwort `extends` suggeriert.

Eine Botschaft, die von einer Instanz der Unterklasse empfangen wird, wird nun folgendermaßen verarbeitet:

1. Der Dispatcher aktiviert die zugehörige (eigene) Methode, falls es eine gibt.

2. Ansonsten wird die Botschaft an das eingebaute „Oberklasse-Referenz-Objekt" weitergeleitet und von diesem (mit dessen Dispatcher) so verarbeitet, als wäre sie direkt von diesem empfangen worden.

Dies wollen wir nun für unser Beispiel umsetzen.

```
(define Jugendbankkonto%
  (lambda (bonus)
    (let ((typ "Bankkonto für Kinder/Jugendliche")
          (super (Bankkonto% bonus)))   ; Superklasseninstanz
      (zaehleKonto)   ; Klassenmethode
      (let ((kontostand bonus))
        (let*
            ((gibKontotyp
              (lambda ()
                typ))
             (abheben           ; Methode wird überschrieben
              (lambda (betrag)
                (if (> betrag 50)
                    (printf "~a~n" "Nicht möglich, da maximaler
                                   Auszahlungsbetrag: 50")
                    (super 'abheben betrag)))))
          (let
              ((dispatcher                    ; Dispatcher
                (lambda (messagename)
                  (case messagename
                    ((abheben) abheben)
                    ((gibKontotyp) gibKontotyp)
                    (else #f)))))
            (lambda (messagename . args)
              (let*
                  ([method (dispatcher messagename)])
                (cond
                  (method
                   (let ([result (apply method args)])
                     (cond
                       ((not (eq? result 'rejected)) result)
                       (super
                        (apply super (cons messagename args)))
                       (else
                        (error
```

```
                       'Jugendbankkonto%
                       "~s ist nicht anwendbar auf ~s."
                       messagename args)))))
               (super
                (apply super (cons messagename args)))
               [else
                (error
                 'Jugendbankkonto% "versteht ~s nicht."
                 (cons messagename args))]))))))))))
```

Wie wir sehen, ist eine neue Methode gibKontotyp hinzugekommen, abheben wurde wie
oben beschrieben modifiziert und einzahlen wird durch Delegation an die Elternklasse
Bankkonto% unverändert übernommen.

Es ist zu beachten, dass bei der Definition von Methoden in der Subklasse private Instan-
zenvariable der Superklasse nicht angesprochen werden können. Dies schließt natürlich
nicht aus, dass man sich bei der Methodendefinition (teilweise) der Methodenanwendung
in der Superklassen-Instanz bedient: Beispielsweise wird abheben zum Teil in der Form
ausgeführt wird, wie das die Klasse Bankkonto% vorsieht. Dies erkennt man am Einsatz
von super in der Definition von abheben in Jugendbankkonto%.

```
(define jbk1 (Jugendbankkonto% 10))
> (displayln (jbk1 'gibKontotyp))
Bankkonto für Kinder/Jugendliche
> (jbk1 'einzahlen 20)
Aktueller Kontostand: 30
> (jbk1 'abheben 70)
Nicht möglich, da maximaler Auszahlungsbetrag: 50
> (jbk1 'abheben 25)
Aktueller Kontostand: 5
```

Der definierende lambda-Ausdruck im unteren Bereich von Jugendbankkonto% ist ziem-
lich „ausgeklügelt". Setzt man in der vierten Zeile der Subklassendefinition die Variable
super auf #f (false), so wird die eigentliche Subklasse zur unabhängigen Klasse. Für
Experimentalzwecke ist das eine sehr schöne Möglichkeit.

Würde man auf diese Möglichkeiten verzichten, könnte man diesen Teil der Definition
auch einfacher gestalten.

Mit der Zeile ((not (eq? result 'rejected)) result) kann man Methoden der
Elternklasse sperren, wenn man sie in der Kindklasse definiert und als Wert 'rejected
zurückgibt.

Aufgabe 5.15:
Verändern Sie die Definition der Klasse Jugendbankkonto% so, dass Kontoauszug als
Methode der Elternklasse Bankkonto% nicht mehr anwendbar ist.

Polymorphie[13] ist ein aus dem Griechischen stammender Begriff, der soviel wie „viele Formen besitzend" bedeutet. Mit Ad-hoc-Polymorphie (overloading) sind wir bereits in Abschn. 5.8 in Berührung gekommen, als wir überladene Methoden behandelt haben. Dort wurde darauf hingewiesen, dass overloading eine eingeschränkte[14] Form des Polymorphismus darstellt.

Overriding ist ein zentrales Konzept der Polymorphie in der OOP. Im Gegensatz zum *Overloading* kann es nur im Zusammenhang mit Vererbung auftreten. Erst zur Laufzeit, also wenn die Operation wirklich ausgeführt wird, erfolgt die Typfeststellung. Davon hängt es ab, welche (zu den Operatoren passende, intern bereitstehende) Prozedur/Methode angewandt wird. Man spricht von *dynamischer Bindung*.

In einem OOP-System, das *polymorphe Prozeduren* bereitstellt, werden Daten typgerecht verarbeitet, also genau so, wie man es erwartet. Hierfür muss eine Klasse *lediglich ihre Elternklasse* kennen, nicht etwa die Definition der Methoden darin.

Aufgabe 5.16:
Definieren Sie eine weitere Klasse `Sonderkonto%` nach Ihren Vorstellungen. Ergänzen Sie Abb. 5.1.

5.11 Syntax-Erweiterungen für OOP

Nach den mit Racket-Basissprachelementen in den vorangehenden Abschnitten ausgeführten Klassen-Implementationen reift der Wunsch nach so etwas wie einer „Schablone" (template). Schließlich müssten bestimmte Codeabschnitte immer wieder fast unverändert eingesetzt werden. Außerdem leidet das konzeptionelle Verständnis unter den programmiertechnischen Details der Umsetzung mit „Bordmitteln".

Im Folgenden verwenden wir spezielle *Racket-OOP-Sprachelemente* zur übersichtlichen Klassenimplementation. Für die Klasse `Bankkonto%` sieht das folgendermaßen aus:

```
(define kontenanzahl 0)
(define anzahl
  (lambda ()
    (printf "~a~a~a~n" "Derzeit gibt es insgesamt "
            kontenanzahl " Konten.")))
(define zaehleKonto
  (lambda ()
```

---

[13]Monomorphie steht für das Gegenteil.

[14]Ganz allgemein erwartet man von polymorphen Prozeduren, dass sie auf potentiell unendlich viele Typen, die zur Definitionszeit nicht bekannt zu sein brauchen, anwendbar sind. Dieser „echte Polymorphismus" wird auch *parametrischer Polymorphismus* genannt. Der Name rührt daher, dass im Allgemeinen ein *Typparameter* angegeben wird. Die Generics in Java sind ein Beispiel dafür. Dies wird hier jedoch *nicht* vertieft.

```
(set! kontenanzahl (+ kontenanzahl 1))))

(define Bankkonto%
  (class object%     ; Wurzelobjekt
    (init bonus)     ; Eröffnungsbonus angeben
    (define kontostand bonus) ; Initialisierung der Instanzvar.
    (zaehleKonto)    ; Zugriff auf Klassenvariable
    (super-new)      ; Instanziierung eines Superclass-Objekts
    (define buchen   ; private Methode
      (lambda (betrag)
        (set! kontostand (+ kontostand betrag))
        (printf "~a~a~n" "Aktueller Kontostand: " kontostand)))
    (define/public gibKontostand   ; öffentliche Methode
      (lambda ()
        kontostand))
    (define/public einzahlen       ; öffentliche Methode
      (lambda (betrag)
        (buchen betrag)))
    (define/public abheben  ; überladene (öffentliche) Methode
      (case-lambda
        (() (printf "~a~n" "Keine Kontobewegung."))
        ((betrag)
         (if (> betrag kontostand)
             (printf "~a~a~a~n" "Guthaben i.H.v. " kontostand
                     " reicht nicht.")
             (buchen (- betrag)))))))))
```

Zur Instanziierung stellt Racket einen Standardkonstruktor new bzw. make-object bereit. Wir verwenden ihn, um ein konkretes Bankkonto bk1 mit einem Eröffnungsbonus i. H. v. 10 € zu erzeugen. buchen ist eine private Methode, die außerhalb des Objektes nicht verwendet werden kann. Botschaften an ein Objekt werden nach dem syntaktischen Muster (send <objektname> <botschaftsname> <parameter>) gesendet.

```
;(define bk1 (new Bankkonto% (bonus 10)))
(define bk1 (make-objeect Bankkonto% 10))
> (send bk1 buchen 20)
no such method
> (send bk1 abheben 30)
Guthaben i.H.v. 10 reicht nicht.
> (send bk1 einzahlen 120)
Aktueller Kontostand: 130
> (send bk1 abheben 30)
Aktueller Kontostand: 100
> (send bk1 gibKontostand)
100
```

```
> (send bk1 abheben)
Keine Kontobewegung.
```

Nun folgt die Definition der Klasse `Jugendbankkonto%` als Kindklasse von `Bankkonto%` unter Verwendung von Racket-OOP-Sprachelementen:

```
(define Jugendbankkonto%
  (class Bankkonto%  ; erbt von Bankkonto%
    (define typ "Bankkonto für Kinder/Jugendliche")  ; Instanzvariable
    (super-new)
    (define/public gibKontotyp
      (lambda ()
        typ))
    (define/override abheben  ; überschriebene  Methode
      (lambda (betrag)
        (if (> betrag 50)
            (printf "~a~n"
                    "Nicht möglich, da maximaler Auszahlungsbetrag: 50")
            (super abheben betrag))))))
```

Das ist doch deutlich kompakter und besser lesbar als die ausführliche Version ohne OOP-Sprachschatz.

Die Instanziierung und der Nachrichtenversand folgen der oben erläuterten Form.

```
(define jbk1 (new Jugendbankkonto% (bonus 10)))
> (displayln (send jbk1 gibKontotyp))
Bankkonto für Kinder/Jugendliche
> (send jbk1 einzahlen 20)
Aktueller Kontostand: 30
> (send jbk1 abheben 70)
Nicht möglich, da maximaler Auszahlungsbetrag: 50
> (send jbk1 abheben 25)
Aktueller Kontostand: 5
```

Aufgabe 5.17:
Experimentieren Sie mit diesen Klassen und Objekten. Fügen Sie eine weitere Klasse als Sonderkonto (`Sonderkonto%`) nach Ihren Vorstellungen hinzu. Ergänzen Sie Abb. 5.1.

6 Imperative Programmierung

6.1 Wertzuweisungen, Befehle, Sprünge und Zyklen

Funktionale Programmiersprachen sind *ausdrucksorientiert*. Das Hauptkonstrukt dieser Sprachklasse sind Ausdrücke (expression), deren Aufbau in Kap. 2 ausführlich behandelt wurde. Die Auswertung (Evaluation) eines Ausdrucks findet ihres *Wertes* wegen statt. Idealerweise gibt es keinerlei Nebenwirkungen: Wird die Evaluation eines bestimmten Ausdrucks beliebig oft wiederholt, erhält man stets das gleiche Ergebnis. Dies steht im krassen Gegensatz zur objektorientierten Programmierung.

Ganz anders verhält es sich bei *anweisungsorientierten* Sprachen, bei denen *Anweisungen* (statements) die Hauptrolle spielen. Die Auswertung von Anweisungen findet ihres *Effektes* wegen statt. Nebenwirkungen werden folglich gezielt organisiert.

Imperative Programmierung ist anweisungsorientiert und bedeutet Programmieren mit *Befehlen*, die Werte von Variablen und damit *Zustände* des Berechnungsprozesses verändern können. Der fundamentale Operator dieses Programmierstils ist die *Zuweisung* (assignment), mit der Werte an Variablen gebunden werden.

Gegenüber dem seiteneffektfreien funktionalen Programmieren gibt es einen wesentlichen Unterschied: Das Ergebnis eines Ausdrucks hängt im Allgemeinen nicht nur von den Eingabedaten ab, sondern kann von bestimmten Zuständen, die der Berechnungsprozess einnimmt, maßgeblich beeinflusst werden. Bei anweisungsorientierten Sprachen können zwei aufeinander folgende identische Prozeduraufrufe zwei verschiedene Rückgabewerte erzeugen. Außerdem ist die *Reihenfolge* der Abarbeitung von Anweisungen eines imperativen Programms essentiell und kann keineswegs beliebig verändert werden.

Um die Tragweite der Nachteile dieses Konzeptes vollständig zu verstehen, sehen wir uns an, wie die im Speicher abgelegten Werte adressiert und verändert werden. Hierzu bietet Racket einige Sprachelemente, deren Benutzung mit großer Vorsicht geschehen sollte. Dies wird durch das an den Befehlsnamen angehängte Ausrufezeichen[1] besonders betont.

Durch das Angebot solcher Kommandos für imperatives Programmieren in Racket erhalten wir die Möglichkeit, dieses Paradigma in der nun schon gewohnten Arbeitsumgebung zu studieren. Darüber hinaus müssen wir erkennen, dass Racket selbst von Zuweisungen

---

[1]Das Zeichen ! heißt im Englischen zwar exclamation mark/point, wird hier aber aus o. g. Grund als bang – lauter Knall – gelesen.

via `define` Gebrauch macht. Alle auf dem obersten Niveau (top level) vorgenommenen Prozedurdefinitionen sind Werte globaler Variablen.

Imperative Programmierung beruht auf dem *Konzept veränderlicher Objekte*[2] (mutable objects). Ein Objekt wird als veränderlich bezeichnet, wenn wenigstens einige seiner Eigenschaften modifiziert werden können, ohne dabei die Identität aufzugeben. Ein Computer bleibt beispielsweise ein Computer auch dann, wenn wir seinen Arbeitsspeicher erweitern. Menschen verändern ihr Alter, Gewicht und Aussehen aber nicht ihre biologischen Eltern. Die meisten *mathematischen* Objekte sind *unveränderlich* oder *zustandslos*.

Variablen sind veränderliche Objekte, weil deren Werte modifiziert werden können, ohne dass diese Variablen ihre Identitäten verlieren.

Charakteristisch für imperative Programmierung ist außerdem der Einsatz von *Zyklenstrukturen* (loop) zur wiederholten Ausführung von Anweisungsfolgen.

```
> (for ((i (in-range 0 21 2)))
    (printf "~s " (* i i)))
0 4 16 36 64 100 144 196 256 324 400

> (for ((i (in-range 0 21 2))
        #:when (not (= i 12)))
    (printf "~s " (* i i)))
0 4 16 36 64 100 196 256 324 400

> (do ((i 0 (+ i 2))) ((> i 20)(newline))
    (printf "~s " (* i i)))
0 4 16 36 64 100 144 196 256 324 400
```

Mit do kann man weitere imperative Sprachelemente, wie z. B. `while`, implementieren:

```
(define-syntax while
  (syntax-rules ()
    ((_ pred b1 ...)
     (letrec ((loop (lambda () (when pred b1 ... (loop)))))
       (loop)))))

> (let ((i 0))
    (while (<= i 10)
       (printf "~s " (* i i))
       (set! i (+ i 1))))

0 1 4 9 16 25 36 49 64 81 100
```

---

[2]Der Objektbegriff wird hier nicht im Sinne der OOP gebraucht, sondern bedeutet Racket-Werte.

Aufgabe 6.1:
Machen Sie sich mit Hilfe des Manuals mit dem Racket-do-Sprachelement vertraut und
erproben Sie einige Beispielausdrücke.

Unterprogrammene (subroutine) werden eingesetzt, um bestimmte Programmteile unter
einem bestimmten Namen kompakt anwendbar zu machen. Bietet eine Programmiersprache die Verwendung von Unterprogrammen an, sind Fragen der *Parametervermittlung* zu klären.

Bedingte und *unbedingte Sprünge* (goto) werden verwendet, um die Programmfortset-
zung an einer bestimmten Stelle zu erzwingen. Am Beginn einer jeden Anweisungszeile
steht jeweils genau eine Sprungmarke, z. B. 10, 20 usw.:

```
(program
 (10 (set! a 7))
 (20 (printf "~s " a))
 (30 (if (even? a) (set! a (/ a 2)) (set! a (+ (* 3 a) 1))))
 (34 (if (= a 1) (print a) (goto 20)))
 (40 cnd))
```

```
> (run)
7 22 11 34 17 52 26 13 40 20 10 5 16 8 4 2 1
```

Das angegebene Programm berechnet sämtliche Glieder der COLLATZ-Folge. Man liest[3]
es folgendermaßen.

1. Schreibe den aktuellen Wert von a auf den Bildschirm.

2. Falls a gerade ist, so weise die Hälfte von a der Variablen a zu, anderenfalls ergibt
   sich a aus dem Nachfolger des Dreifachen dieser Zahl.

3. Falls a gleich 1 ist, drucke den Wert von a (also 1) aus (und gehe weiter zu Schritt
   4), anderenfalls setze mit Schritt 1 fort.

4. Beende das Programm.

Bevor das oben angegebene Programm wirklich abgearbeitet werden kann, sind die folgenden Definitionen erforderlich. Damit passen wir die Syntax von `program` an die typische Form imperativer Programme an. Es ist eine Folge von Instruktionen mit angegebenen Zeilennummern.

```
(define a "")
(define goto "")
(define run "")
(define end "")
```

---

[3]Dies alles dient nur zur Illustration der Konzepte imperativer Programmierung. Da diese einige
gravierende Nachteile gegenüber der funktionsorientierten Programmierung aufweisen, sollte man die
Sprechweise nicht einüben, um sich den mentalen Zugang zum Funktionalen nicht zu verstellen.

```
(define-syntax program
 (syntax-rules ()
  ((_ (ic cmd ...) ...)
   (begin
    (set! goto
     (lambda (x)
      (cond
       ((= x ic) (unless (equal? '(end) '(cmd ...))
                   (begin cmd ... (goto (+ x 1)))))) ...
       ((< x ic) (goto (+ x 1))) ...)))
    (set! run (lambda () (goto 0)))))))
```

Aufgabe 6.2:
Schreiben Sie ein imperatives Programm zur Berechnung der n-ten Fibonacci-Zahl.

Sämtliche Zykluskonstruktionen kann man mit *bedingten* Sprüngen, bei denen das Erreichen eines Sprungziels von der Erfüllung einer Bedingung abhängt, definieren.

Während Zyklen notwendig sind, um wiederholt stattfindende Zuweisungen zu organisieren, dienen *Unterprogramme* – in Form von *Prozeduren* (Unterprogramme ohne Rückgabewert) und *Funktionen* (Unterprogramme mit Rückgabewert) zur *Modularisierung* und damit ggf. zur Programmstrukturierung. Dabei verdient die Form der *Parametervermittlung*, d. h. die Art und Weise der Bindung *aktueller Parameter* an die entsprechenden *formalen*, unsere Beachtung, s. Abschn. 6.8.

6.2 Speichern von Daten

Um Daten als Werte an Variablen binden zu können, müssen diese Datenobjekte irgendwo gespeichert werden. Wir wollen im Folgenden studieren, wie dies in Racket konzeptionell stattfindet. Damit behandeln wir dann auch genau den Teil, der die Betrachtung des Umgebungsmodells aus Abschn. 2.6 ergänzt. Die zu beschreibenden Konzepte sind grundsätzlich auf andere Programmiersysteme übertragbar, auch wenn im Detail spezielle Implementationsentscheidungen gelten.

In Racket[4] gibt es

eine globale Umgebung, die zu jedem Zeitpunkt sämtliche (auch temporär gültige) Bezeichner enthält und

---

[4]Die hier beschriebene Architektur ist nur eine von mehreren Möglichkeiten, die in der Fachwelt diskutiert und angewandt werden.

einen globalen Speicher, der – als Heap[5] (Halde) ausgeführt und auch so genannt – alle speicherbaren Werte aufnimmt.

Speicherbare Werte[6] sind einfache Werte, d. h. Zahlen (number), boolesche Werte (#t, #f), Zeichen (character) und Symbole (symbol), ebenso wie zusammengesetzte Werte, d. h. Zeichenketten (string), Vektoren (vector), Paare (pair) und Listen (list). Letztere nehmen sich so viel Platz[7] im Heap, wie sie für sich und die Organisation ihrer Speicherung benötigen. Zur Art und Weise, wie zusammengesetzte Daten gespeichert werden, wird weiter unten noch etwas gesagt.

Neben dem eigentlichen Wert wird stets noch ein Typkennzeichen mitgespeichert, auch wenn wir das im Folgenden nicht mehr extra erwähnen.

Die „Zellen" des Heaps werden in Wirklichkeit durch eine vorzeichenlose ganze Zahl (Adresse) identifiziert. Zur besseren Lesbarkeit verwenden wir $L_0, L_1, L_2, \ldots, L_n$, wobei das L an location erinnern soll. Der Zugriff auf *Speicherzellen* erfolgt also über *Adressen*. In die zu einem bestimmten Zeitpunkt unbenutzten Speicherzellen schreiben wir FREE, s. Abb. 6.1.

Name	Wert
(Symbol, ID)	(Adresse)
$\vdots$	$\vdots$

Speicherplatz (location)	Zelle (Zellinhalt)
L_0	FREE
L_1	FREE
L_2	FREE
L_3	FREE
$\vdots$	$\vdots$

Abbildung 6.1: globale Umgebung (links) und Speicher für Racket-Objekte (rechts)

Die globale Umgebung – also der nach dem Systemstart eingeschaltete Bindungrahmen – enthält alle Sprachelemente von Racket und alle Variablen, die bestimmte Vorgabewerte annehmen, s. Abb. 2.1 in Abschn. 2.6.1.

Durch Definitionen neuer Variablen kann diese Umgebung erweitert werden. Um herauszufinden, was dabei im Speicher geschieht, analysieren wir den Ausdruck

```
(define x 42).
```

1. Im globalen Speicher wird eine freie Zelle gesucht. In Abb. 6.1 hat sie die Adresse L_0.

---

[5]Folgende Vorstellung ist an dieser Stelle ausreichend: Ein Heap ist eine spezielle Datenstruktur, die einen schnellen Zugriff auf die gespeicherten Daten ermöglicht.

[6]Aus Effizienzgründen (schneller Zugriff) werden unveränderliche Werte (immutable object) in einem speziellen Speicherbereich gehalten. Jeder Racket-Wert erhält also eine Markierung, die ihn als mutierbar oder unveränderlich kennzeichnet.

[7]Eine alternative, hier aber unnötig detaillierte Betrachtung könnte davon ausgehen, dass in jeder Zelle nur einfache Werte und Adressen, ggf. Adresspaare und Vektoren, stehen dürfen. Diverse Gesichtspunkte der Implementation sorgen für unterschiedliche Entscheidungen.

2. Der Inhalt dieser Zelle wird zu 42 aktualisiert.

3. Der Variablenname x wird zusammen mit der Adresse L_0 in der Umgebung ergänzt.

Damit entsteht die in Abb. 6.2 dargestellte Situation.

Bindungrahmen (globale Umgebung)			globaler Speicher (heap)	
Name (Symbol, ID)	Wert (Adresse)		Speicherplatz (location)	Zelle (Zellinhalt)
$\vdots$	$\vdots$		L_0	42
x	L_0		L_1	FREE
$\vdots$	$\vdots$		L_2	FREE
			L_3	FREE
			$\vdots$	$\vdots$

Abbildung 6.2: Beispiel einer Variablenbindung: `(define x 42)`

Der Zugriff auf den Wert von x beginnt mit der Suche von x in der globalen Umgebung. Dort findet sich der Zeiger auf L_0. In der Zelle mit dieser Adresse wird schließlich der Wert 42 gefunden.

Die Zahl 42 ist ein Beispiel für einen einfachen Datentyp, dessen Speicherung in unserem Modell[8] nur einer einzigen Zelle bedarf. Dies kann man natürlich leicht auf Zeichen (character) übertragen.

Viel spannender ist die Frage nach der Speicherung zusammengesetzter Daten, wie etwa Zeichenketten, Listen und Vektoren. Hierfür treffen wir die folgenden Verabredungen:

1. Werte für Symbole in der *globalen Umgebung* sind nicht nur Zahlen (Adressen), sondern darüber hinaus Paare und Vektoren aus natürlichen Zahlen (Adressen).

2. Neben den einfachen Daten dürfen die leere Liste und Paare aus natürlichen Zahlen (Adressen) im *globalen Speicher* (Heap) gespeichert werden.

Wie diese Referenzen in der jeweiligen Umgebung bzw. dem globalen Speicher interpretiert werden, illustrieren wir mit den folgenden Beispielen.

```
(define a (vector 'a 'b 'c 'd))
(define b (list 'z #f))
```

Abb. 6.3 macht deutlich, dass die Elemente eines zusammengesetzten Datums nicht notwendigerweise in aufeinander folgenden Zellen des globalen Speichers stehen müssen. Bei jedem neuen Eintrag wird zuerst der jeweils nächste freie Speicherplatz festgestellt und danach belegt. Dessen Adresse wird – wie zu sehen ist – festgehalten.

---

[8]Die hier entworfene Speicherverwaltung (memory allocation) trägt Modellcharakter. Es geht uns nicht um die detailgetreue Beschreibung von Implementationsentscheidungen, sondern stets darum, konzeptionelle Inhalte transparent zu machen.

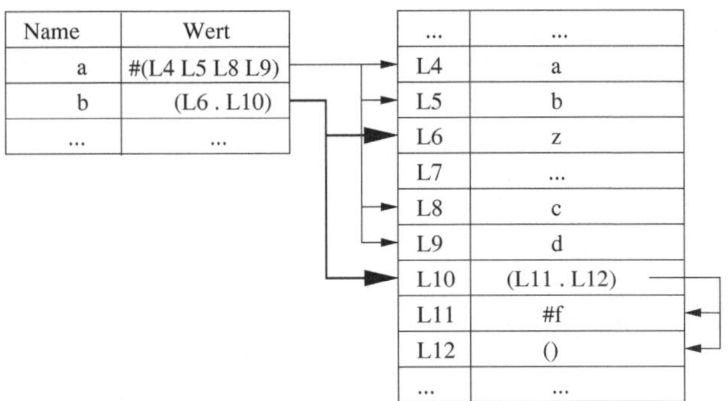

Abbildung 6.3: Adressierungsmodell für den globalen Speicher

Die Verwendung von Paaren (mit `car` und `cdr`) aus Adressen für Listen wird auch gern in Gestalt von *Box-Pointer-Diagrammen* visualisiert, s. Abschn. 1.3.7.

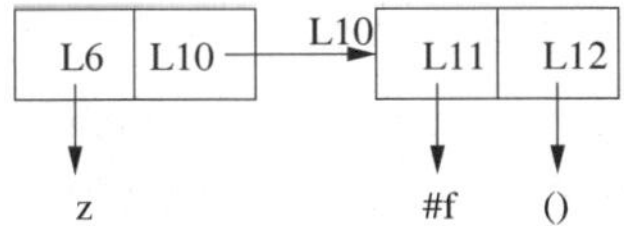

Abbildung 6.4: Box-Pointer-Darstellung der Liste `(z #f)` = `(z . (#f . ()))`

6.3 Mutatoren in Racket

Mutatoren (mutator) sind Befehle, die den Wert von Variablen verändern können. Mutatoren werden mit einem angehängten Ausrufezeichen gekennzeichnet. Auf die Gefahren, die mit Mutatoren verbunden sind, haben wir schon in Abschn. 6.1 hingewiesen. Sie wirken auf den *Wert* (Adresse) einer Variablen in der globalen Umgebung bzw. direkt auf Einträge im Speicher.

In Racket gibt es recht wenige Befehle aus dieser Gruppe. Wir wollen die wichtigsten in Tab. 6.1 näher vorstellen. *var* steht für Variable, *val* für einen Wert, *pair* / *vec* / *str* / *char* hält Platz für ein Paar / einen Vektor / eine Zeichenkette / ein Zeichen. *i* repräsentiert die dementsprechende Komponente des betrachteten Typs. Die Zählung beginnt bei Null.

Da es bei allen diesen Anwendungen auf den Seiteneffekt ankommt, ist der Rückgabewert totale Nebensache und deshalb unbestimmt. *pair*, *vec* und *str* sind in Wirklichkeit *Zeiger* (Referenzen) auf Werte des entsprechenden Typs.

> (set! *var val*)	*var := val* lies „:=" als: „ergibt sich aus".
> (mcons *val val*)	erzeugt ein veränderbares Paar bestehend aus den angegebenen Werten.
> (set-mcar! *pair val*)	Die car-Zelle eines Paares erhält den Inhalt *val*.
> (set-mcdr! *pair val*)	Die cdr-Zelle eines Paares erhält den Inhalt *val*.
> (vector-set! *vec i val*)	Die *i*-te Komponente von *vec* erhält den Inhalt *val*.
> (vector-fill! *vec val*)	Sämtliche Komponenten des Vektors *vec* erhalten den Inhalt *val*.
> (string-set! *str i char*)	Die *i*-te Komponente von *str* erhält den Inhalt *char*.
> (string-fill! *var char*)	Sämtliche Komponenten der Zeichenkette *str* erhalten den Inhalt *char*.

Tabelle 6.1: Mutatoren in Racket

Aufgabe 6.3:
Geben Sie für die folgenden Beispiele die jeweils zugehörige Umgebungs-Speicher-Darstellung nach dem Vorbild aus Abb. 6.3 an und begründen Sie die jeweiligen Resultate.

Ausgangsbasis für unsere Experimente sind die folgenden Bindungen. Bitte geben Sie diese Definitionen (ausnahmsweise) im Interaktionsfenster ein.

```
(define x 0)
(define y '(a e i o u))
```

Der in der jeweiligen Definition angegebene Ausdruck wird zuerst evaluiert. Das Resultat wird in eine „frische" Speicherzelle des Heap geschrieben. Deren Adresse L_i geht in den Wert der entsprechenden Variablen ein.

Die folgende Anwendung von set! prüft zunächst in der aktuellen Umgebung, ob die genannte Variable bereits eine Wertbindung besitzt. Wird sie gefunden, findet eine Berechnung und Wertzuweisung statt, wie oben für define ausgeführt. Anderenfalls entsteht ein Fehler.

```
> (set! x (* 6 7))
> x
42
```

Um Werte modifizieren zu können, müssen diese veränderbar (mutable) sein. In den zugehörigen Befehlsnamen wird dies durch ein vorangehendes m ausgedrückt.

Eine „normale" Liste, wie wir sie bisher verwendet haben, ist unveränderbar.

```
> (mpair? y)
#f
```

Für unsere Experimente stellen wir eine veränderliche Liste her und modifizieren anschließend ihre Elemente. Beachten Sie die geschweiften Klammern zur optischen Kennzeichnung modifizierbarer Listen.

```
(define y (mcons 'a (mcons 'e (mcons 'i (mcons 'o (mcons 'u '()))))))
> (display y)
{a e i o u}
> (mpair? y)
#t
> (set-mcar! y 'h)
> (display y)
{h e i o u}
> (set-mcar! (mcdr y) 'p)
> (display y)
{h p i o u}
```

Da y an den Zeiger auf die Liste {a e i o u} im Heap gebunden ist, zeigt (mcdr y) auf die Restliste {e i o u}. Deren erstes Element wird nun mit p überschrieben. Da sich der Wert von y (Adresspaar) dadurch nicht verändert hat, wird die so modifizierte Liste angezeigt.

Mutierbare Werte werden offensichtlich völlig anders verwaltet als solche, die durch Zuweisungen nicht verändert werden können. Dies führt auch zu verschiedenen algorithmischen Ansätzen: Während zwei unveränderliche Listen durch einfaches Anhängen (append) der zweiten an die erste verkettet werden können, geschieht dies bei modifizierbaren Listen durch Überschreiben des letzten Elements der ersten Liste mit dem Adresszeiger auf die zweite.

```
(define y (mcons 'a (mcons 'e (mcons 'i (mcons 'o (mcons 'u '()))))))
(define z (mcons 1 (mcons 2 '())))
> (display y)
{a e i o u}
> (display z)
{1 2}
> (set-mcdr! (mcdr (mcdr (mcdr (mcdr y)))) z)
> (display y)
{a e i o u 1 2}
```

Dies ist natürlich eine sehr effiziente Art die Verkettung zweier Listen zu implementieren.

Aufgabe 6.4:
Schreiben Sie eine Prozedur mappend!, die die Verkettung zweier mutierbarer Listen in der angegebenen Reihenfolge durch die oben erläuterte Referenzzuweisung berechnet.

Zeichenketten und Vektoren sind von Haus aus veränderbar. Möchte man mit Zeichenketten bzw. Vektoren seiteneffektfrei arbeiten, muss man den jeweils zu verarbeitenden Wert mit string-copy bzw. vector-copy vorher kopieren.

Alternativ können sie durch Anwendung entsprechender Prozeduren in unveränderbare

Werte überführt werden. Wir sehen das in folgendem Beispiel mit einer Zeichenkette.

```
> (define str (string #\H #\a #\l #\l #\o))
> str
"Hallo"
> (string? str)
#t
> (string-set! str 1 #\o)
> str
"Hollo"
> (set! str (string->immutable-string str))
> str
"Hollo"
> (string-set! str 4 #\a)
Fehler
```

Aufgabe 6.5:
Experimentieren Sie mit Vektoren und machen Sie sich die im Experiment beobachteten
Effekte im Speichermodell klar.

6.4 Zyklische Listen

Das Interesse an mutierbaren Datenstrukturen ist eng mit imperativer Programmierung
verbunden. Es führt dazu, dass man mit Hilfe von Zuweisungen und Mutatoren gezielt manipuliert, um möglichst effiziente Datenstrukturen zu erzielen. Zur Illustration
betrachten wir die gebrochene Zahl $\frac{1}{7} = 0.\overline{142857}\ldots$.

Zur Repräsentation der Periode 142857 würde sich eine *zyklische Liste* recht gut eignen.
Diese kann man leicht herstellen. Nach der Definition

```
> (define einsiebentel
    (mcons 0
      (mcons 1
        (mcons 4
          (mcons 2
            (mcons 8
              (mcons 5
                (mcons 7 0)))))))) 
```

führt

```
> (set-mcdr!
    (mcdr (mcdr (mcdr (mcdr (mcdr einsiebentel))))) 
    (mcdr einsiebentel))
```

zu der gewünschten zyklischen Listenstruktur. Die externe Bildschirmdarstellung

```
> einsiebentel
{0 . #0={1 4 2 8 5 7 . #0#}}
```

unterstreicht, dass wir das Gewünschte erreicht haben.

Zur Ausgabe einer zyklischen Liste entwickeln wir eine Prozedur print-mpair:

```
(define print-mpair
  (lambda (mpair anzahl)
    (letrec ((helfer
               (lambda (mpair i)
                 (if (= i 0)
                     (display "...")
                     (begin
                       (display (mcar mpair))
                       (helfer (mcdr mpair) (- i 1)))))))
      (display (mcar mpair))
      (display ".")
      (helfer (mcdr mpair) anzahl)))))

> (print-mpair einsiebentel 20)
0.14285714285714285714...
```

6.5 L-Wert und R-Wert

Wie schon mehrfach ausgeführt, ist die Zuweisung die fundamentale Operation imperativer Sprachen. Deshalb ist es für eine Variable in einem Ausdruck unbedingt notwendig zu wissen, ob die zugehörigen *Referenz* oder der *adressierte Zellinhalt* (Wert) gemeint ist. Dies hängt vom Kontext, in dem die Variable auftritt, ab.

Für Zuweisungen der Form

$$x := x + 1,$$

oder in konkreter Racket-Syntax

```
(set! x (+ x 1))
```

wird das jeweils am weitesten links (bzw. links vom := Symbol) stehende x als Name (in einem Rahmen) verstanden. Man spricht vom *L-Wert*.

Das (weiter) rechts (bzw. rechts vom :=-Symbol) stehende x repräsentiert den adressierten Zellinhalt (im Heap), den *R-Wert*.

Weder in Racket noch in den gängigen imperativen Sprachen ist optisch bzw. syntaktisch erkennbar, ob es sich um einen L- oder einen R-Wert handelt.

Darüber hinaus unterscheidet sich der Umgang mit L- bzw. R-Werten in Definitionen (define) von dem in Wertveränderung (set!), obwohl es sich in beiden Fällen um eine *Zuweisung* handelt. Bei einer Definition wird die definierte Variable in der Umgebung eingetragen. Ein Mutationsbefehl wie set! verändert den Symboleintrag in der Umgebung nicht, sondern setzt sogar voraus, dass die wertmäßig zu verändernde Variable dort bereits vorkommt. Ist dies nicht der Fall, gibt es im Allgemeinen[9] eine Fehlermeldung.

Darin erkennen wir das für das imperative Programmieren so typische

1. *Initialisieren* der Variablen und

2. Mutieren dieser Variablen.

Im Beispiel wird x mit (cons 20 30) initialisiert.

```
> (define x (cons 20 30))
> x
(20 . 30)
> (set! x (cons 10 30))
> x
(10 . 30)
```

Wir wissen bereits, dass der Wert von x in Wirklichkeit ein Paar ist, das aus den Zahlen für die Adresse von 20 und der von 30 im Speicher besteht. Danach bekommt x durch (set! x (cons 10 30)) keinen neuen Wert, denn es werden die gleichen Speicherplätze verwendet. Ist der neue Wert von x ein Vektor mit – sagen wir – 10 Komponenten, so wären wenigstens zwei Speicherzellen verwendet worden. Der Wert von x in der Umgebung ist dann allerdings ein neuer, nämlich der entsprechende Adressvektor, s. Abb. 6.3.

Demgegenüber bewirkt eine Neudefinition der Variablen x, dass die vorher verwendeten Speicherzellen ungenutzt bleiben.

Aufgabe 6.6:
Geben Sie für dieses und das folgende Beispiel die jeweils zugehörige Umgebung-Speicher-Darstellung wie in Abb. 6.3 an und begründen Sie damit die jeweiligen Resultate (Racket-Rückgabewerte).

```
> (define x (cons 4 5))
> x
(4 . 5)
```

Für das Paar (4 . 5) werden zwei freie Speicherzellen gesucht, deren Adressen als Paar den neuen Wert von x in der Umgebungstabelle bilden. Falls es keine weiteren Zeiger auf den alten Zelleninhalt (10 . 30) gibt, sind diese Zellen unreferenziert und können nie wieder angesprochen werden.

---

[9]Nicht so in Chez Scheme: Hier können neue Variablen auch mit set! angelegt werden und es gibt zusätzlich eine toplevel-Definition. Auf diese Spezialitäten gehen wir hier jedoch nicht weiter ein.

Derartiger Datenmüll, der den Speicher belegt, ohne dass jemals wieder darauf zugegriffen werden kann, wird durch einen besonderen Prozess, der *garbage collection* genannt wird, „eingesammelt". Der bereinigte Speicher wird danach zur Wiederverwendung freigegeben. Solche „Müllsammlungen" finden in Racket periodisch und automatisch statt, ohne dass es der Nutzer unmittelbar wahrnimmt. Eine gute garbage collection ist für eine Programmiersprache sehr wichtig und keinesfalls trivial. Schließlich darf es nicht zum Referenzverlust für Daten, die noch gebraucht werden, kommen.

6.6 Das Aliasproblem

Zuweisungen, wie wir sie in den vorangehenden Abschnitten demonstriert haben, sorgen für Seiteneffekte und sind damit eine ernst zu nehmende Fehlerquelle!

Eine weitere Quelle für unbeabsichtigte Effekte und damit fehlerhafte Software ergibt sich, wenn Daten vollständig oder teilweise gemeinsam genutzt werden. Zwei verschiedene Variablen, die den gleichen Wert haben, können auf ein und dasselbe Objekt im Speicher zeigen:

```
;   alle Experimente im Interaktionsfenster durchführen
> (define v1 (vector 1 2 3 4))
> (define v2 (vector 1 2 3 4))
> (define v3 v1)
```

Im Heap wird der Vektor '#(1 2 3 4) gespeichert und der Zeiger auf dieses Datenobjekt wird als Wert an die Variable v1 gebunden. Bei der Definition von v2 geschieht das analog, d. h. es wird zuerst ein zunächst noch freier Speicherbereich für den Vektor '#(1 2 3 4) beschrieben. Die beiden gleichwertigen Vektoren nehmen also verschiedene Plätze im Speicher ein.

In der Definition von v3 wird der Wert von v1 (Referenzvektor) verwendet. Folglich zeigen v1 und v3 auf das gleiche Datenobjekt im Speicher. Wir nennen v3 einen *Alias*, also eine Art Spitzname oder Deckname (nickname) für den mit v1 bezeichneten Wert.

Nun ist klar, dass sich eine Veränderung des Vektors v3 bzw. v1 auf beide Variablenwerte gleichermaßen auswirkt:

```
> (vector-set! v3 1 'a)
> v1
'#(1 a 3 4)
> v3
'#(1 a 3 4)
> (vector-set! v1 3 'z)
> v1
'#(1 a 3 z)
> v3
```

```
'#(1 a 3 z)
> v2
'#(1 2 3 4)
```

Aufgabe 6.7:
Stellen Sie fest, ob v2 durch (set! v2 v3) zu einem weiteren Alias wird.

Transformiert man dieses Aliasproblem auf die Stufe echter Softwareentwicklung, so
wird klar, dass die Arbeit der einen Gruppe die der anderen durchaus beeinträchtigen
kann, wenn Daten gemeinsam genutzt werden. Die Verwendung von Aliassen ist dennoch
durchaus gängig.

Wie wir weiter oben klargestellt haben, sind Standardlisten in Racket unveränderbare
Datentypen. Deshalb werden typische Probleme unterdrückt, die ansonsten bei gemeinsamer Nutzung von *Teilen* strukturierter Daten auftreten könnten. Das folgende Beispiel
wirkt beruhigend:

```
> (define tail '(8 9 10 11 12 13))
> (define ls1 (list 1 2 tail))
> (define ls2 (list 3 4 5 tail))
> ls1
'(1 2 (8 9 10 11 12 13))
> ls2
'(3 4 5 (8 9 10 11 12 13))
> (set! tail '(a b c))
> ls1
'(1 2 (8 9 10 11 12 13))
> ls2
'(3 4 5 (8 9 10 11 12 13))
```

6.7 Identität und Gleichheit

Aus der Schulmathematik weiß man, dass zwei Zahlen, wie 120 und 120, gleich sind,
wenn sie direkt übereinstimmen. Zwei arithmetische Rechenausdrücke, wie $100 + 20$ und
$2 \cdot 60$, sind gleich, wenn sie ein und dieselbe Zahl als Resultate ergeben. Im ersten Fall
spricht man von „identisch gleich" und im zweiten von „logisch gleich" oder äquivalent.

Das klingt sehr einfach. In Wirklichkeit ist es so, dass nicht alle Objekte auf *Gleichheit*
untersucht werden können. Für nichtmathematische Dinge ist dies sofort klar, es gilt
aber auch für mathematische. So kann für zwei beliebig gegebene Funktionen (algorithmisch) nicht entschieden werden, ob sie gleich sind, d. h. für alle Argumente die gleichen
zugehörigen Funktionswerte berechnen.

Operationen sowohl für Identität als auch Gleichheit stellt auch Racket zur Verfügung.

Für einfache Racket-Objekte ist die *Identität* sofort klar:

```
> (eq? 1 1)
#t
> (eq? #f #f)
#t
> (eq? '() '())
#t
```

Daneben gibt es datentypspezifische Gleichheitsprädikate, beispielsweise für Zeichen, Zahlen und Listen:

```
> (= 2 (/ 8 4))
#t
> (char=? #\a #\b)
#f
> (null? '())
#t
> (null? (cdr '(1)))
#t
> (zero? 9)
#f
```

Welche Eigenschaft zusammengesetzter Objekte könnte für die *Identität* ausschlaggebend sein? Sind struktur- und inhaltsgleiche Elemente auch zwingend *identisch*?

Das folgende Beispiel zeigt, dass die beiden Gleichheitsprädikate equal? und eq? unterschiedliche Resultate liefern, obwohl in beiden Fällen (1 . 2) mit (1 . 2) verglichen wird. Natürlich erwarten wir zunächst das Ergebnis #t. Dem folgt eq? jedoch nicht.

```
> (equal? (cons 1 2) (cons 1 2))
#t
> (eq? (cons 1 2) (cons 1 2))
#f
```

equal? gibt #t zurück, wenn die beiden Argumente *struktur- und inhaltsgleich* sind, ansonsten #f. Im Beispiel erhalten wir also #t. Wenden wir jedoch eq? an, ergibt sich #f, denn die beiden Ausdrücke sind nicht identisch.

Ein positives Ergebnis (#t) erhalten wir allerdings für:

```
> (let ([x (cons 1 2)]) (eq? x x))
```

Offensichtlich erfordert die Identität zweier zusammengesetzter Racket-Objekte zusätzlich zur Struktur- und Inhaltsgleichheit die *Speicherpositionsgleichheit*, d. h. dass die zugehörigen Zeiger übereinstimmen müssen. Dies trifft für Aliasse exakt zu.

```
(define x (cons 1 2))
(define a x)
> (eq? a x)
#t
```

Wir geben noch ein Beispiel für Aliasse an.

```
(define x (mcons 1 (mcons 2 '())))
(define y (mcons 0 x))
(define z (mcons 4 x))
```

In der Tat sind x, (cdr y) und (cdr z) identisch.

```
> (eq? x (mcdr y))
#t
> (eq? (mcdr y) (mcdr z))
#t
```

Man stelle sich nun vor, dass y und z Variablen sind, die ein bestimmter Programmierer verwendet, während x im Programmteil eines anderen Programmierers steht. Beide arbeiten an einem gemeinsamen Projekt. Dann kann es Wochen dauern, bis der durch

```
> (set-mcar! x 12)
> (display y)
{0 12 2}
> (display z)
{4 12 2}
> (eq? (mcdr y) (mcdr z))
#t
```

entstandene Fehler im Programm des entsprechenden Programmierers entdeckt wird. Bei gemeinsamer Nutzung identischer Daten ist also höchste Vorsicht geboten.

6.8 Parametervermittlung

Beim Aufruf einer Prozedur werden gemäß ihrer Stelligkeit *aktuelle* Parameter übergeben und unter Berücksichtigung der gewählten Reihenfolge an die *formalen* Parameter vermittelt. Für diese *Parametervermittlung* gibt es mehrere gängige Methoden.

Von *call by value* oder auch *pass by value* spricht man, wenn der *Wert* einer Variablen oder eines Ausdrucks übergeben wird. Man kann sich das so vorstellen, dass eine Kopie der Wertes des aktuellen Parameters an den formalen gebunden wird. Dies ist auch die Methode, die Racket verwendet, obgleich eine genauere Untersuchung noch einige Kommentare[10] erforderlich machen wird.

---

[10]Die Racket-Besonderheit besteht nämlich darin, dass die übergebenen Werte selbst Adressen, d. h. Zeiger auf Werte bzw. Wertkopien, sind.

call by need haben wir bereits im Zusammenhang mit der verzögerten Evaluation in Abschn. 2.4.1 kennengelernt: Anstelle den betrachteten Ausdruck zuerst zu evaluieren und dessen Wert zu übergeben, wird der Ausdruck unverändert weitergereicht und erst dann evaluiert, wenn dessen Wert auch wirklich benötigt wird. Man spricht auch von *call by name*, womit wir uns an dieser Stelle nicht genauer befassen.

Im Folgenden experimentieren wir ein wenig mit der wertmäßigen Parametervermittlung:

```
(define n1 100)
(define n2 (list 1 2 3))
(define n3 (vector 1 2 3))
(define n4 (string #\a #\b))

(define pass-by-value
  (lambda (x)
    (set! x 4)
    x))

> (pass-by-value n1)
4
> n1
100
> x
x: undefined;
```

Aufgabe 6.8:
Wenden Sie die Prozedur `pass-by-value` nacheinander auf n2, n3 und n4 an und prüfen Sie anschließend, ob sich die Werte dieser drei Variablen verändert haben.

Dieses kleine Experiment macht deutlich, dass eine Wertveränderung einer lokalen Variablen (hier: eines Parameteres) außerhalb der Prozedur unwirksam ist. Innerhalb der Prozedur hat sie aber stattgefunden, wie dies der Rückgabewert anzeigt.

Wie wir im Zusammenhang mit dem Umgebungsmodell, s. Abschn. 2.6.4, bereits festgestellt haben, wird bei der Anwendung einer Prozedur ein neuer Bindungsrahmen erzeugt und der gültigen Umgebung vorangestellt. In diesen Rahmen wird in unserem Beispiel x mit dem R-Wert[11] von n1, also 100, eingetragen. Genau dieser Eintrag für x wird durch (set! x 4) mit der Zahl 4 überschrieben, ohne dass die Speicherzelle, in der sich der Wert von n1 befindet, in irgendeiner Weise beeinträchtigt wird.

---

[11]Dabei spielt es keine Rolle, ob man diese Zahl dort hinein kopiert, wie man sich das durchaus vorstellen kann, oder ob man deren Adresse in der globalen Umgebung notiert. Aus Effizienzgründen wird man Letzteres bei der Systemimplementation bevorzugen. Dies darf wiederum nicht mit call by reference verwechselt werden.

Aufgabe 6.9:
Geben Sie das zu diesem Aufruf gehörende Umgebungsmodell an.

Bei reinem call by value können globale Variablen nur dann innerhalb einer Prozedur
verändert werden, wenn sie nicht lokal sind. Diese Eigenschaft besitzen gerade die *freien
Variablen*, die innerhalb der Prozedur keiner Bindung unterliegen. In folgendem Beispiel
ist das n1:

```
(define pass-by-value
  (lambda (x)
    (set! n1 4)    ; hier steht jetzt n1 anstatt wie oben x
    x))


> (pass-by-value n1)
100
> n1
4
```

Auf die Gefahr derartiger Nebenwirkungen wurde bereits hingewiesen. Vermeiden Sie
einen derartigen Programmierstil!

Eine in der imperativen Programmierung fest verankerte Form der Parametervermittlung ist die per Referenz oder Zeiger auf ein Datenobjekt im Speicher. Sie heißt *call-
by-reference*. Im Hinblick auf die Frage nach einer seiteneffektfreien Programmierung
unterscheiden sich Referenz- und Wertparameter gravierend.

Im strengen Gegensatz zu call by value, wo der R-Wert des aktuellen Parameters übergeben wird, vermittelt call by reference dessen L-Wert. Auch wenn in Racket call by
value die Standardparametervermittlung, so können wir die Grundzüge von call by reference leicht „nachbauen". Hierfür verwenden wir *boxes*. Eine *Box* ist so etwas wie ein
einelementiger Vektor – ein minimaler und veränderbarer Speicher also. Der Wert dieser
Vektorkomponente, d. h. der Inhalt der Box, kann ein Wert beliebigen Typs sein.

Bevor wir mit der Parameterübergabe-Illustration beginnen, passen wir die Box-Sprach-
elemente an unsere Kommunikationsbedürfnisse an:

```
(define value unbox)
(define ref box)
(define set-ref! set-box!)
```

Die Prozedur `call-by-reference!` nimmt die Adresse einer Zahl (`x-ref`) als Argument,
quadriert anschließend diese Zahl und weist der verwendeten Variablen (Adresse, `x-ref`)
die berechnete Quadratzahl zu.

```
(define call-by-reference!
  (lambda (x-ref)
    (let ((f (lambda (n) (* n n))))
      (set-ref! x-ref (f (value x-ref)))))))
```

In Sprachen wie C können Sie ganz gezielt mit Zeigern arbeiten, ohne dass irgendwelche Zusatzmaßnahmen erforderlich sind.

Ein einfacher Beispielaufruf zeigt die Nebenwirkung der Prozedur.

```
(let ((v (ref 3)))
  (displayln (value v))
  (call-by-reference! v)
  (display (value v)))
3
9
```

Referenzparameter werden in imperativen Sprachen gerne verwendet, wenn Resultate aus umfangreichen meist zusammengesetzten Daten (z. B. üppigen Matrizen) bestehen, um den sog. VON-NEUMANN-*Flaschenhals*[12] zu überwinden.

Eine iterative Version `fak-ref` zur Berechnung von $n! = n \cdot (n-1) \cdot \ldots \cdot 2 \cdot 1$ wird in folgendem Beispiel gezeigt. `fak-ref` nimmt n als Referenzparameter. Nach einer zyklischen Anwendung der Zuweisung $n := n \cdot i$ für $i = n-1, n-2, \ldots, 2, 1$ auf den Initialwert n ergibt sich schließlich $n!$ als Wert der dafür verwendeten Resultatvariablen v.

```
(define fak-ref!
  (lambda (n-ref)
    (for ((i (in-range (- (value n-ref) 1) 0 -1)))
      (set-ref! n-ref (* (value n-ref) i)))))

(let ((v (ref 10)))   ; n>0
  (displayln (value v))
  (fak-ref! v)
  (displayln (value v)))

10
3628800
```

---

[12]Anstatt die Daten an die Prozedur zu übergeben und die Ergebnisdaten zurück zu holen, d. h. komplexe Daten hin und her zu speichern, belässt man sie am Speicherort und modifiziert sie lediglich. Zusätzlicher Speicherbedarf besteht nicht.

7 Parallelprogrammierung

7.1 Parallelität und Nebenläufigkeit

In der täglichen Praxis hat sich die Methode des Delegierens als Problemlösungstechnik
etabliert. Sie besteht darin, Teilprobleme zu identifizieren, deren Lösungen zur Lösung
des Gesamtproblems zusammengefügt werden können. Zur Lösung der n Teilprobleme
stehen idealerweise n kompetente Personen zur Verfügung. Außerdem sind die Teilprobleme untereinander vollkommen unabhängig, sodass es keiner Koordination und Kommunikation zwischen den bearbeitenden Personen bedarf.

Es ist nahe liegend, dieses Erfolgsrezept auch auf die Programmierung zu übertragen: n
paarweise unabhängige Prozesse werden *parallel* (zeitgleich nebeneinander) bearbeitet.
Dies setzt voraus, dass dafür wenigstens n Prozessorkerne zur Verfügung stehen. Mein
Computer besitzt 12 Kerne:

```
> (processor-count)
12
```

Racket stellt für echte Parallelverarbeitung zwei Abstraktionen zur Verfügung: futures
und places. futures erwarten einen Thunk ((lambda () <expression>)), der den
zu berechnenden Ausdruck kapselt. Mit touch wird die Berechnung dieses Ausdrucks
ausgelöst. Mehrere parallele Berechnungen werden dabei automatisch auf die verfügbaren
Prozessorkerne verteilt.

```
(time
 (let ((f32 (future (lambda () (fib 32))))
       (f33 (future (lambda () (fib 33))))
       (f34 (future (lambda () (fib 34))))
       (f35 (future (lambda () (fib 35))))
       (f36 (future (lambda () (fib 36))))
       (f37 (future (lambda () (fib 37)))))
   (+ (touch f32)(touch f33)(touch f34)
      (touch f35)(touch f36)(touch f37))))

cpu time: 6125 real time: 2359 gc time: 32
96631268
```

Die im Beispiel vorgenommene real-time-Zeitmessung lässt erkennen, dass im Vergleich zur standardmäßigen Einprozessorversion

```
(time
 (let ((f32 (fib 32))(f33 (fib 33))(f34 (fib 34))
       (f35 (fib 35))(f36 (fib 36))(f37 (fib 37)))
   (+ f32 f33 f34 f35 f36 f37)))

cpu time: 5985 real time: 5985 gc time: 0
96631268
```

eine beachtliche Performance-Verbesserung (mehr als Verdopplung) erzielt wurde. An der exponentiellen Laufzeit der rekursiven Berechnungen der Fibonacci-Zahlen (s. Aufg. 1.16) ändert sich jedoch nichts. Außerdem stimmen die jeweils verbrauchten CPU-Zeiten nahezu überein, was auf einen höheren Synchronisationsaufwand der Parallelversion zurückzuführen ist.

Der allgemeinere Begriff der *Nebenläufigkeit* (*Concurrency*) schließt Parallelität als Spezialfall ein. Zwei Prozesse heißen *nebenläufig* (concurrent), wenn sie voneinander unabhängig ausgeführt werden können. Dafür gibt es drei Möglichkeiten:

- sequenziell

- (echt) parallel auf einem Mehrprozessor- oder Mehrkernsystem

- quasiparallel, als Standard für Singleprozessorsysteme

Die Quasiparallelität vermittelt die Illusion paralleler Verarbeitung: Das *Betriebssystem* sorgt dafür, dass alle nichtatomaren Operationen unterbrochen werden können. Darum kümmert sich der *Scheduler*. Hierzu erhält jeder Prozess z. B. im *Round-Robin-Verfahren* je eine Zeitscheibe, während der er vorübergehenden Zugriff auf die CPU erhält. Anderenfalls würde genau ein Prozess sämtliche Betriebsmittel für sich beanspruchen, als einziger laufen und das gesamte System blockieren.

Auf Anwendungsebene nennt man das beschriebene Verfahren *Multitasking*. Es kann für Singleprozessor- und auch für Mehrprozessormaschinen eingesetzt werden.

Im Folgenden richten wir unsere Betrachtung auf Einprozessorsysteme.

7.2 Prozesse und Threads

Zwei grundlegende Begriffe, die wir zur Charakterisierung der Parallelprogrammierung benötigen, sind *Prozess* und *Thread*. Sie haben über dieses Gebiet hinaus Bedeutung, beispielsweise in verteilten Anwendungen und in Betriebssystemen.

Ein *Prozess* bezeichnet die sequentielle Ausführung von Anweisungen durch den Prozessor, wobei ein *eigener Speicherbereich* reserviert ist. Es sind einige Aktionen erforderlich, wenn mehrere Prozesse auf den gleichen Adressraum zugreifen sollen.

Das Betriebssystem verwaltet einen Prozess (starten, anhalten) unter Verwendung einer internen Datenstruktur (process descriptor), die alle Details, wie scheduling, priority, allocated memory und Werte der Maschinenregister, verwaltet. Ein Betriebssystem-Prozess ist eine Einheit zur Ressourcenzuweisung (CPU-Zeit und Speicher). Er wird durch seinen Code, Daten (globale Variablen, lokale Variablen – Stapel) und den Zustand der Maschinenregister repräsentiert.

Prozesse können mit endlichen Automaten[1] modelliert und mit Threads implementiert werden, s. auch Abb. 7.1.

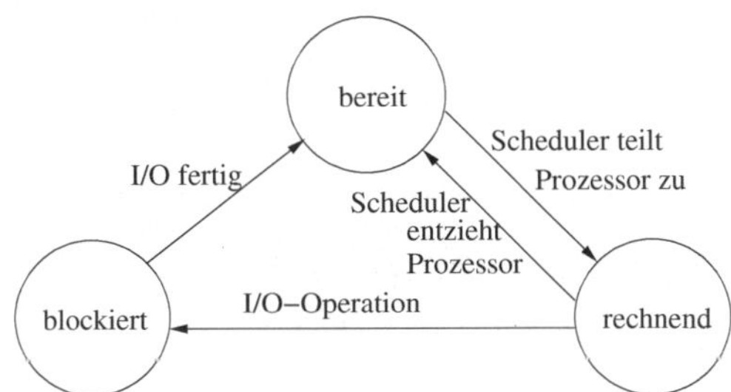

Abbildung 7.1: Zustandsübergangsdiagramm für Betriebssystemprozesse

Ein *Thread* (Thread of control = Steuerfaden) ist ein einzelner, in sich geschlossener Steuerfluss innerhalb eines Prozesses. Ein Prozess kann also in einen Hauptthread (zu Beginn) und sich anschließende, teilweise zeitgleich angeordnete Threads gegliedert werden, s. Abb. 7.2.

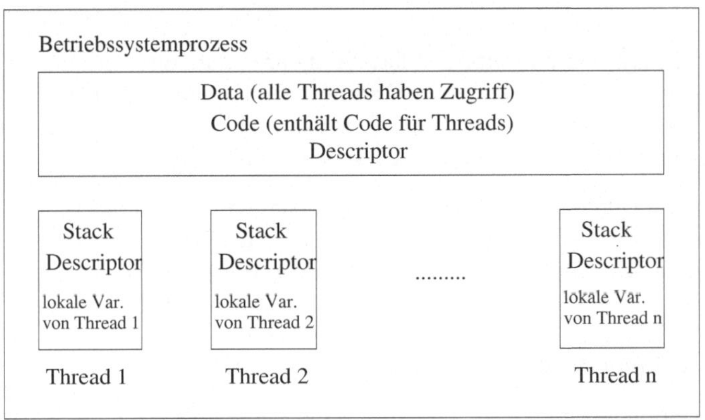

Abbildung 7.2: Prozess und Threads

---

[1]Abstrakte Automaten sind Gegenstand der Theoretischen Informatik (Automatentheorie).

Threads besitzen einen eigenen Zustand, inkl. Befehlszähler, Stack etc. Threads einer
Gruppe arbeiten – im Gegensatz zu Prozessen – auf demselben Speicherbereich im
Hauptspeicher. In Abgrenzung zu den („schwergewichtigen") Prozessen werden Threads
als „leichtgewichtige" Prozesse bezeichnet.

Die von Racket bereitgestellten Threads besitzen den in Abb. 7.3 dargestellten Lebens-
zyklus (Thread lifecycle):

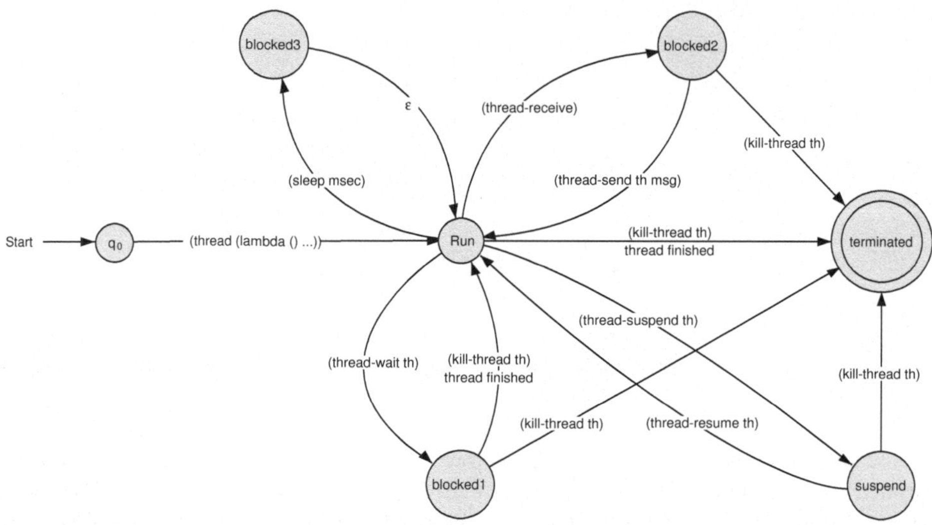

Abbildung 7.3: Thread lifecycle

Blockierende Threads laufen weiter, sodass `(thread-running? th)` den Wert #t liefert.
Für suspendierte Thread gilt das nicht. Terminierte Threads, die ihren Berechnungsauftrag abgeschlossen haben oder mit `(kill-thread th)` „abgeschossen" wurden, laufen
ebenfalls nicht mehr: `(thread-dead? th)` gibt #t zurück.

Um die Ausdrücke `(thread-send th msg)` und `(thread-receive)` verstehen zu können,
muss man wissen, dass ein Thread in Racket mit einer *Mailbox* ausgerüstet ist, s. Abschn. 7.3. Diese wird mit `(thread-send th msg)` wie eine Warteschlange gefüllt und
mit `(thread-receive)` ausgelesen. Dies eröffnet die Möglichkeit, das sog. *Erzeuger-
Verbraucher-Problem*, s. Abschn. 7.3, elegant zu lösen. Selbst suspendierten Threads
kann man etwas in die Mailbox schreiben.

Die genannten Sprachelemente setzen wir in den folgenden Beispielen je nach Bedarf ein.
Deren Semantik erschließt sich aus dem Anwendungskontext und den Erläuterungen.

Ein typisches Anwendungsfeld für Threads ist die Bedienung grafischer Dialoganwen-
dungen, wie etwa Datenbankanfragen, Eingaben über die Tastatur und Animationen –

alles findet quasi gleichzeitig statt. Zeitintensive Prozesse sollten in den Hintergrund gebracht werden.

In folgendem Beispiel wird ein Binärbaum als grafisches Gebilde betrachtet. Da es sich um eine selbstähnliche Figur handelt, liefert die rekursive Prozedur tree aus Abschn. 1.9.3 eine passende Beschreibung.

```
(require "racketturtle.rkt")

(define tree
  (lambda (side turtle)
    (unless (< side 5)
      (send turtle forward! side)
      (send turtle left! 45)
      (send turtle sleep 100)
      (tree (/ side 2) turtle)
      (send turtle right! 90)
      (send turtle sleep 100)
      (tree (/ side 2) turtle)
      (send turtle left! 45)
      (send turtle backward! side)))))
```

```
> (tree 200 harald)
```

Der Zeichenroboter erzeugt die Grafik in Abb. 1.6.

Die beiden rekursiven Aufrufe in tree entsprechen dem linken und rechten Teilbaum, die jeweils in geeigneter Turtle-Ausgangsposition und Blickrichtung angesetzt werden. Für deren parallele Erzeugung muss je eine eigene Turtle-Instanz „geklont" und dafür ein eigener Thread erzeugt werden. Dies finden wir in Prozedur threaded-tree wieder.

```
(define threaded-tree
  (lambda (side turtle)
    (cond
      [(< side 5) (send turtle show!)]
      [else
       (sleep 0.2)
       (send turtle say-your-name)
       (send turtle forward! side)
       (let ([t1 (send turtle clone)][t2 (send turtle clone)])
         (send t1 left! 45)
         (send t2 right! 45)
         (thread (lambda () (threaded-tree (/ side 2) t1)))
         (thread (lambda () (threaded-tree (/ side 2) t2))))])))
```

```
> (threaded-tree 250 harald)
```

Das grafische Ergebnis zeigt Abb. 7.4.

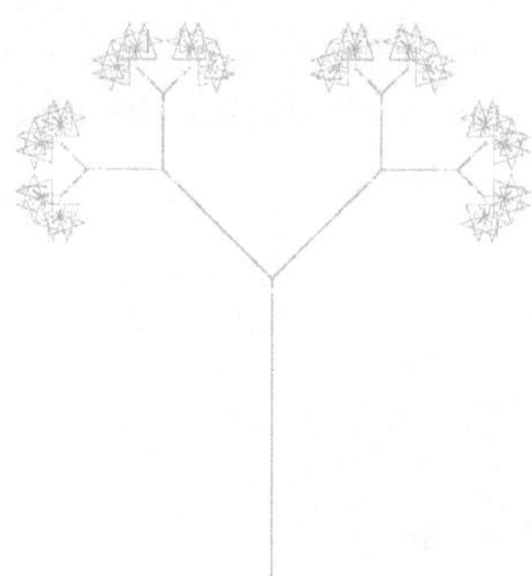

Abbildung 7.4: Binärbaum - rekursive Prozedur, parallel verarbeitet

Damit wir die jeweiligen Aktionsträger verfolgen können, wird der Name jeder gerade aktiven Turtle ausgegeben. Die geklonten Instanzen erhalten einen Namen, der sich aus dem ursprünglichen durch das Anhängen von -c ergibt.

7.3 Prozesskommunikation

Um nun etwas Parallelprogrammierung zu illustrieren, greifen wir auf das sprachliche Angebot von Racket zurück. Der Hauptthread läuft solange weiter, bis der Stop-Knopf gedrückt wird. Vom Hauptthread aus erzeugen wir zunächst einen Thread, der unaufhörlich "x" ausschreibt:

```
(define th1
  (thread
   (lambda ()
     (let loop ()
       (display "x")
       (sleep 0.3)
       (loop)))))
```

Die hier verwendete zweite syntaktische Form von `let` lässt uns den Endloszyklus (`loop`) kompakt formulieren. (`tread (lambda () ...)`) erzeugt einen Thread, den wir im Beispiel `th1` nennen. *Unmittelbar* nach seiner Entstehung wird er ausgeführt. Es gibt also kein spezielles Sprachelement zum Start eines Threads, s. Abb. 7.3.

Der Ausdruck (`sleep 0.3`) blockiert `th1` für ca. 0.3 Sekunden und gibt in dieser Pause anderen Threads die Möglichkeit, ausgeführt zu wenden. Da der Hauptthread weiterläuft, haben wir genug Zeit, um `th1` zu beenden: (`kill-thread th1`).

```
xxxxxxxxxxxxxxxxxxxxxxxxxxxxxx
> (kill-thread th1)
xx
>
```

Aufgabe 7.1:
Fügen Sie einen weiteren Thread hinzu, der permanent "Y" auf den Bildschirm schreibt,
sodass sich eine x,Y-Folge ergibt. Variieren Sie die Y-Häufigkeit mit dem `sleep`-Argument.

Bisher sind wir von nebenläufigen Prozessen bzw. Threads ausgegangen, die voneinander
vollkommen unabhängig ablaufen. In vielen Fällen müssen Prozesse jedoch miteinander
kommunizieren, denn es gibt vielfältige Möglichkeiten für wechselseitige Abhängigkeiten.

Die Prozesskommunikation kann *synchron* oder *asynchron* erfolgen. Im ersten Fall sind
die beteiligten Prozesse an bestimmten Stellen im Code angekommen und lösen die
entsprechenden Aktionen aus. In folgendem Beispiel erwartet `th1` in Zeile 5 die Aktion
von `th2`. Ist `th2` durch Ausführung der Druckanweisung oder durch `(kill-thread th2)`
beendet, wird in Zeile 6 von `th1` fortgesetzt.

```
(define th1
  (thread
   (lambda ()
     (display "fib(38)=")
     (thread-wait th2)
     (displayln "..."))))

(define th2
  (thread
   (lambda ()
     (displayln (fib 38)))))
```

Dies liefert die folgende Ausschrift. Beachten Sie die Reihenfolge der angegebenen Zeilen,
vor allem die Position des Prompt-Zeichens.

```
fib(38)=63245986
...
>
```

Aufgabe 7.2:
Entwickeln Sie zwei Threads als Endloszyklen. Der eine Thread wartet an einer bestimmten Stelle darauf, dass der andere Thread terminiert, was jedoch nicht stattfindet, obwohl
der zweite Thread etwas ausschreibt. Erst nachdem der zweite Thread mit `kill-thread`
„abgeschossen" wird, kann der erste seine Arbeit fortsetzen.

Der Nachteil dieser (gut überschaubaren) Variante besteht darin, dass sich Wartezeiten
ergeben: Prozesse warten auf die Ergebnisse anderer Prozesse. Das ist ineffizient, denn

sie könnten diese Zeit besser nutzen als zum Warten und Nichtstun.

Man spricht vom *Erzeuger-Verbraucher-Problem* (PCP – *producer consumer problem*).
Es entsteht, weil der Erzeuger von Daten diese irgendwo ablegen muss, bis der Verbraucher bereit ist, diese zu konsumieren. Andererseits kann ein Verbraucher nicht konsumieren, wenn keine Daten für ihn vorhanden sind.

Eine Lösung des Problems besteht darin, dass zwischen Erzeuger und Verbraucher eine Art *Rendezvous* stattfindet, um sich „abzusprechen". Wenn jedoch die Datenraten unterschiedlich sind, ist so etwas wie ein *Puffer* notwendig. Alternativ können (ggf. nichtbinäre) Semaphoren (s. Abschn. 7.4) verwendet werden.

Die asynchrone Prozesskommunikation verringert Wartezeiten. Es gibt zwei Spielarten:

1. „Toter Briefkasten" (shared memory): Der liefernde Prozess hinterlegt seinen Beitrag an vereinbarter Stelle und der aufnehmende Prozess holt sich die Daten bei bester Gelegenheit dort ab. Ggf. kann auch etwas für den liefernden Prozess abgelegt werden.

2. Kommunikationskanäle: Die Prozesse werden mit einer *Mailbox* ausgerüstet, in die andere Prozesse etwas senden können. Die Mailbox ist als Warteschlange (Queue) ausgelegt, d. h. der empfangene Prozess greift in der First-in-first-out-Form auf die Mailboxinhalte zu.

Die von Racket angebotenen Threads folgen der zweiten Art und sind jeweils mit einer solchen Mailbox ausgerüstet. An der Stelle, an der ein Thread Daten zur weiteren Verarbeitung unbedingt benötigt, steht `(thread-receive)` im Code. Während der Thread anderen Aufgaben nachgeht, kann im Hintergrund die Mailbox gefüllt werden. Bei `(thread-receive)` blockiert der Thread solange, bis die erforderlichen Daten vorliegen. Gesendet werden sie von anderen Threads mittels `(thread-send <thread> <message>)`.

```
(define th1
  (thread
   (lambda ()
     (let loop ()
       (printf "~s " (thread-receive))
       (sleep 0.5)
       (loop)))))

(define th2
  (thread
   (lambda ()
     (let loop ((i 0))
       (thread-send th1 i)
       (sleep 0.3)
       (loop (+ i 1))))))
```

Auf dem Bildschirm erscheint:

```
0 1 2 3 4 5 6 7 8 9 10 11 12 > (kill-thread th2)
13 14 15 16 17 18 19 20 21
>
```

Im Beispiel sieht man sehr gut, dass sich nach dem Ende von th2 noch einige Werte
in der Mailbox von th1 befinden. Diese werden ausgedruckt, auch wenn th2 zu diesem
Zeitpunkt bereits nicht mehr existiert.

```
> (thread-running? th2)
#f
> (thread-running? th1)
#t
```

Zu beachten ist allerdings, dass th1 nach wie vor auf einen Datennachschub in der Mailbox wartet. Dieses *busy waiting*, bei dem Threads blockieren, wenn sie auf Botschaften
warten, ist ineffizient, da es unnötigerweise CPU-Ressourcen verbraucht. Besser wäre
es, wenn sich der datenimportierende Thread mit thread-suspend „schlafen legt" und
damit CPU-Ressourcen für andere Threads freigibt. Sobald die Daten vorliegen, wird
der „eingeschläferte" Thread wieder aufgeweckt. Dann setzt er die Rechnung dort fort,
wo er unterbrochen wurde.

```
(define th1
  (thread
   (lambda ()
     (let loop ()
       (let ((msg (thread-try-receive)))
         (if msg
             (printf "~s " msg)
             (thread-suspend th1))
         (sleep 0.5)
         (loop))))))
```

```
0 1 2 3 4 > (kill-thread th2)
5 6 7 8 9
> (thread-running? th1)
#f
```

Zusätzlich verwenden wir th2 aus obigem Beispiel. Nachdem th2 beendet wurde, druckt
th1 die noch vorhandenen Nachrichten aus der Mailbox. Ist die Mailbox schließlich leer,
wird th1 suspendiert (schlafen geschickt) – läuft also nicht mehr.

Wird nun ein Thread th3 mit gleicher Definition wie th2 erzeugt/gestartet und schnellst-
möglich wiedr beendet, werden weitere Daten in die Mailbox von th1 geschrieben, auch
wenn th1 gar nicht läuft. Dann reicht ein einfaches (thread-resume th1) aus, um diese
Daten auf den Bildschirm zu schreiben. Anschließend legt sich th1 wieder schlafen und

kann mit (`kill-thread th1`) beendet werden.

7.4 Wechselseitiger Ausschluss

Wenn mehrere Threads erzeugt und gestartet werden, so hängt es vom Programm (z. B. Unterbrechungen mit `sleep`) und vom Betriebssystem (Zeitscheiben-Zuteilung) ab, in welcher Reihenfolge deren (auch portionsweise) Ausführung stattfindet.

Eine *Race Condition* („kritischer Wettlauf") ist eine Konstellation, in der das Resultat einer Operation vom zeitlichen Verhalten bestimmter Einzeloperationen abhängt. Parallele Datenbankzugriffe sind ein äußerst relevantes Anwendungsbeispiel dieser Thematik.

Wenn mehrere Prozesse/Threads lesend und schreibend auf die gleichen (kritischen) Variablen zugreifen, kommt es zum *Leser-Schreiber-Problem* (*reader writer problem*): Aus dem Programmtext kann man die tatsächliche Ausführungsreihenfolge der Lese/Schreib-Operationen nicht erkennen. Sie kann sogar von Aufruf zu Aufruf des gleichen Programms variieren.

Das folgende einfache Beispiel illustriert dieses Problem. Hier wird eine globale Variable x mit dem Anfangswert 5 von zwei Threads (2- bzw. 3-addieren) lesend und schreibend zugegriffen. Bei sequenzieller Verarbeitung hat x am Ende den (erwarteten) Wert 10.

```
(define x 5)

(define rwp
  (lambda (inc)
    (let ((helper x))
      (set! helper (+ helper inc))
      (sleep 0.1)  ; für sequenzielle Ausführung ignorieren
      (set! x helper))))

(begin
  (rwp 2)
  (rwp 3))
> x
10
```

Unter Verwendung von „gleichzeitig" ablaufenden Threads für die beiden Additionsoperationen sieht das ganz anders aus. Da wir die Unterbrechungen durch das Betriebssystem nicht kennen, verwenden wir `sleep`, um analysierbare Unterbrechungspunkte zu setzen. Die `sleep`-Anweisungen (für (`rwp 2`) und (`rwp 3`)) stehen unmittelbar vor der Zuweisung der berechneten Wertes (`helper`) an x, also zwischen der Lese- und der Schreiboperation.

```
(set! x 5)
```

```
(let ((th1 (thread (lambda () (rwp 2))))
      (th2 (thread (lambda () (rwp 3)))))
  (void))

> x
7 oder 8
```

Der Wert von x am Ende ist entweder 7 oder 8. Richtig ist 10. Nehmen wir an, dass zuerst
th2 bearbeitet wurde, so hat `helper` den Wert 8. Bevor er x zugewiesen werden kann,
startet th1 und findet den alten Wert 5 für x vor. Folglich berechnet th1 `helper` mit
7 und wird anschließend (noch vor der Zuweisung an x) unterbrochen. Die Fortsetzung
von th2 belegt x mit 8. Schließlich wird th1 mit der Zuweisung von 7 an x beendet. Am
Ende hat x den Wert 7.

Aufgabe 7.3:
Analysieren Sie die Berechnung unter der Annahme, dass sie mit th1 beginnt.

Die Lösung dieses Problems erledigt ein *Semaphore*, der als *Mutex* dient. Die beiden
neuen Begriffe werden weiter unten erläutert.

```
(define x 5)
(define s1 (make-semaphore 1))

(define rwp
  (lambda (inc)
    (semaphore-wait s1)      ; !
    (let ((helper x))
      (set! helper (+ helper inc))
      (sleep 0.1)
      (semaphore-post s1)    ; !
      (set! x helper))))

(let ((th1 (thread (lambda () (rwp 2))))
      (th2 (thread (lambda () (rwp 3)))))
  (void))

> x
10
```

Der Kern des Problems sind Codeabschnitte in denen von mehreren Threads gemeinsam
verwendete Variable gelesen und geschrieben werden. Wir nennen dies *kritische Bereiche*
(*critical section*). Zur Problemvermeidung wird deshalb gefordert: In einem kritischen
Bereich darf es zu jedem Zeitpunkt nur höchstens eine aktive Prozessinstanz geben.

Dies erreicht man beispielsweise damit, dass Threads kundtun, wenn sie einen kritischen

Bereich betreten haben und ihn damit für andere sperren. Erst wenn ein Thread den kritischen Bereich verlassen hat (und dies auch kommuniziert) kann ein anderer (daran interessierter) Thread hinein. Man spricht von *wechselseitigem Ausschluss* (*mutual exclusion*).

Von Edsger Wybe Dijkstra (1930-2002) stammt das Konzept des wechselseitigen Ausschlusses (1968). Es ist ein einfacher *Synchronisationsmechanismus*, der viel mit einer Ampelsteuerung zu tun hat: Ein *Mutex*[2] ist ein Objekt mit den Operationen „belegen" und „freigeben". Auf einen bereits belegten Mutex kann „belegen" solange nicht angewandt werden, bis er „freigegeben" wurde.

Die programmiertechnischen Konzepte für wechselseitigen Ausschluss sind *Semaphore* und *Monitore*. Ein (zählender) Semaphore (Signalmast) besitzt einen internen Zähler, der nur natürliche Zahlen annehmen darf. Oft reicht ein spezieller binärer Zähler nur mit 0 und 1.

Nimmt ein Semaphore den Wert Null an, so *blockiert* er die Ausführung des betrachteten Threads solange, bis ein *anderer* Thread den Zähler inkrementiert (auf 1 setzt). Der in der Ausführung unterbrochene Thread wird einer Warteschlange, die konzeptionell zu jedem Semaphore gehört, angefügt. Dort befinden sich ggf. weitere vorhandene Threads, die bisher noch nicht abgearbeitet wurden.

Für jede Gruppe zu synchronisierender Threads benötigt man genau einen Semaphore.

In Racket wird ein Semaphore mit `make-semaphore` erzeugt. Sein interner Zähler wird mit 0 initialisiert. Der Anfangswert (0 oder > 0) kann auch explizit angegeben werden.

```
(define s1 (make-semaphore 0))
```

In folgendem Beispiel werden zwei wichtige Sprachelemente für Semaphoren verwendet:

- `(semaphore-wait <semaphore>)`: blockiert, wenn Zählerstand=0; wenn Zählerstand>0, dann Zählerstand=Zählerstand-1

- `(semaphore-post <semaphore>)`: erhöht den aktuellen Zählerstand um 1.

Diese Sprachelemente sind atomar, d. h. deren Ausführung kann nicht unterbrochen werden.

Ein praktisches Anwendungsbeispiel für das Leser-Schreiber-Problem ist das eines Transaktionssystems, wie etwa einer Bankkontoverwaltung. Im einfachsten Fall implementieren wir ein Bankkonto als globale Variable `konto`, deren Wert den aktuellen Kontostand beschreibt. Die Grundoperationen sind *Einzahlen* und *Abheben*. Letzteres ist nur dann möglich, wenn dem Auszahlungsbetrag ein ausreichendes Guthaben gegenüber steht.

---

[2]Wir wählen diesen Namen zur Erinnerung an MUTual EXclusion.

```
(define konto 100)

(define einzahlen
  (lambda (betrag)
    (set! konto (+ konto betrag))
    (printf "Einzahlung (~s Euro): Aktueller Kontostand: ~s Euro~n"
            betrag konto)))

(define abheben
  (lambda (betrag)
    (cond
      ((> betrag konto)
       (printf "Keine Transaktion: Guthaben (~s Euro) reicht nicht.~n"
               konto))
      (else
       (sleep 0.1)
       (set! konto (- konto betrag))
       (printf "Auszahlung (~s Euro): Aktueller Kontostand: ~s Euro~n"
               betrag konto)))))
```

Wir stellen uns nun vor, dass zwei berechtigte Personen quasi gleichzeitig auf dieses Konto zugreifen, um 90 bzw. 40 (sagen wir Euro) abzuheben.

Bei streng sequentiellem Zugriff auf das Konto, ergibt sich erwartungsgemäß, dass nur der erste Auszahlungswunsch erfüllt werden kann, z. B.:

```
(begin
  (abheben 90)
  (abheben 40))
Auszahlung (90 Euro): Aktueller Kontostand: 10 Euro
Keine Transaktion: Guthaben (10 Euro) reicht nicht.
```

In der Parallelprogrammierung, die die Buchungspraxis besser abbildet, ist das offenbar so nicht der Fall: Hier wird ganz locker der Dispositionskredit zur Anwendung gebracht.

```
(set! konto 100)

(let ((th1 (thread (lambda () (abheben 90))))
      (th2 (thread (lambda () (abheben 40)))))
  (void))

Auszahlung (40 Euro): Aktueller Kontostand: 60 Euro
Auszahlung (90 Euro): Aktueller Kontostand: -30 Euro
```

Aufgabe 7.4:
Begründen Sie dieses Ergebnis.

Für unser Kontobeispiel setzen wir nun einen Semaphore als Mutex für den kritischen Bereich ein. Dabei verändert sich nur die Prozedur abheben, die anderen Definitionen gelten weiter und werden im Folgenden nicht zitiert.

Bei der Modifikation von abheben ist zu beachten, dass (semaphore-post s1) (in Zeile 6) auch für den Fall eines für die Auszahlung zu geringen Kontostandes aufgerufen werden muss. Ansonsten würde der Thread den Semaphore „nicht mehr loslassen".

```
(define s1 (make-semaphore 1))

(define abheben
  (lambda (betrag)
    (semaphore-wait s1)
    (cond
      ((> betrag konto)
       (semaphore-post s1)
       (printf "Keine Transaktion: Guthaben (~s Euro) reicht nicht.~n"
               konto))
      (else
       (sleep 0.1)
       (set! konto (- konto betrag))
       (semaphore-post s1)
       (printf "Auszahlung (~s Euro): Aktueller Kontostand: ~s Euro~n"
               betrag konto)))))
```

Exakt der obige Aufruf mit den beiden Threads th1 und th2

```
(set! konto 100)

(let ((th1 (thread (lambda () (abheben 90))))
      (th2 (thread (lambda () (abheben 40)))))
  (void))
```

liefert nun ein korrektes Ergebnis:

```
Auszahlung (90 Euro): Aktueller Kontostand: 10 Euro
Keine Transaktion: Guthaben (10 Euro) reicht nicht.
```

bzw.

```
Auszahlung (40 Euro): Aktueller Kontostand: 60 Euro
Keine Transaktion: Guthaben (60 Euro) reicht nicht.
```

Aufgabe 7.5:
Experimentieren Sie mit drei gleichzeitigen Abhebungen der folgenden Form:

```
(let ((th1 (thread (lambda () (abheben 10))))
      (th2 (thread (lambda () (abheben 40))))
      (th3 (thread (lambda () (abheben 70)))))
  (void))
```

```
Auszahlung (70 Euro): Aktueller Kontostand: 30 Euro
Keine Transaktion: Guthaben (30 Euro) reicht nicht.
Auszahlung (10 Euro): Aktueller Kontostand: 20 Euro
```

Was stellen Sie fest, wenn Sie (semaphore-post s1) in der 6. Zeile von abheben streichen?

Unter Verwendung der Prozedur make-serializer kann man eine Gruppe von Threads
bequem synchronisieren:

```
(set! konto 100)
```

```
(define make-serializer
  (lambda ()
    (let ([mutex (make-semaphore 1)]) ; fuer eine Thread-Gruppe
      (lambda (proc)
        (let ([serialized-proc
                (lambda args
                  (semaphore-wait mutex)    ; Mutex belegen
                  (let ([val (apply proc args)]) ; Abarbeitung d. Proz.
                    (semaphore-post mutex)  ; Mutex freigeben
                    val))])
          serialized-proc))))))
```

```
(let ((sync (make-serializer)))
  (let ((th1 (thread (sync (lambda () (abheben 90)))))
        (th2 (thread (sync (lambda () (abheben 40)))))))
    (void)))
```

```
Auszahlung (40 Euro): Aktueller Kontostand: 60 Euro
Keine Transaktion: Guthaben (60 Euro) reicht nicht.
```

In Java gibt es *Monitore* anstelle von Semaphoren, um das race-condition-Problem zu
lösen. Während Semaphore eine Abstraktion auf niedrigerem Niveau beschreiben, sind
Monitore high-level Abstraktionen. In der Java-Terminologie heißen Monitore auch *syn-
chronisierte Objekte*. Man erkennt sie am Schlüsselwort **synchronized**.

Monitore und Semaphore sind gleichberechtigte Konzepte und wechselseitig ausdrückbar.

Standardprobleme, die bei dieser Form der Ablaufsteuerung von Threads auftreten können, sind *Starvation* (Verhungern) und *Deadlock* (Verklemmung). Während im ersten Fall der betreffende Thread aufgrund seiner geringen Priorität permanent blockiert wird, entsteht eine Deadlock-Situation dadurch, dass sich mehrere gleichberechtigte Threads gegenseitig behindern und so deren Abarbeitungen verhindern.

Aufgabe 7.6:
Machen Sie sich in der Literatur sachkundig, was es in diesem Zusammenhang mit dem Philosophen-Problem auf sich hat.

8 Logikbasierte Programmierung

8.1 Fakten, Regeln, Fragen

Das Prinzip der *logikbasierten Programmierung*[1], kurz: LP, besteht darin, eine *Daten-basis* anzulegen und *Fragen* zu formulieren, die mit genau dieser Datenbasis und einer *eingebauten Suchstrategie* beantwortet werden können.

Obwohl Begriffe, wie Datenbasis und Anfragen, recht stark an die in Kap. 4 behandelten Datenbanken erinnern und in der Tat insbesondere zu relationalen Datenbanken Bezüge bestehen, gibt es eine deutliche Abgrenzung: Eine Datenbasis der LP enthält *Fakten* und *Regeln*, mit deren Hilfe der Programmierer den Wirklichkeitsausschnitt modelliert.

In einer Datenbasis könnte beispielsweise vermerkt sein, dass Adam und Alfred Männer sind. Die *Relation* oder das *Prädikat*[2] „Mann-sein" ist *einstellig* und charakterisiert folglich eine bestimmte *Eigenschaft* betrachteter Personen.

Relationen sind Arbeitsobjekte der Mathematik. In Kap. 4 haben wir diesen Grundbegriff bereits benötigt, s. Abschn. 4.2. Eine n-stellige Relation R ist eine Teilmenge aus $A_1 \times A_2 \times \ldots \times A_n$, für bestimmte Mengen A_i. Die Elemente einer Relation sind also n-Tupel der Form $(x_1, x_2, \ldots, x_n)$ mit $x_i \in A_i$.

Um dies in DrRacket ausdrücken zu können, laden wir *Racklog*: `(require racklog)`. Damit steht uns (neben dem vollen Racket[3]) eine Umgebung für LP zur Verfügung. Die in *Prolog*[4], dem Musterbeispiel für LP, enthaltenen Technologien sind in Racklog nachempfunden worden. Wie die folgende Definition einiger Fakten zeigt, wurde Racklog syntaktisch erwartungsgemäß an Racket angelehnt.

```
(define %mann ;/1
  (%rel ()
        [('max)] [('hans)] [('christian)] [('martin)]))
```

Zur optischen Kennzeichnung beginnt jeder Relationsname mit einem Prozentzeichen, wie hier bei `%mann`. In der Definition (mit `define`) ergänzen wir in der ersten Zeile einen

---

[1]Synonym spricht man auch von logischer Programmierung oder Logikprogrammierung.

[2]Weshalb man hier die Begriffe Relation und Prädikat verwendet, wird in Abschn. 8.3 begründet. In der Definition der Termstruktur von Logikprogrammen wird dafür der Begriff *Funktor* verwendet.

[3]Hieraus ergeben sich hochinteressante Möglichkeiten des Zusammenwirkens der logikbasierten mit der funktionsorientierten Programmierung. Dies ist jedoch nicht Gegenstand dieses Textes.

[4]PROLOG ist ein Kunstwort, das aus PROgramming in LOGic abgeleitet wurde.

Kommentar, der in gängiger Prolog-Manier die Stelligkeit der Relation angibt. `%mann` ist einstellig.

`%rel` erwartet als erstes Argument die Liste aller *logischen Variablen*, die in den folgenden Ausdrücken verwendet werden. In unserem Beispiel ist diese Liste leer. Details zur Gestalt der in eckigen Klammern stehenden Argumente von `%rel` werden weiter unten nachgereicht.

In der einstelligen Relation `%mann` stehen also die Elemente `max`, `hans`, `christian` und `martin`. Dies sind zunächst die einzigen Fakten in der Datenbasis. Zur Rückkopplung wollen wir danach fragen[5]: „Ist Hans ein Mann?"

```
> (%which () (%mann 'hans))
'()
```

Die Racklog-Antwort ist recht mager aber positiv, denn `'()` bedeutet *true*. `#f` steht für *failure* (Misserfolg), wie in der Antwort auf die folgende Frage:

```
> (%which () (%mann 'uwe))
#f
```

LP geht von einer *closed world assumption* aus. D. h., dass alle Informationen, die nicht in der Datenbasis stehen bzw. nicht durch ein noch zu beschreibendes Verfahren aus ihr „herausgeholt" (abgeleitet) werden können, als falsch oder nicht zutreffend angesehen werden. Anders ausgedrückt: Das *Beweisziel* (*Goal*) „Uwe ist ein Mann." kann nicht erfüllt werden. Der entsprechende Versuch scheitert.

Aufgabe 8.1:
Definieren Sie eine einstellige Relation `%frau` nach dem Vorbild von `%mann` mit den Elementen `hedwig`, `christine` und `doris`.

Das Repetieren von Fakten ist auf den ersten Blick nicht sehr spannend. Schließlich fragt man nach Informationen, die vorher in die Datenbasis hineingesteckt wurden. Anwendungen aus dem Bereich des *Information retrieval*, wie in Informationssystemen aller Art, belegen jedoch, dass dieser Eindruck höchstens auf Elementarbeispiele zutrifft.

Für unser Beispiel wollen wir noch eine konjunktive und eine disjunktive Frage stellen:

```
> (%which () (%and (%mann 'max)(%mann 'hans)))
'()
> (%which () (%or (%mann 'max)(%mann 'uwe)))
'()
```

In beiden Fällen erhalten wir je eine positive Antwort.

Andererseits ist es auch möglich, nach den in der Datenbasis eingetragenen Männern zu fragen. Hierzu muss man eine logische Variable in die Frage einbauen. Das Ergebnis, also

---

[5]Dies geschieht wie üblich im Interaktionsfenster.

der Name eines Mannes, wird im Prozess der Beantwortung der Frage an diese Variable
gebunden.

```
> (%which (x) (%mann x))
'((x . max))
```

Auch dann, wenn es mehrere Möglichkeiten zur Erfüllung des Beweisziels gibt, wird
nur genau *eine* richtige Antwort gegeben. Bei Interesse an weiteren Belegungen der
Variablen, die das Ziel beweisen, schiebt man (%more) solange nach, bis ein *Misserfolg*
(*failure*) das Ende passender Belegungsmöglichkeiten signalisiert.

```
> (%more)
'((x . hans))
> (%more)
'((x . christian))
> (%more)
'((x . martin))
> (%more)
#f
```

Wir ergänzen nun die zweistellige Relation %verheiratet.

```
(define %verheiratet ;/2
   (%rel ()
        [('max 'hedwig)]
        [('hans 'christine)]
        [('christian 'doris)]))
```

Aufgabe 8.2:
Formulieren Sie eine Racklog-Frage nach der Gattin von Christian. Testen Sie Christian
auf Bigamie.

Die Interpretation des folgenden Dialogs führt zu einem merkwürdigen Widerspruch.

```
> (%which () (%verheiratet 'hans 'christine))
'()
> (%which () (%verheiratet 'christine 'hans))
#f
```

Sind Christine und Hans nun miteinander verheiratet oder sind sie es nicht? Gemäß Datenbasis lautet die Antwort „Ja" und auch die Ursache für das unerwünschte Antwort-
verhalten von Racklog ist schnell gefunden: In der Definition der Relation %verheiratet
steht 'hans vor 'christine. Also ist nur die Frage mit genau dieser Reihenfolge erfolgreich und die andere nicht.

Eine erste Idee für eine Reparatur besteht darin, die Zeile ['christine 'hans] in der
Definition von %verheiratet hinzuzufügen. Dies müsste dann allerdings für alle in dieser

Relation enthaltenen Ehepaare ebenfalls ergänzt werden, was die Datenbasis äußerst redundant[6] werden ließe.

Eine wesentlich bessere Idee besteht darin, geeignet auszudrücken, dass %verheiratet eine symmetrische Relation ist. Hierfür sind Fakten nicht ausreichend. Wir setzen eine *Regel* (rule) ein, die als Relation %verheiratet2 definiert wird. Die logischen Variablen sind x und y. Die letzten beiden Zeilen in %verheiratet2 besagen, dass (%verheiratet2 x y) erfolgreich ist, wenn (%verheiratet x y) bzw. (%verheiratet y x) bewiesen werden kann. Die Reihenfolge der beiden Argumente bestimmt die Reihenfolge, in der die eingebaute Suchprozedur das Beweisziel zu erfüllen versucht. Wenn bereits die (von oben her) erste Regel, nämlich

„(%verheiratet2 x y), wenn (%verheiratet x y)“

erfolgreich ist, wird die zweite nicht angewandt, falls dies nicht durch %more in der oben beschriebenen Weise nachträglich forciert wird. Die Relation %verheiratet2 definiert also eine *Disjunktion* zweier Regeln.

```
(define %verheiratet2 ;/2
  (%rel (x y)
        [(x y) (%verheiratet x y)]
        [(x y) (%verheiratet y x)]))
```

Nun gelingt der Beweis für die Eheschließung von Christine und Hans unabhängig von der Reihenfolge der Nennung ihrer Vornamen in der Frage.

```
> (%which () (%verheiratet2 'christine 'hans))
'()
```

Wenn wir die Fakten aus %verheiratet und die Regeln aus %verheiratet2 zusammenführen, so ergibt sich eine rekursive Relation %verheiratet3.

```
(define %verheiratet3 ;/2
  (%rel (x y)
        [('max 'hedwig)]
        [('hans 'christine)]
        [('christian 'doris)]
        [(x y) (%verheiratet3 y x)]))
```

```
> (%which () (%verheiratet3 'hans 'christine))
'()
> (%which () (%verheiratet3 'christine 'hans))
'()
```

---

[6]Redundanz bedeutet hier, dass in der Datenbasis Fakten enthalten sind, die – wie wir gleich sehen werden – indirekt mittels Regeln definiert werden könnten. Nur in wenigen Fällen ist es sinnvoll, eine Datenbasis mit eigentlich ableitbaren Fakten aufzublähen.

8.2 Aufbau und Interpretation von Regeln

Wie wir an obigem einfachen Beispiel gesehen haben, dienen Regeln zur *impliziten Darstellung von Wissen*. Sie bewahren die Datenbasis vor der Überhäufung mit ableitbaren Fakten. Dieser Grundsatz wird bei der Konstruktion einer Daten- oder – wie man manchmal auch sagt – Wissensbasis konsequent angewandt.

Die in den Regeln enthaltenen logischen Variablen sind *allquantifiziert*, d. h. dass die formulierten Regeln für beliebige Belegungen durch Werte aus den entsprechenden Grundbereichen gelten. Dies wollen wir an einem typischen Beispiel illustrieren. Hierfür erweitern wir unsere bisherige Datenbasis um einige Relationen. Außerdem wird die aus der Lösung von Aufg. 8.1 stammende Relation %frau erwartet.

```
(define %elternteil ;/2
  (%rel ()
        [('hedwig 'hans)]   ; Hedwig ist ein Elternteil von Hans
        [('max 'hans)]
        [('hedwig 'heinz)]
        [('max 'heinz)]
        [('hans 'christian)]
        [('christine 'christian)]
        [('christian 'martin)]
        [('doris 'martin)]))

(define %mutter ;/2
  (%rel (x y)
        [(x y) (%elternteil x y) (%frau x)]))
```

Die *Versprachlichung* der zweistelligen Relation %mutter ist naheliegend: „X ist die Mutter von Y, wenn X ein Elternteil von Y ist *und* wenn X eine Frau ist.“

Diese Form der Interpretation einer Regel abstrahiert völlig von der Art und Weise der Beweisführung. Sie erinnert uns an den deskriptiven Charakter von Prozedurdefinitionen in der funktionsorientierten Programmierung. Dort wurde der Funktionswert (oft sogar rekursiv) beschrieben, ohne die Art und Weise seiner Erzeugung direkt auszudrücken. In der LP wird mit Regeln deklariert. Man spricht von *deklarativer Semantik*.

```
> (%which (x y) (%mutter x y))
'((x . hedwig) (y . hans))
> (%more)
'((x . hedwig) (y . heinz))
> (%more)
'((x . christine) (y . christian))
> (%more)
'((x . doris) (y . martin))
> (%more)
```

```
#f
```

Um ein Beweisziel, wie (%which (x y) (%mutter x y)) zu erfüllen, ist es also notwendig, alle Teilziele der Konjunktion zu beweisen. Dies geschieht mit Hilfe eines eingebauten Verfahrens unter Verwendung der bereits vorgenommenen Variablenbindungen. Betrachtungen, die die algorithmische Seite der Beweisführung in den Mittelpunkt stellen, stützen sich auf die *prozedurale Semantik* eines Racklog-Programms.

Aufgabe 8.3:
Definieren Sie eine zweistellige Relation %vater nach dem Vorbild von %mutter.

Wenn man sich lediglich dafür interessiert, ob ein bestimmter Herr auch Vater eines Kindes ist, genügt die Verwendung einer *anonymen Variablen* (_) in der Definition der einstelligen %ist-Vater-Relation (Eigenschaft).

```
(define %ist-vater ;/1
  (%rel (x)
        [(x) (%elternteil x (_)) (%mann x)]))
```

Der Beweisprozess erzeugt für (_) irgendeine bisher nicht existierende Variable, deren Wertbindung für uns nicht von Interesse ist.

```
> (%which (papa) (%ist-vater papa))
'((papa . max))
> (%more)
'((papa . max))
> (%more)
'((papa . hans))
> (%more)
'((papa . christian))
> (%more)
#f
```

Die Definition einer %kind-Relation stützt sich erwartungsgemäß auf die Relationen %mutter und %vater. Dabei weisen wir noch einmal explizit darauf hin, dass man beispielsweise mit der %mutter-Relation die Kinder einer bestimmten Frau erfragen kann. Die Kinder von Hedwig sind Hans und Heinz.

```
> (%which (y) (%mutter 'hedwig y))
'((y . hans))
> (%more)
'((y . heinz))
> (%more)
#f
```

Im Gegensatz zu funktionsorientierten Sprachen gibt es also keine Eingabe/Ausgabe-Situation, die wir dort üblicherweise mit Trichterbildern dargestellt haben. Man spricht von *Bidirektionalität* oder *Ein-/Ausgabe-Umkehr*.

Die %kind-Relation fasst die beiden offensichtlichen Regeln wie folgt zusammen.

```
(define %kind ;/2
  (%rel (x y)
        [(x y) (%mutter y x)]
        [(x y) (%vater y x)]))
```

```
> (%which (kind mutter-oder-vater) (%kind kind mutter-oder-vater))
> (%which (kind mutter-oder-vater) (%kind kind mutter-oder-vater))
'((kind . hans) (mutter-oder-vater . hedwig))
> (%more)
'((kind . heinz) (mutter-oder-vater . hedwig))
> (%more)
'((kind . christian) (mutter-oder-vater . christine))
> (%more)
'((kind . martin) (mutter-oder-vater . doris))
> (%more)
'((kind . hans) (mutter-oder-vater . max))
> (%more)
'((kind . heinz) (mutter-oder-vater . max))
> (%more)
'((kind . christian) (mutter-oder-vater . hans))
> (%more)
'((kind . martin) (mutter-oder-vater . christian))
> (%more)
#f
```

Abschließend wollen wir der Wissensbasis unseren Großvater-Begriff vermitteln. Dafür geben wir im Folgenden drei Fassungen an:

verbal: X ist Großvater von Y, wenn X der Vater von Z und Z der Vater von Y sind.

formalisiert: $\underbrace{grossvater(X,Y)}_{\text{Regelkopf}} :- \underbrace{vater(X,Z), vater(Z,Y)}_{\text{Regelkörper}}.$

Racklog: (define %grossvater
             (%rel (x y z) [(x y) (%vater x z)(%vater z y)]))

Aufgabe 8.4:

Fragen Sie nach dem Namen des Großvaters von Christian. Gibt es weitere Großväter von Christian, die sich aus unserer Wissensbasis ermitteln lassen? Hinweis: Großvater mütterlicherseits.

Natürlich kann man die Linie von den Enkeln und Kindern über die Eltern und Groß-eltern verallgemeinern, so dass sämtliche Elternteil-Beziehungen eines Stammbaumes durch eine einzige Relation %ahne erfasst werden.

```
(define %ahne   ;/2
  (%rel (x y z)
        [(x y) (%elternteil x y)]
        [(x y) (%elternteil z y) (%ahne x z)]))
```

Man kann nun mehrere vernünftige Fragen stellen: Wie heißen Martins Vorfahren?

```
> (%which (x) (%ahne x 'martin))
'((x . christian))
> (%more)
'((x . doris))
> (%more)
'((x . hans))
> (%more)
'((x . christine))
> (%more)
'((x . hedwig))
> (%more)
'((x . max))
> (%more)
#f
```

Man kann auch eine vollständige „Ahnenforschung" betreiben:

```
> (%which (x y) (%ahne x y))           > (%more)
'((x . hedwig) (y . hans))             '((x . hedwig) (y . christian))
> (%more)                              > (%more)
'((x . max) (y . hans))                '((x . max) (y . christian))
> (%more)                              > (%more)
'((x . hedwig) (y . heinz))            '((x . hans) (y . martin))
> (%more)                              > (%more)
'((x . max) (y . heinz))               '((x . christine) (y . martin))
> (%more)                              > (%more)
'((x . hans) (y . christian))          '((x . hedwig) (y . martin))
> (%more)                              > (%more)
'((x . christine) (y . christian))     '((x . max) (y . martin))
> (%more)                              > (%more)
'((x . christian) (y . martin))        #f
> (%more)
'((x . doris) (y . martin))
```

8.3 Theoretische Grundlagen

Auch in der formalisierten Form der *grossvater*-Regel im Beispiel aus Abschn. 8.2 lässt sich der allgemeine strukturelle Aufbau von Racklog-Regeln erkennen:

$$A : - B_1, B_2, \ldots, B_n, \ n \geq 0.$$

Ein Fakt ist eine spezielle Regel der obigen Form für $n = 0$.

Fakten, Regeln und Fragen sind HORN-*Klauseln* (Alfred Horn: amerikan. Mathematiker, 1918-2001), kurz Klauseln genannt. Dabei handelt es sich um Disjunktionen mit höchstens einem positiven Literal:

Die HORN-Klausel für „Wenn $B_1, B_2, \ldots B_n$ wahr sind, dann ist auch A wahr", d. h. $B_1 \wedge B_2 \wedge \ldots \wedge B_n \Rightarrow A$ ist

$$\neg B_1 \vee \neg B_2 \vee \ldots \vee \neg B_n \vee A.$$

Die HORN-*Klausel-Logik* ist eine der theoretischen Wurzeln der LP. Sie beruht auf dem *Prädikatenkalkül 1. Stufe*, kurz: PK 1. Die PK 1-Darstellungen von HORN-Klauseln sind:

$$
\begin{array}{rcll}
B_1 \wedge B_2 \wedge \ldots \wedge B_n & \Rightarrow & A & \text{Regeln} \\
true & \Rightarrow & A & \text{Fakten} \\
C_1 \wedge C_2 \wedge \ldots \wedge C_m & & & \text{Fragen}
\end{array}
$$

Während die theoretische Fundierung dieses Paradigmas Spezialveranstaltungen vorbehalten ist, setzen wir hier das Studium der zugrunde liegenden konzeptionellen Ideen fort. Diese bestimmen die Denkweise beim Programmieren mit Sprachen dieses Typs.

Ein wichtiger Unterschied der LP zur funktionsorientierten Denkweise besteht in der grundlegenden Zielstellung im Umgang mit Relationen: Anstelle bestimmte Argumente einer prozeduralen Vorschrift zu unterwerfen, um Ausgabewerte zu produzieren, geht es hier um die Erfüllung von Beweiszielen.

Den Beweisvorgang wollen wir nun etwas genauer beleuchten. Für die angegebene Frage, die – wie oben ausgeführt – in Klauselform vorliegt, wird zunächst ein passender Regelkopf in der Datenbasis gesucht. Von Bedeutung ist das Wort „passend". Dies wird in der Theorie durch Festlegungen zur *Termstruktur* definiert. Unter einem *Term* wollen wir eine Konstante, eine Variable oder eine Liste der Form

$$(Funktor \, Term_1 \, Term_2 \ldots Term_n)$$

verstehen, wobei *Funktor* für den Namen der Relation (des Prädikats) steht. Wir kommentieren das Verfahren an einem Beispiel aus Abschn. 8.2.

```
> (%which (mutter-oder-vater) (%kind 'christian mutter-oder-vater))
'((mutter-oder-vater . christine))
```

Gesucht wird eine Klausel der Form (%kind 'christian mutter-oder-vater). Die logische Variable ist hier mutter-oder-vater. Die Datenbasis wird von oben nach unten durchsucht, so dass als erster passender Term (%kind x y) gefunden wird. Man sagt nun, dass diese beiden Terme passend gemacht werden, falls dies möglich ist. Dies hört sich zunächst nach einem Mustervergleich, d. h. *Pattern matching*, an. In der Tat passen die Funktoren %kind und die Variablen-Paarungen 'christian mit x und mutter-oder-vater mit y zusammen. Dabei finden genau die durch diese Paarungen ausgedrückten Wertbindungen statt, wobei es keine Rolle spielt, in welcher Reihenfolge die Elemente eines Paares genannt werden. Hierin drückt sich die Überlegenheit dieses Verfahrens gegenüber der aus imperativen Sprachen bekannten Wertzuweisung aus, wobei stets der rechte Wert an die Variable auf der linken Seite der Zuweisung gebunden wird.

Dieser deutlich über Pattern matching hinausgehende Prozess wird *Unifikation* (unification) genannt. Die Ermittlung des *allgemeinsten Unifikators* ist ein (prinzipiell gelöstes) Kernproblem der logikbasierten Programmierung. Man hat also die richtige Erwartung an LP-Literatur, wenn man dort die Angabe eines Unifikationsalgorithmus' vermutet. In Racklog steht eine Implementation dieses Verfahrens mit %= zur Verfügung[7].

Die durch Unifikation des Beweisziels mit der zuerst gefundenen Klausel hergestellte Wertbindung kann dazu führen, dass das betrachtete Goal zunächst nicht erfüllt ist. In diesem Fall wird versucht, eine ggf. vorhandene alternative Regel anzuwenden, um damit eine andere Unifikation herbeizuführen. Das Gleiche gilt für die in den Definitionen enthaltenen Klauseln, die gemäß prozeduraler Semantik als Subgoals dienen usw.

Das Zurückkehren zu einem früheren Verzweigungspunkt und der Versuch von dort eine (noch vorhandene) Fortsetzungsalternative auszuwählen, ist der Kern des Beweisprozesses. Man spricht von *Backtracking*. Erst wenn es keine Alternative mehr gibt, liefert die Beweismaschine eine Misserfolgsmeldung.

Das erste subgoal in unserem Beispiel ist (%mutter mutter-oder-vater 'christian). Dies führt lt. Definition von %mutter zu
(%elternteil mutter-oder-vater/x 'christian/y) und
(%frau mutter-oder-vater/x),
wobei die hier eingetragenen Paarungen entstehen. Beide Ziele müssen nun bewiesen werden. Die durch %elternteil-Term erzwungene Unifikation führt zu der Paarung x/'hans, so dass das neue Beweisziel nun (%frau 'hans) lautet. Der damit verbundene Misserfolg kann innerhalb der %frau-Relation nicht behoben werden. Backtracking führt nun zurück zu einem alternativen %elternteil-Fakt und damit zu x/'christine, mit Erfolg für (%frau 'christine). Nun müssen alle durch Unifikation hergestellten Paarungen zurückverfolgt werden, so dass '((mutter-oder-vater . christine)) ausgegeben wird.

Leider ist die beschriebene Suchstrategie nach dem Backtrack-Verfahren sehr ineffizient, was von der heutigen auf Performance ausgerichteten Programmierwelt nicht akzeptiert

---

[7]Auch in Racket steht der Racketinterpreter (eval) explizit zur Verfügung.

wird. Natürlich arbeitet man an Modifikationen und kann schon einige Erfolge vorweisen.

Darüber hinaus kann der hier nicht im Detail vorgestellte Unifikationsprozess dazu führen, dass eine bestimmte Variable mit einem Term unifiziert wird, der diese Variable selbst enthält. Dadurch kann es also passieren, dass die Suche nach einem Unifikator nicht terminiert. Abhilfe schafft eine Prüfung (*occur check*), die ihrerseits viel Zeit kosten würde, wenn man sie in jedem Unifikationsschritt einbeziehen würde. Deshalb ist sie im Allgemeinen ausgeschaltet, was in sehr seltenen Fällen zu dem genannten Problem führen kann.

8.4 Weitere Beispiele

8.4.1 Listen und Head-Tail-Separator

Ebenso wie in funktionsorientierten Sprachen sind *Listen* in LP eine grundlegende Datenstruktur. Während Racket die Operatoren `car` und `cdr` bereithält, um auf das erste Element einer Liste bzw. deren Restliste (ohne das erste Element) zuzugreifen, verwenden LP-Sprachen einen sog. *Head-Tail-Separator*. Semantisch wird im Grunde das Gleiche bewirkt, nämlich die Aufspaltung einer Liste in Kopf (head) und Rest (Schwanz, tail). Die entsprechende Wertbindung findet jedoch durch Unifikation statt. Aufgrund der für LP charakteristischen Ein-/Ausgabe-Umkehr kann der Head-Tail-Separator auch zur Konstruktion einer Liste aus den beiden genannten Bestandteilen eingesetzt werden.

In Racklog benötigen wir kein neues Sprachelement für den Head-Tail-Separator. Es wird einfach das aus Racket bekannte `cons` zur Listenkonstruktion, nun aber mit erweiterter Wirkung auch als Separator, verwendet.

`%member` ist ein gutes Einführungsbeispiel. (`%member x xs`) ist bewiesen, wenn x in xs vorkommt. Es handelt sich um eine zweistellige Relation mit folgender deskriptiver Semantik: (`%member x xs`) ist bewiesen, wenn x entweder das erste Element der betrachteten Liste xs ist, oder in der Restliste ohne das erste Element vorkommt. Dies führt unmittelbar zu der folgenden Definition:

```
(define %member ;/2
  (%rel (x y xs ys)
      [(x (cons x xs))]
      [(x (cons y ys)) (%member x ys)]))

> (%which () (%member 'b '(a b c d)))
'()
> (%which () (%member 'a '(b c d)))
#f
> (%more)
#f
```

```
> (%which (x) (%member x '(a b c d)))
'((x . a))
> (%more)
'((x . b))
> (%more)
'((x . c))
> (%more)
'((x . d))
> (%more)
#f
```

Eine ebenso typische Operation ist das Entfernen des ersten Vorkommens eines Elements aus einer Liste. Dabei soll auch der Fall, dass ein Element aus einer leeren Liste zu streichen ist, beweisbar sein, d. h. (%delete 'a '() '()) ist erfolgreich. An zweiter Position befindet sich die Vorgabeliste und an dritter die Resultatliste.

```
(define %delete ;/3
  (%rel (x xs y ys zs)
        [(x '() '())]
        [(x (cons x xs) xs)]
        [(x (cons y ys) (cons y zs)) (%/= x y)(%delete x ys zs)]))
```

```
> (%which (ls) (%delete 'b '(a b c d) ls))
'((ls a c d))
> (%more)
#f
> (%which (ls) (%delete 'b '(a c c d) ls))
'((ls a c c d))
> (%more)
#f
> (%which (ls) (%delete 'b '() ls))
'((ls))
> (%more)
#f
> (%which (ls) (%delete 'b '(a b c b) ls))
'((ls a c b))
> (%more)
#f
```

Aufgabe 8.5:
Erklären Sie, weshalb die Definition der Relation %delete die Klausel (%/= x y) unbedingt stehen muss, und entwickeln Sie eine Relation %delete*, die *sämtliche* Vorkommen eines Elements aus einer Liste entfernt.

Wenn man weiß, dass eine Liste das zu entfernende Element (mindestens einmal) enthält, kann man `%delete` etwas „abrüsten":

```
(define %select ;/3
  (%rel (x xs y ys zs)
        [(x (cons x xs) xs)]
        [(x (cons y ys) (cons y zs)) (%select x ys zs)]))

> (%which (ls) (%select 'f '(a c f g) ls))
'((ls a c g))
> (%more)
#f
> (%which (ls) (%select 'b '(a b c b f g) ls))
'((ls a c b f g))
> (%more)
'((ls a b c f g))
> (%more)
#f
> (%which (ls) (%select 'b '(a c f g) ls))
#f
> (%more)
#f
```

Falls sich das zu entfernende Element nicht in der vorgegebenen Liste befindet, ist der
Ausdruck nicht beweisbar.

8.4.2 Kognitive Effizienz

Eine besondere Leistungsfähigkeit dieses Paradigmas drückt sich darin aus, dass semantisch sehr anspruchsvolle Programme mit ganz wenig Racklog-Code implementiert
werden können. Man nennt das *kognitiv effizient*, was soviel wie „da steckt viel Geist
in wenigen Programmzeilen" bedeutet. Dies spricht zum einen für das Paradigma und
zum anderen für die Qualifikation des Programmierers, mit dieser Denkweise vertraut
zu sein.

Ein überzeugendes Beispiel für kognitive Effizienz ist die LP-Implementierung der Menge
aller Permutationen einer Liste. Für die endliche Menge $M = \{a, b, c\}$ ergeben sich die
$(3!=)6$ Permutationen in $\{(a, b, c), (a, c, b), (b, a, c), (b, c, a), (c, a, b), (c, b, a)\}$.

Wie im Zusammenhang mit rekursiven Prozeduren in Racket eingeübt, gibt es auch hier
einen Basisfall, nämlich `(%perm '() '())`. Die leere Liste ist eine Permutation der leeren
Liste. Der allgemeine Fall lässt sich folgendermaßen beschreiben: $P = cons(x_1, P')$ ist
eine Permutation von $(x_1, x_2, x_3, \ldots, x_n)$, wenn P' eine Permutation von $(x_2, x_3, \ldots, x_n)$
ist.

```
(define %perm  ;/2
  (%rel (xs z zs ys)
        [('() '())]
        [(xs (cons z zs)) (%select z xs ys)(%perm ys zs)]))

> (%which () (%perm '() '()))
'()
> (%which (xs) (%perm '(a b c) xs))
'((xs a b c))
> (%more)
'((xs a c b))
> (%more)
'((xs b a c))
> (%more)
'((xs b c a))
> (%more)
'((xs c a b))
> (%more)
'((xs c b a))
> (%more)
#f
```

%bag-of eröffnet die Möglichkeit, sämtliche Belegungen, die das Goal beweisen, als „Ergebnismenge" zusammenzufassen.

```
> (%which (ys) (%let (xs) (%bag-of xs (%perm '(a b c) xs) ys)))
'((ys (a b c) (a c b) (b a c) (b c a) (c a b) (c b a)))
> (%more)
#f
```

Unter Verwendung von %perm kann man eine Sortierrelation angeben: Eine sortierte Folge (Liste) ist genau die Permutation der Grundmenge, deren Elemente paarweise von links nach rechts eine bestimmte Ordnungsrelation erfüllen.

```
(define %sort  ;/2
  (%rel (xs ys)
        [(xs ys) (%perm xs ys)(%ordered ys)]))

(define %ordered  ;/1
  (%rel (x y ys)
        [((cons x '()))]
        [((cons x (cons y ys))) (%<= x y)(%ordered (cons y ys))]))

> (%which (ls) (%sort '(1 0 2 9 4 7 6 3) ls))
'((ls 0 1 2 3 4 6 7 9))
```

Aufgabe 8.6:
Das Sortierprogramm ist vernichtend ineffizient, sodass schon das obige Beispiel eine
beachtliche Rechenzeit benötigt. Begründen Sie, warum das so ist.

8.4.3 Zahlentheoretische Funktionen und memoizing

Im Allgemeinen verfügen moderne Programmiersysteme über sehr effiziente Operationen
mit Zahlen verschiedenen Typs. Um darauf in LP-Sprachen zurückgreifen zu können,
bedarf es der (imperativen) Wertzuweisung. Hierfür ist auch in Racklog das Prädikat %is
vorhanden. Der Preis für diese effiziente Arithmetik ist die Aufgabe der Bidirektionalität
der darauf aufbauenden Relationen, wie das folgende kleine Beispiel zeigt.

```
> (%which (x) (%is x (+ 2 5)))
'((x . 7))
> (%which (x) (%is 7 (+ x 5)))
#f
> (%which (x) (%is 7 (+ 2 x)))
#f
```

Wir definieren eine zweistellige Relation %lsum für die Summe der Elemente einer Zah-
lenliste. Dabei wenden wir wieder das eingeübte rekursive Denken an, beschreiben einen
Elementarfall und einen allgemeinen Fall.

```
(define %lsum ;/2
  (%rel (x ls s s1)
       [('() 0)]
       [((cons x ls) s) (%lsum ls s1)(%is s (+ x s1))]))
```

```
> (%which () (%lsum '(1 2 3) 6))
'()
> (%which (r) (%lsum '(1 2 3) r))
'((r . 6))
```

Nach diesen Vorbereitungen sollte es keine Schwierigkeiten bereiten, die folgende Definition der %fak-Relation zur Berechnung der Fakultät einer gegebenen natürlichen Zahl
zu verstehen.

```
(define %fak ;/2
  (%rel (n n! n-1 n-1!)
       [(0 1)]
       [(n n!) (%is n-1 (- n 1)) (%fak n-1 n-1!) (%is n! (* n n-1!))]))
```

```
> (%which (n!) (%fak 10 n!))
'((n! . 3628800))
```

Darin sind n!, n-1 und n-1! „sprechende" Variablennamen, nicht etwa Rechenausdrücke.

Auch wenn 10! = 3628800 von Racklog mühelos berechnet werden kann, so kann es
für große n zu vernichtend großen Rechenzeiten kommen. Von daher ist es sinnvoll,
bereits berechnete Funktionswerte als Fakten in die Datenbasis aufzunehmen. Man nennt
dies *Memoizing*. Es erinnert uns an diesbezügliche Ausführungen in Abschn. 2.4.2. Mit
jeder Berechnung einer Fakultät wird der entsprechende Fakt als n-n!-Paar *vorn* in der
Datenbasis eingefügt[8], damit nicht etwa die rekursive Regel aus %fak zuerst aktiviert
wird.

```
> (%assert-after! %fak () ((4 24)))
> (%which (c) (%fak 4 c))
'((c . 24))
```

Das Memoizing für die Berechnung der Fakultätsfunktion lässt sich in folgender Prozedur-
Definition ausdrücken.

```
(define fak-log-mem
  (lambda (n)
    (let ([res (cdar (%which (c) (%fak n c)))])
      (%assert-after! %fak () ((n res)))
      res)))
```

Man beachte, dass es sich hier nicht um eine Racklog-Relation handelt. `fak-log-mem` ist
eine „klassische" Racket-Prozedur. Logikbasierte und funktionsorientierte Programmierung können hier kombiniert werden, was zu sehr interessanten, hier jedoch nicht näher
untersuchten Synergien führen kann.

Aufgabe 8.7:
Hangeln Sie sich in 50er Schritten bis zu (`fak-log-mem` 350) und führen Sie danach
(`fak-log-mem` 400) zweimal hintereinander aus. Bestimmen Sie die jeweils erforderliche Rechenzeit. Unterlassen Sie es auf jeden Fall, (`fak-log-mem` 400) ohne memoizing
direkt aufzurufen!

Der Vorteil des Memoizings für die Fakultätsbestimmung tritt nur dann zutage, wenn
wirklich mehrere Berechnungen stattfinden, so wie dies in obiger Aufgabe gefordert wurde. Bei den im Folgenden (wieder einmal) betrachteten Fibonacci-Zahlen kann sogar jede
aktuelle Rechnung von Memoizing profitieren, denn zur Berechnung der n-ten Fibonacci-
Zahl sind sämtliche Fibonacci-Zahlen von 0 bis einschließlich $n-1$ erforderlich. Die
Rekursion führt dazu, dass diese Zahlen sogar mehrfach berechnet werden müssen, was
einen gigantischen Aufwand verursacht.

%fib folgt zunächst der klassischen Definition.

```
(define %fib ;/2
  (%rel (n n1 n2 r r1 r2)
```

```
    [(0 1)]
    [(1 1)]
    [(n r)
     (%is n1 (- n 1)) (%is n2 (- n 2))
     (%fib n1 r1) (%fib n2 r2)
     (%is r (+ r1 r2))])))

> (%which (c) (%fib 5 c))
'((c . 8))
> (%which (r) (%fib 16 r))
'((r . 1597))
```

Die zweite Berechnung beansprucht (in Abhängigkeit von den konkreten Ressourcen) nach Zeitmessung mit `time` ca. 150 ms. Dies gilt auch bei wiederholter Ausführung.

Die Racket Prozedur `fib-m` berechnet alle Fibonacci-Zahlen für $0, 1, 2, \ldots, n$ und ergänzt die Ergebnisse in geeigneter Form am Anfang der Definition von `%fib`. Dann gilt: „Ergebnisabruf geht vor Berechnung", was sich durch Geschwindigkeitszuwachs deutlich bemerkbar macht: Die Berechnung der Fibonacci-Zahl von 16 dauert ca. 4 ms.

```
(define fib-m
  (lambda (n)
    (do ([i 0 (+ i 1)]) [(> i n) (cdar (%which (c) (%fib n c)))]
      (let ([res (cdar (%which (c) (%fib i c)))])
        (%assert-after! %fib () ((i res)))))))

> (time (%which (r) (%fib 16 r)))
cpu time: 156 real time: 151 gc time: 94
'((r . 1597))
> (time (fib-m 16))
cpu time: 0 real time: 4 gc time: 0
1597
```

8.4.4 Typische Anwendung: Puzzles

Als Vertreter einer typischen Anwendungsklasse der LP betrachten wir ein Färbungsproblem. Dabei ist eine in Teilgebiete gegliederte Fläche gegeben. Die einzelnen Teilflächen sind nun so mit jeweils einer Farbe einzufärben, dass keine zwei gleichfarbigen Gebiete eine gemeinsame Grenze haben. Es stehen nur die drei Farben rot, gelb und blau zur Verfügung, s. Abb. 8.1. Offensichtlich können die Farben 1 und 3 gleich sein, denn die zugehörigen Gebiete haben keine gemeinsame Grenze.

Die folgende Lösung ist offensichtlich:

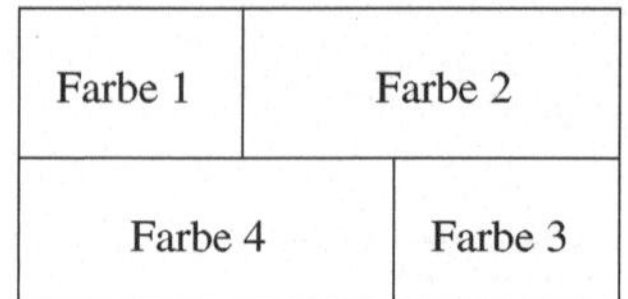

Abbildung 8.1: Drei Farben für vier Gebiete

```
(define %farbe ;/1
  (%rel ()
       [('rot)]
       [('gelb)]
       [('blau)]))

(define %einfaerbung ;/4
  (%rel (f1 f2 f3 f4)
       [(f1 f2 f3 f4) (%farbe f1)(%farbe f2)(%farbe f3)(%farbe f4)
                      (%/= f1 f2)(%/= f1 f4)(%/= f2 f4)
                      (%/= f2 f3)(%/= f3 f4)]))
```

In %einfaerbung wird %/= erstmals verwendet. (%/= A B) ist erfolgreich, wenn A und B nicht unifizierbar sind. Es ergeben sich sechs mögliche Einfärbungen, die die obige Forderung erfüllen.

```
> (%which (a b c d) (%einfaerbung a b c d))
'((a . rot) (b . gelb) (c . rot) (d . blau))
> (%more)
'((a . rot) (b . blau) (c . rot) (d . gelb))
> (%more)
'((a . gelb) (b . rot) (c . gelb) (d . blau))
> (%more)
'((a . gelb) (b . blau) (c . gelb) (d . rot))
> (%more)
'((a . blau) (b . rot) (c . blau) (d . gelb))
> (%more)
'((a . blau) (b . gelb) (c . blau) (d . rot))
> (%more)
```

Aufgabe 8.8:
Entwickeln Sie eine LP-Lösung für das in Abb. 8.2 gezeigte Färbungsproblem. Dabei handelt es sich um eine 5-stellige Relation: `[(f1 f2 f3 f4 f5) ...]`. Beachten Sie, dass hier ebenfalls nur drei Farben verwendet werden dürfen.

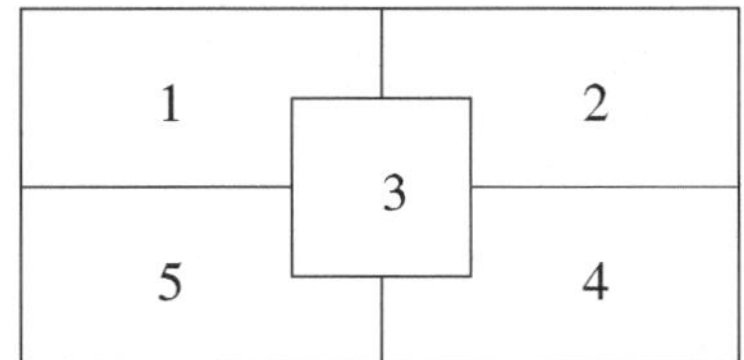

Abbildung 8.2: Drei Farben für fünf Gebiete

8.5 Eingriff in die Beweisstrategie – der Cut

LP kann auch in Anwendungen der numerischen Mathematik interessante Beschreibungen liefern. Wir illustrieren das am Beispiel der iterativen Quadratwurzelberechnung nach der Halbierungsmethode.

Aufgrund der Einbuße der Ein-/Ausgabe-Umkehr bei Verwendung von %is kann die folgende Relation %quadrat nicht zielführend sein.

```
(define %quadrat ;/2
  (%rel (x y)
        [(x y) (%is y (* x x))])))


> (%which () (%quadrat 3 9))
'()
> (%which (x) (%quadrat 3 x))
'((x . 9))
> (%which (x) (%quadrat x 9))
#f
```

Die deskriptive Fassung der Halbierungsmethode führt zu einer rekursiven Definition. Wir interessieren uns für $a \leq \sqrt{x} < b$, mit $x > 0$. In der Mitte des $[a, b]$-Intervalls liegt $\frac{a+b}{2}$. Wenn wir das Startintervall $[0, x]$ wählen, können wir sicher sein, dass ein beliebiges x darin enthalten ist.

Falls die Intervallbreite kleiner ist als eine vorgegebene Schranke wie z. B. 0.0000001, sind wir fertig und das Ergebnis ist $\sqrt{x} \approx a \approx b$. Anderenfalls ist zu prüfen, ob $x \leq (\frac{a+b}{2})^2$. Ist dies der Fall, so verwendet das dann zu beweisende Subgoal das Intervall $[a, \frac{a+b}{2}]$, anderenfalls $[\frac{a+b}{2}, b]$. Die Relation %qw verbessert die Nutzerschnittstelle.

```
(define %wurzel ;/4
  (%rel (x a b diff h hq r)
        [(x a b r)
         (%is diff (abs (- a b))) (%< diff 0.0000001) (%is r a)]
        [(x a b r) (%is h (/ (+ a b) 2)) (%quadrat h hq) (%<= x hq)
                   (%wurzel x a h r)]
```

```
      [(x a b r) (%is h (/ (+ a b) 2)) (%quadrat h hq)
               (%wurzel x h b r)]))

(define %qw ;/2
  (%rel (x y)
        [(x y) (%wurzel x 0 x y)]))

> (%which (r) (%qw 16 r))
'((r . 3 16777215/16777216))
> (%which (r) (%qw 16.0 r))
'((r . 3.9999999403953552))
> (%more)
'((r . 3.9999999701976776))
> (%more)
'((r . 3.999999985098839))
> (%more)
'((r . 3.9999999925494194))
> (%more)
'((r . 3.9999999962747097))
> (%more)
'((r . 3.999999998137355))
> (%more)
'((r . 3.9999999990686774))
```

Mit `%more` findet man weitere Lösungen. Wie ist das zu erklären? Obwohl der Beweis des angegebenen Ziels bereits erfolgreich war, wird mit `%more` eine weitere Bindung erzwungen. Dies ist in der letzten Zeile von `%wurzel` durchaus möglich, aber aus sachlichen Gründen unerwünscht.

Um dies zu verhindern, greifen wir in die eingebaute Backtrack-Suchstrategie ein. Dies geschieht mit Hilfe eines sog. *Cuts*. In Prolog und auch in Racklog schreibt man dafür ein Ausrufezeichen. Es wirkt wie eine Falltür: Hat man sich einmal für den Weg durch diese Tür entschieden, gibt es keinen Weg zurück[9]. Wenn wir den Cut also an das Ende der vorletzten Zeile in `%wurzel` stellen, so wirken diese und die folgende zusammen wie eine Alternative.

```
(define %wurzel ;/4
  (%rel (x a b diff h hq r)
        [(x a b r)
         (%is diff (abs (- a b))) (%< diff 0.0000001) (%is r a)]
        [(x a b r) (%is h (/ (+ a b) 2)) (%quadrat h hq) (%<= x hq)
               (%wurzel x a h r) !]
        [(x a b r) (%is h (/ (+ a b) 2)) (%quadrat h hq)
               (%wurzel x h b r)]))
```

---

[9]Die nach dem Cut folgenden Teile eines potenziellen Beweisbaumes werden also abgeschnitten.

```
> (%which (r) (%qw 16.0 r))
'((r . 3.9999999403953552))
> (%more)
#f
```

Man kann dies auch in einem kleineren Beispiel studieren, um den Effekt des Cuts ganz
deutlich herauszuarbeiten.

```
(define %if-then-else ;/3
  (%rel (i t e)
        [(i t e) i t]
        [(i t e) e]))
```

```
> (%which (r) (%if-then-else (%< 1 0) (%is r 'then) (%is r 'else)))
'((r . else))
> (%more)
#f
> (%which (r) (%if-then-else (%< 1 3) (%is r 'then) (%is r 'else)))
'((r . then))
> (%more)
'((r . else))
> (%more)
#f
```

Die erzwungene Reunifikation mit %more generiert eine Scheinlösung. Um zu verhindern,
dass die eigentliche else-Zeile verwendet wird und Backtracking stattfindet, platzieren
wir den Cut direkt nach der if-Prüfung. Entscheidet sich das Verfahren nun für den
then-Ausdruck, was im positiven Fall tatsächlich geschieht, so gibt es kein Zurück mehr.

```
(define %if-then-else ;/3
  (%rel (i t e)
        [(i t e) i ! t]
        [(i t e) e]))
```

```
> (%which (r) (%if-then-else (%< 1 3) (%is r 'then) (%is r 'else)))
'((r . then))
> (%more)
#f
```

Aufgabe 8.9:
Experimentieren Sie mit den beiden folgenden Definitionen von %not durch Ergänzung
eines Cuts an der richtigen Stelle.

```
(define %not  ;/1 FEHLERHAFT
  (%rel (g)
        [(g) g %fail]
        [(g) %true]))

> (%which () (%not (%< 3 1)))
'()
> (%which () (%not (%< 3 7)))   ; liefert falsche Antwort
'()
```

Unter Verwendung eines Cuts in der dritten Zeile kann %not leicht korrigiert werden.

```
(define %not
  (%rel (g)
        [(g) g ! %fail]
        [(g) %true]))

> (%which () (%not (%< 3 7)))
#f
```

%not und %if-then-else sind Metaprädikate, die grundsätzlich im Widerspruch zum
PK 1 stehen. Wie man damit in der LP und in Prolog umgeht, erfahren Sie in einem
entsprechenden Spezialkurs.

Aufgabe 8.10:
Verbessern Sie die Definitionen der Prädikate %member und %delete aus Abschn. 8.4.1,
indem Sie an der jeweils richtigen Stelle einen Cut einfügen. Experimentieren Sie vor
und nach diesen Maßnahmen mit (%more).

Literaturverzeichnis

[1] Aho, Alfred V.; Ullman Jeffrey D.:
Foundation of Computer Science, C edition. – New York: Computer Science Press, 1995.

[2] Aho, Alfred V.; Ullman Jeffrey D.:
Informatik: Datenstrukturen und Konzepte der Abstraktion.– Bonn: Intern. Thomson Publ., 1996.

[3] Abts, Dietmar:
Masterkurs Client/Server-Programmierung mit Java.– Wiesbaden: Vieweg, 2. Aufl., 2007.

[4] Bengel, Günther:
Verteilte Systeme. 2. überarb. u. erw. Aufl. – Braunschweig/Wiesbaden: Vieweg & Sohn, 2002.

[5] Betounes, David; Redfern, Mylan:
Mathematical Computing: An Introduction to Programming Using Maple.– New York: Springer, 2002.

[6] Bird, Richard; Oege, DeMoor:
Algebra of Programming. – Hertfordshire: Prentice Hall, 1997.

[7] Bird, Richard; Wadler, Philip:
Einführung in die funktionale Programmierung. – München: Hanser, 1992.

[8] Budd, Timothy A.:
Multiparadigm Programming in Leda. – Reading: Addison-Wesley, 1995.

[9] Cameron, Dane:
HTML5, JavaScript und jQuery: Ein Crashkrus für Softwareentwickler.– Heideberg: dpunkt.verlag, 2015.

[10] Clark, Chris:
Programmieren in Miranda.– München: Prentice Hall, 1996.

[11] Dybvig, R. Kent:
The Scheme Programming Language. – Upper Saddle River, NJ: Prentice Hall, 2nd. edition, 1996.

[12] Dybvig, R. Kent:
Chez Scheme. – http://www.scheme.com/.

[13] Ernst, Hartmut:
Grundlagen und Konzepte der Informatik. – Braunschweig, Wiesbaden: Vieweg,
2000.

[14] Felleisen, Matthias:
DrScheme. – http://www.drscheme.org/, 2004.

[15] Felleisen, Matthias; Findler, Robert B.; Flatt, Matthew; Krishnamurthi, Shriram:
How to design programs: an introduction to programming and computing. – Cambridge (MA): The MIT Press, 2001.

[16] Field, Anthony J.; Harrison, Peter G.:
Functional Programming. – Wokingham: Addison-Wesley, 1988.

[17] Friedman, Daniel P. and Matthias Felleisen:
The Seasoned Schemer. – Cambridge: The MIT Press, 1996.

[18] Friedman, Daniel P.; Wand, Mitchell; Haynes, Christopher T.:
Essentials of Programming Languages. 5th ed. – Cambridge: The MIT Press, 1994.

[19] Friedman, Daniel P.; Wand, Mitchell; Haynes, Christopher T.:
Essentials of Programming Languages. 2nd ed. – Cambridge: The MIT Press, 2001.

[20] Gerndt, Kevin; Bremus, Timm:
Single Page Applications: Webapplikationen auf Steroiden. – Frankfurt: entwick-
ler.press, 2015.

[21] Geske, Ulrich:
Programmieren mit Prolog. – Berlin: Akademie-Verlag, 1988.

[22] Ghezzi, Carlo; Mehdi, Jazayeri:
Programming language concepts. 3rd ed. – New York: John Wiley & Sons, 1998.

[23] Göhner, Hartmut; Hafenbrak, Bernd:
Arbeitsbuch PROLOG. – Bonn: Dümmler, 1991.

[24] Goos, Gerhard:
Vorlesungen über Informatik; Bd. 1: Grundlagen und funktionales Programmieren.
2. Aufl. – Berlin: Springer, 1997.

[25] Graham, Paul:
Advanced Techniques for Common Lisp. – Englewood Cliffs: Prentice Hall, 1994

[26] Grillmeyer, Oliver:
Exploring Computer Science with Scheme. – New York: Springer, 1998.

[27] Gumm, H.-P.; Sommer, M.
Einführung in die Informatik. 5. Aufl. – München, Wien: Oldenbourg Verlag, 2002.

[28] Hailperin, Max; Kaiser, Barbara; Knight, Karl:
Concrete Abstractions: An Introduction to Computer Science Using Scheme. –
Pacific Grove: Thomson, 1999.

[29] Hauser, Tobias; Löwer, Ulrich M.:
Web Services: Die Standards. – Bonn: Galileo Computing, 2004.

[30] Hinze, Ralf:
Einführung in die Programmierung mit Miranda. – Stuttgart: Teubner, 1992.

[31] Holland, Gerhard:
Problemlösen mit micro-PROLOG. – Stuttgart: Teubner, 1986.

[32] Horn, C.; Kerner, I.O.; Forbrig, P.
Lehr- und Übungsbuch Informatik: Grundlagen und Überblick. 3. Aufl. – Leipzig:
Fachbuchverlag, 2003.

[33] Jones, Robin; Maynard, Clive; Stewart, Ian:
The Art of LISP Programming. – London: Springer, 1989.

[34] Klaeren, Herbert; Sperber, Michael:
Vom Problem zum Programm: Architektur und Bedeutung von Computerpro-
grammen. 3. Aufl. – Stuttgart: Teubner, 2001.

[35] Kredel, Heinz; Yoshida, Akitoshi:
Thread- und Netzwerk-Programmierung mit Java. – Heidelberg: dpunkt-Verlag,
1999.

[36] Laurent, Simon St.; Johnston, Joe; Dumbill, Edd:
Programming Web Services with XML-RPC. – Sebastopol: O'Reilly & Associates,
2001.

[37] Li, Liwu:
Java: data structures and programming. – Berlin, Heidelberg: Springer, 1998.

[38] Loogen, Rita:
Integration funktionaler und logischer Programmiersprachen: Semantik und Implementierung. – München: Oldenbourg, 1995.

[39] Louden, Kenneth C.:
Programmiersprachen: Grundlagen, Konzepte, Entwurf. – Bonn: Thomson Publis-
hing, 1994

[40] Oechsle, Rainer:
Parallele Programmierung mit Java Threads. – Leipzig: Fachbuchverlag, 2001.

[41] Magee, Jeff; Kramer, Jeff:
Concurrency: State Models and Java Programs. – Chichester: John Wiley & Sons,
1999.

[42] Manis, Vincent S.; Little, James J.:
The Schematics of Computation. – Englewood Cliffs: Prentice Hall, 1995.

[43] Meyer, Bertrand:
Introduction to the Theory of Programming Languages. – Hertfordshire: Prentice Hall, 1990.

[44] Norvig, Peter:
Paradigms of Artificial Intelligence Programming: Case Studies in Common Lisp. – San Francisco: Morgan Kaufmann, 1992.

[45] Pearce, Jon:
Programming and Metaprogramming in Scheme. – New York: Springer, 1998.

[46] Pepper, Peter:
Funktionale Programmierung in OPAL, ML, HASKELL und GOFER. – Berlin: Springer, 1999.

[47] Pratt, Terrence; Zelkowitz, Marvin:
Programmiersprachen: Design und Implementierung. – München: Prentice Hall, 1997.

[48] Prediger, Robert; Winzinger, Ralph:
Node.js: Professionell hochperformante Software entwickeln. – München: Hanser, 2015.

[49] Priese, Lutz; Wimmel, Harro:
Theoretische Informatik – Petri-Netze. – Berlin, Heidelberg: Springer, 2003.

[50] Queinnec, Christian:
Lisp in Small Pieces. – Cambridge: University Press, 1996.

[51] Ratz, Dietmar; Scheffler, Jens; Seese, Detlef; Wiesenberger, Jan:
Grundkurs Programmieren in Java (Band 2): Programmierung kommerzieller Systeme. – München, Wien: Hanser, 2003.

[52] Rechenberg, Peter; Pomberger, Gustav:
Informatik-Handbuch. – München, Wien: Hanser, 1997.

[53] Rowe, Glenn:
An Introduction to data structures and algorithms with Java.– Hertfordshire: Prentice Hall, 1998.

[54] Schicker, E.:
Datenbanken und SQL. – Stuttgart: Teubner, 1996.

[55] Sethi, Ravi:
Programming Languages: Concepts and Constructs. 2nd ed. – Reading: Addison-Wesley, 1996.

[56] Sitaram, Dorai:
Programming in Schelog. –
http://www.ccs.neu.edu/home/dorai/schelog/schelog.html.

[57] Smith, Jerry D.:
An Introduction to Scheme. – Englewood Cliffs: Prentice Hall, 1988.

[58] Snell, James; Tidwell, Doug; Kulchenko, Pavel:
Programming Web Services with SOAP. – Sebastopol: O'Reilly & Associates, 2002.

[59] Stansifer, Ryan:
Theorie und Entwicklung von Programmiersprachen. – München: Prentice Hall,
1995.

[60] Stark, Richard W.:
LISP, Lore, and Logic: An Algebraic View of LISP Programming, Foundations,
and Applications. – New York: Springer, 1989.

[61] Steiner, R.:
Grundkurs Relationale Datenbanken. 5. Aufl. – Braunschweig/Wiesbaden: Vieweg
Verlag, 2003.

[62] Sterling, Leon; Shapiro, Ehud:
The Art of Prolog: Advanced Programming Techniques. 2nd ed. – Cambridge: The
MIT Press, 1994.

[63] Tilkov, Stefan u. a.:
REST und HTTP: Entwicklung und Integration nach dem Architekturstil des Web.
– Heidelberg: dpunkt.verlag, 3. Aufl., 2015.

[64] Wagenknecht, Christian:
Rekursion: Ein didaktischer Zugang mit Funktionen. – Bonn: Dümmler, 1994.

[65] Wagenknecht, Christian:
Algorithmen und Komplexität. – Leipzig: Fachbuchverlag, 2003.

[66] Wagenknecht, Christian; Hielscher, Michael:
Formale Sprachen, abstrakte Automaten und Compiler: Lehr- und Arbeitsbuch
für Grundstudium und Fortbildung. – Wiesbaden: Springer Vieweg, 2., überarb.
Aufl., 2015.

[67] Wielemaker, Jan:
SWI-Prolog: http://www.swi-prolog.org/.

[68] Winston, Patrick Henry; Horn, Berthold Klaus Paul:
LISP. 3rd ed. – Reading: Addison-Wesley, 1989.

[69] Yasdi, Ramin:
Logik und Programmieren in Logik. – München: Prentice Hall, 1995.

Sachverzeichnis